Emilie Roth

AUS MEINER KÜCHE
NATURKÜCHE
ÜBER 400 KÖSTLICHE REZEPTE

Emilie Roth

AUS MEINER KÜCHE

NATURKÜCHE

ÜBER 400 KÖSTLICHE REZEPTE

Liebe Leser,

die Zeiten sind hoffentlich vorbei, als ein Speisezettel mit gesunden Zutaten auf das klischeehafte Vorurteil stieß, die Devise heiße nun Kargkeit und Verzicht, und was aus einer an der Natur orientierten Küche stamme, habe vor allem mit Ideologie und wenig mit gutem Geschmack zu tun. Pustekuchen: die radikalen Verfechter beispielsweise der reinen Getreideküche sind fast schon ausgestorben - statt dessen haben viele kreative junge Köche es sich zur Aufgabe gemacht, gesund und lecker zu kochen und dabei die Natur mit dem Gaumen zu versöhnen. Heute müssen wir uns nicht entscheiden, ob uns die Gesundheit oder der Genuss wichtiger sind – wir können beides haben, und zwar gleichzeitig.

Was ist schließlich dagegen zu sagen, dass wir beim Kochen auf die besten Zutaten zurückgreifen? Und die besten Zutaten sind allemal die, die am wenigsten mit Chemie, Umweltschadstoffen, Konservierungsmitteln und ähnlichem in Berührung gekommen sind, die frisch und vollwertig sind und unserem Körper nicht schaden, sondern ihm das geben, was er benötigt. Mutter Natur hat da meist die besten Rezepte, und wenn wir ihr schon ins Handwerk pfuschen, so sollten wir das wenigstens möglichst vorsichtig und schonend tun.

In unserer Naturküche dreht sich der Speisezettel vor allem um Wild, Wildgemüse, Salate und frische Wildkräuter, um Wildfrüchte und Pilze.

In unserer Naturküche brauchen Sie nicht auf Fleisch zu verzichten – wir verwenden es als Gaben der Natur, bereiten es

schonend zu und achten auch darauf, dass wir das Fleisch gesunder Tiere verwenden, die nicht in tier- und menschenunwürdigen Verhältnissen gezüchtet wurden. Denn selbst wenn uns die Zustände kalt lassen würden, in denen vielerorts Fleisch erzeugt wird – wirklich gute Ware kommt selten aus der Massenhaltung und "Tierfabriken".

Wir könnten das Thema auch wissenschaftlich angehen: Die Ernährungswissenschaftler predigen uns ja schon lange, dass wir zu fett essen, dass zu wenige Vitamine auf unsere Tische kommen - und viele Sünden mehr. Nun gut, warum denn nicht gesünder essen? Auch mit vielen Vitaminen kann man vorzüglich speisen, pflanzliche Eiweiße, Mineralstoffe, wertvolle Kohlenhydrate, ungesättigte Fettsäuren tun nicht nur dem Magen und dem Körper Gutes – sondern auch dem Gaumen. Wer's nicht glaubt, möge sich einmal mit dem Chefkoch eines Spitzenrestaurants unterhalten. Er wird feststellen: Auch in der Gastronomie hat man ein paar Gesundheits-Lektionen gelernt.

Dazu muss man nicht verbohrt sein – es genügt der gesunde Menschenverstand und der Wunsch, sich auch beim Essen Gutes zu tun.
Mit Phantasie gekocht, liebevoll angerichtet – gesunde Küche kann so köstlich sein, kann alle Sinne anregen und beflügeln. Blättern Sie einmal in meinen Rezepten. Sie werden feststellen, dass Ihnen bei den meisten das Wasser im Munde zusammen laufen wird. Und dass Sie mit vielen Ideen auch einen ausgefuchsten Feinschmecker zufrieden stellen können.

Ich habe einige Rezepte für Sie ausgesucht, die sich schnell und einfach zubereiten lassen. Andere erfordern etwas mehr Zeit und Vorbereitung. Manche schafft jeder Anfänger, andere setzen ein bisschen Kocherfahrung voraus. Für alle aber gilt, dass Sie sich auch beim Einkaufen Zeit lassen sollten. Nicht nur für die Naturküche gilt, dass vor allem die Zutaten die Qualität des Ergebnisses ausmachen. Auch der beste Koch macht aus Dosenware keine frischen, knackigen Gaumenfreuden.

Dabei habe ich aber ganz bewusst darauf verzichtet, Sie mit komplizierten Zutaten zu überfordern, die nur im Feinkostgeschäft erhältlich sind.

Die meisten meiner Zutaten erhalten Sie je nach Jahreszeit ganz problemlos. Und die geübteren Köche unter Ihnen werden sich ohnehin nicht sklavisch an die Rezeptvorgaben halten – lassen Sie lieber Ihrer Phantasie ein bisschen Spielraum und verwenden Sie statt einer Zutat, die Sie gerade nicht vorrätig haben, etwas anderes, das Ihnen passend erscheint.
So, wie die großen Erfindungen vor allem auf der Neugier und dem Forscherdrang Ihrer Schöpfer beruhen, so entstehen auch die besten Kochrezepte aus der Experimentierfreude der Köche.

Wenn die leckeren, aus der Naturküche kommenden Speisen auf Ihrem Tisch am Ende eine gelungene Mischung aus meinen Rezepten und Ihrem Einfallsreichtum sein sollten – dann hat dieses Kochbuch seinen Zweck aufs Beste erfüllt!
Ich wünsche Ihnen viel Spaß beim Kochen und – beim Essen!

Ihre
Emilie Roth

Hasenrückenfilets im Wirsingmantel

• 1 küchenfertigen Hasenrücken • Salz • Pfeffer • 1 Prise gemahlenen Kümmel • 6 cl trockenen Sherry • 3 EL Öl • 250 g gekochten Schinken • 200 g feines Bratwurstbrät • 1 TL Pastetengewürz • 2-3 EL Sahne • 75 g rohen Schinken • Kümmel • 6 große Wirsingblätter • Streuwürze • 50 g Fett • 1 Zwiebel • 3/8 l trockenen Weißwein • 1/4 l Fleischbrühe • 100 g Hagebuttenmus • Speisestärke zum Binden • Saft von 1 Zitrone

• Den Hasenrücken waschen, die Filets vom Knochen lösen und mit Salz, Pfeffer und Kümmel kräftig würzen, in eine Schüssel legen, mit Sherry beträufeln und eine halbe Stunde ziehen lassen. Anschließend herausnehmen und die Filets im heißen Fett rundherum braten. Herausnehmen und erkalten lassen.
• Den gekochten Schinken würfeln und durch die feine Scheibe des Fleischwolfs drehen. Zum Brät geben und alles zu einer glatten Farce verarbeiten. Die Masse mit Pastetengewürz, Sherry und Sahne verfeinern, den in Streifen geschnittenen rohen Schinken unter die Masse heben und mit Salz, Pfeffer und Kümmel würzen.
• Die Wirsingblätter in Salzwasser blanchieren, auf eine Arbeitsfläche legen, salzen und pfeffern. Das Hasenfilet rundherum dick mit Schinkenfarce bestreichen, auf die Wirsingblätter legen und darin einrollen.
• Das Fett erhitzen und die Hasenfilets im Wirsingmantel auf beiden Seiten Farbe nehmen lassen. Danach im auf 200-220 °C vorgeheizten Backofen 30-40 Minuten garen. Nach 10 Minuten Garzeit den Weißwein und die Fleischbrühe angießen.
• Die Filets herausnehmen, gut abtropfen lassen und warm stellen. Das Hagebuttenmus unter die Sauce ziehen, einmal aufkochen lassen, mit etwas angerührter Speisestärke binden und mit Zitronensaft, Salz, Pfeffer und Kümmel abrunden.
• Die Filets dekorativ anrichten, mit der Sauce überziehen und sofort servieren.

Hasenragout mit Pilzen

• 800 g Wildbret ohne Knochen vom Hasen• Salz • Pfeffer • 1 TL geschrotete Pfefferkörner • 1 Lorbeerblatt • 1 TL Majoran • 2 EL Butterschmalz • 2 Zwiebeln • 2 Karotten • 2-3 EL Tomatenmark • 2-3 EL Mehl • 1/4 l Rotwein • 1/4 l Wildfond • 1 EL Butter • 75 g durchwachsenen, geräucherten Speck • 250 g Champignons • 100 g entsteinte Sauerkirschen • 2 EL Kirschgelee • 2 cl Kirschwasser • 1/2 Becher Crème fraîche

• Das Wildbret waschen und in Würfel schneiden. Mit Salz, Pfeffer, den Pfefferkörnern, dem zerriebenen Lorbeerblatt und dem Majoran würzen und im erhitzten Butterschmalz darin Farbe nehmen lassen. Die Zwiebeln und die Karotten schälen, in feine Würfel schneiden, zum Fleisch geben und kurz mitbraten.
• Das Tomatenmark unterrühren und kurz rösten. Das Ganze mit Mehl bestäuben, gut verrühren, nochmals kurz rösten und mit Rotwein und Wildfond auffüllen.
• Das Hasenragout bei mäßiger Hitze 50-60 Minuten köcheln lassen.
• In der Zwischenzeit die Butter erhitzen und den in feine Würfel geschnittenen Speck darin auslassen. Die geputzten Champignons dazugeben und mitschwitzen.
• Die entsteinten Sauerkirschen und das Kirschgelee untermischen, nochmals erhitzen und die Pfifferlingsmischung unter das Hasenragout ziehen.
• Das Ragout nochmals kräftig abschmecken und mit Kirschwasser aromatisieren. Mit Crème fraîche verfeinern, anrichten und sofort servieren.

Hasenragout mit Pfifferlingen

• 750 g Hasenfleisch ohne Knochen • 2-3 EL Schweineschmalz • 4 Zwiebeln • 1 Lorbeerblatt • 1 Msp. Thymian • 4 Wacholderbeeren • Salz • Pfeffer • 1 Dose Pfifferlinge • 1/8 l Rotwein • 1/4 l Gemüse- oder Wildbrühe • 2 gestr. EL Mehl • 1 TL Rübenkraut

• Das Hasenfleisch waschen, trockentupfen, in 2-3 cm große Stücke schneiden und im erhitzten Schweineschmalz rundherum Farbe nehmen lassen.
• Die Zwiebeln grob würfeln, zum Fleisch geben und mitbraten. Das Lorbeerblatt, den Thymian und die Wacholderbeeren dazugeben und kurz mitschwitzen. Mit Salz und Pfeffer kräftig würzen.
• Die Pfifferlinge gut abtropfen lassen, den Pilzfond auffangen, mit dem Rotwein und der Gemüse- oder Wildbrühe zum Fleisch geben und das Ganze zugedeckt bei mäßiger Hitze 40 Minuten schmoren lassen. Die Pfifferlinge zufügen und einmal aufkochen lassen.
• Das Mehl mit wenig kaltem Wasser glatt rühren, in die kochende Saucenflüssigkeit geben und das Ganze binden.
• Das Hasenragout nochmals abschmecken, mit Rübenkraut abrunden, salzen, pfeffern, dekorativ anrichten und mit Speckknödeln und grünem Salat servieren.

Topfhase

• 1 küchenfertigen Hasen • 250 g mageren Schweinebauch • 100 g geräucherten Speck • 2 EL Öl • 3 Zwiebeln • Salz • Pfeffer • 1 TL Thymian • 1-2 Msp. Nelkenpulver • 6 Wacholderbeeren • 2 Lorbeerblätter • 2 Karotten • 1 Stück Sellerie • 200 g Schwarzbrot • 3/4 l Rotwein • Saft von 1 Orange • 1/8 l Sahne • 500 g Kastanien • 2 EL Butter • 2 EL Zucker • Saft von 1 Orange

• Den küchenfertigen Hasen in Portionsstücke teilen, waschen, trockentupfen, salzen und pfeffern, den Schweinebauch in dünne Streifen schneiden.
• Die Schweinebauchstreifen mit dem in kleine Würfel geschnittenen Speck im heißen Öl kräftig anbraten und dann herausnehmen. Die Hasenstücke ins Fett geben und von allen Seiten anbraten, die Zwiebeln schälen, würfeln, zum Fleisch geben und kurz mitbraten.
• Die Schweinebauchstreifen erneut dazugeben, das Ganze mit Salz, Pfeffer, Thymian und Nelkenpulver würzen, die Wacholderbeeren und die Lorbeerblätter untermischen. Die Karotten und den Sellerie würfeln, zum Fleisch geben und kurz mitbraten.
• Das Schwarzbrot würfeln, mit dem Rotwein, dem Orangensaft und der Sahne vermischt zum Fleisch geben und das Ganze zugedeckt bei mäßiger Hitze eine Stunde köcheln lassen.
• In der Zwischenzeit die Kastanien schälen, die Butter in einer Pfanne erhitzen und den Zucker darin kurz karamelisieren lassen.
• Die Kastanien dazugeben und kurz durchschwenken. Mit Orangensaft ablöschen und einmal aufkochen lassen. Nach Ende der Garzeit die Kastanien zum Hasenragout geben, weitere 10 Minuten garen, nochmals kräftig abschmecken, dekorativ anrichten und mit Spätzle servieren.

Mexikanisches Hasengeschnetzeltes

• 4 küchenfertige Hasenrückenfilets • Salz • Pfeffer • 1 TL Majoran • 1/2 TL Thymian • 2 EL Butterschmalz • 75 g durchwachsenen, geräucherten Speck • 2 Zwiebeln • 1 Knoblauchzehe • 1 Peperoni • 1 Glas Rotwein • 3/8 l gebundene Wildsauce • 1 große Dose Kidneybohnen • 1 TL Paprikapulver • 1 Msp. Kümmelpulver • 1 TL gerebeltes Basilikum • gehacktes Basilikum

• Die küchenfertigen Hasenrückenfilets waschen, trockentupfen und in dünne Scheiben oder Streifen schneiden, mit Salz und Pfeffer kräftig würzen und mit Majoran und Thymian bestreuen.
• Butterschmalz in einer Pfanne erhitzen und die Hasenfilets darin scharf braten, herausnehmen und warm stellen.
• Den Speck in feine Würfel schneiden und im verbliebenen Bratfett auslassen. Die Zwiebeln schälen, fein würfeln, zum Speck geben und kurz mitbraten. Die Knoblauchzehe fein hacken.
• Die Peperoni halbieren, die Kerne herauslösen und das Peperonifleisch fein hacken. Knoblauch und Peperoni zu den Zwiebeln geben und kurz mitbraten, mit Rotwein ablöschen und mit der gebundenen Wildsauce auffüllen. Die Bohnen abtropfen lassen, in die Sauce geben und erhitzen.
• Das Ganze mit Salz, Pfeffer, Paprikapulver, Kümmelpulver und Basilikum würzen. Die Filets untermischen, nochmals erhitzen, aber nicht mehr kochen lassen.
• Das Ganze kräftig abschmecken, anrichten und mit fein geschnittenem Basilikum bestreut servieren.
• Dazu reicht man ausgebackene Tortillas.

Tortillas

• 125 g Maismehl • 1/2 Tasse Öl • 1/2 Tasse lauwarmes Wasser

• Das Maismehl in eine Schüssel geben. Das Öl und das Wasser angießen und das Ganze zu einem geschmeidigen Teig kneten. Der Teig soll sich hauchdünn ausrollen lassen und nicht reißen.
• Aus dem Teig runde Fladen ausstechen. Eine Pfanne ohne Fett auf dem Ofen erhitzen und die Tortillas auf jeder Seite eine Minute ausbacken. Die Tortillas zusammenklappen und noch heiß servieren.

Hasenpfeffer

• 1 küchenfertigen Hasen • 1 l Rotwein • 2 Zwiebeln • 1 Petersilienwurzel • 1 EL Pfefferkörner • einige Nelken • Salz • Pfeffer • 100 g durchwachsenen, geräucherten Speck • 1-2 EL Butterschmalz • 2 Karotten • 1 Stück Sellerie • 1 Stange Lauch • 1 Becher Sahne • 2-3 EL Mehl

• Den küchenfertigen Hasen waschen, trockentupfen und in mundgerechte Stücke zerteilen.
• Für die Beize den Rotwein mit den klein geschnittenen Zwiebeln, der klein geschnittenen Petersilienwurzel, den Pfefferkörnern und den Nelken in einen Topf geben und zum Kochen bringen. Das Ganze mit Salz und Pfeffer würzen und 10-15 Minuten ziehen lassen. Vom Feuer nehmen und vollständig erkalten lassen.
• Die Hasenteile in einen Beiztopf geben, mit der Marinade übergießen und mindestens 24 Stunden marinieren.
• Anschließend das Fleisch herausnehmen, gut abtropfen lassen, den in feine Würfel geschnittenen Speck im heißen Butterschmalz auslassen, herausnehmen und das Fleisch im verbliebenen Bratfett rundherum Farbe nehmen lassen. Die Beize abseihen, den Fond auffangen, das Gemüse gut abtropfen lassen, zum Fleisch geben und kurz mitbraten. Mit der Beize ablöschen und das Ganze im auf 180-200 °C vorgeheizten Backofen 60-70 Minuten schmoren lassen. Die Sahne mit dem Mehl verrühren, zum Hasenpfeffer geben und weitere 15-20 Minuten garen. Abschmecken, anrichten, ausgarnieren und servieren.

Hasentopf mit gekeimten Linsen

• 4 küchenfertige Hasenkeulen • Salz • Pfeffer • 1/2 TL geschrotete Wacholderbeeren • 1 TL geschrotete schwarze Pfefferkörner • 1 TL Majoran • 4 EL Pflanzenfett • 1 Zwiebel • 2 Karotten • 1 Stück Sellerie • 2-3 EL Tomatenmark • 3-4 EL Mehl • 1/4 l Rotwein • 1/4 l Gemüsebrühe • 1 Zweig Rosmarin • 1 Zweig Thymian • 1 Lorbeerblatt • je 1/2 rote, grüne und gelbe Paprikaschote • 200 g Waldpilze • 100 g gekeimte Linsen • 1 Schuss Rotwein • 2 EL Preiselbeermarmelade • 1 TL Kräuter der Provence

• Die Hasenkeulen auslösen und das Fleisch in Würfel oder Streifen schneiden. Waschen, trockentupfen, mit Salz und Pfeffer, den Wacholderbeeren, den Pfefferkörnern und dem Majoran kräftig würzen und im erhitzten Fett Farbe nehmen lassen. Das geputzte Gemüse würfeln, dazugeben und mitschwitzen.
• Das Tomatenmark unterrühren und mit Mehl bestäuben. Mit Rotwein ablöschen und mit der Gemüsebrühe auffüllen. Rosmarin, Thymian und das Lorbeerblatt dazugeben und das Ganze im auf 180 °C vorgeheizten Backofen 70-80 Minuten schmoren lassen.
• In der Zwischenzeit etwas Fett erhitzen und die geputzten und in Streifen geschnittenen Paprikaschoten darin glasig schwitzen. Die geputzten Pilze klein schneiden, zu den Paprikaschoten geben und mitschwitzen. Die Linsen unterheben, mit Rotwein ablöschen, die Marmelade und die Kräuter untermischen, und 4-5 Minuten köcheln.
• Nach Ende der Garzeit die Paprika-Pilz-Mischung unter das Hasengulasch heben, das Ganze nochmals abschmecken, anrichten, ausgarnieren und servieren.

Hasenkeule mit Pfifferlingen und Johannisbeeren

• 4 küchenfertige Hasenkeulen • Salz • Pfeffer • einige Wacholderbeeren • einige Pfefferkörner • 1 EL Kräuter der Provence • Butterschmalz zum Braten • 1/2 l Gemüsebrühe • 2 Lorbeerblätter • 1 Bund Suppengrün • 1 EL Butter • 1 Zwiebel • 250 g frische Pfifferlinge • 1 Schuss Weißwein • 1 Becher Sahne • 100 g frische Johannisbeeren • 2 cl Johannisbeerlikör • 1- 2 EL Johannisbeergelee • Johannisbrotkernmehl zum Binden • 2 Zweige Rosmarin

• Die küchenfertigen Hasenkeulen waschen und mit Salz und Pfeffer kräftig würzen. Die Wacholderbeeren und die Pfefferkörner in einem Mörser zerreiben und die Keulen damit einreiben. Mit Kräutern der Provence würzen.
• Das Butterschmalz in einem Bräter erhitzen und die Keulen darin Farbe nehmen lassen. Mit der Gemüsebrühe angießen, die Lorbeerblätter und das geputzte Suppengemüse dazugeben und im auf 180-200 °C vorgeheizten Backofen 90 Minuten schmoren lassen.
• Nach Ende der Garzeit in einer Pfanne die Butter erhitzen und die fein gehackte Zwiebel darin glasig schwitzen. Die geputzten Pfifferlinge dazugeben und kurz mitschwitzen, mit Weißwein ablöschen und mit der passierten Bratensauce auffüllen. Bei mäßiger Hitze kurz einreduzieren lassen und mit der Sahne verfeinern.
• Die Johannisbeeren, den Likör und das Gelee untermischen und aufkochen lassen. Mit Salz und Pfeffer abrunden und mit Johannisbrotkernmehl binden, anrichten, mit der Sauce überziehen und mit den Rosmarinzweigen ausgarniert servieren.

Kurzgebratene Hasenrückenfilets

• 4 Hasenrückenfilets • Salz • Pfeffer • 1 TL Majoran • 1 TL Thymian • 2 EL Pflanzenfett • 4 cl Weinbrand • 1 Zwiebel • Saft von 1 Orange • 2 EL bittere Orangenkonfitüre • 1 Glas Weißwein • 3/8 l gebundene Wildsauce • Obstessig • Kräuterzweige zum Garnieren • 2 Fenchelknollen • 8-12 Fingermöhrchen • 400 g Blumenkohlröschen • 1 Zucchini • 1/2 l Gemüsebrühe • 1 Zwiebel • 4 EL Kürbiskerne • 1 Becher Sahne • 1 Prise Meersalz • 1 Prise weißen Pfeffer • 1 Prise Cayennepfeffer • 1 Prise Muskatpulver • 1 Prise Johannisbrotkernmehl

• Die Hasenrückenfilets waschen und trockentupfen, mit Salz, Pfeffer, Majoran und Thymian kräftig würzen. Das Fett erhitzen und die Filets darin braten, mit Weinbrand flambieren, herausnehmen und bereitstellen.
• Für die Sauce die gehackte Zwiebel im verbliebenen Bratfett glasig schwitzen. Den Orangensaft mit der Konfitüre unterrühren, mit Weißwein ablöschen und mit der Wildsauce auffüllen. Alles zu einer sämigen Sauce verkochen und mit etwas Obstessig süßsauer abschmecken.
• Das Gemüse putzen und in mundgerechte Stücke schneiden, die Gemüsebrühe erhitzen und das Gemüse je nach Garzeit darin bissfest garen. Die Zwiebel würfeln und glasig schwitzen. Die Kürbiskerne und das Gemüse dazugeben. Die Sahne angießen, das Gemüse abschmecken und mit Johannisbrotkernmehl binden.
• Die Hasenrückenfilets mit dem Gemüse anrichten, mit der Sauce überziehen und servieren.

Hasenfilet mit grünem Spargel

• 800 g grünen Spargel • 1 1/2 l Gemüsebrühe • 1/2 l Weißwein • Saft von 2 Zitronen • 2-3 EL Butter oder Margarine • 1 Lorbeerblatt • einige Nelken • einige Pfefferkörner • einige Senfkörner • 4 Hasenrückenfilets • Salz • Pfeffer • 1 Prise Cayennepfeffer • 1 TL Majoran • 1-2 EL Butterschmalz • 4 cl Obstbrand • 4 Portionen Sauce béarnaise

• Den Spargel putzen, die unteren Enden abschneiden und wenn nötig dünn schälen.
• Die Gemüsebrühe mit dem Weißwein und dem Zitronensaft zum Kochen bringen. Fett, Lorbeerblatt, Nelken, Pfefferkörner und Senfkörner dazugeben und das Ganze bei mäßiger Hitze 8-10 Minuten ziehen lassen.
• Anschließend die Spargelstangen im Sud 10-15 Minuten gar ziehen lassen.
• Die küchenfertigen Hasenrückenfilets waschen und mit Salz, Pfeffer, Cayennepfeffer und Majoran kräftig würzen.
• Etwas Schmalz erhitzen und die Filets medium oder durch braten.
• Den Obstbrand in eine Kelle geben und das Fleisch damit flambieren. Die Hasenrückenfilets mit den Spargelstangen anrichten, mit der erwärmten Sauce béarnaise überziehen, ausgarnieren und servieren.

Wildhasenkeule in Orangensauce

• 4 küchenfertige Hasenkeulen • Salz • Pfeffer • Wacholderbeeren • Senfkörner • Pfefferkörner • 1 Lorbeerblatt • 2-3 EL geriebene Orangenschale • 1 EL Kräuter der Provence • Pflanzenfett zum Braten • 500 g Röstgemüse (Zwiebeln, Sellerie, Karotten) • 2-3 EL Tomatenmark • je 1/4 l Orangensaft, Rotwein und Wild- oder Gemüsebrühe • 2-3 EL Mehl • 1 1/2 Becher Sahne • 2-3 EL Orangengelee • 1-2 EL Obstessig • 4 cl Orangenlikör

• Die küchenfertigen Hasenkeulen waschen, trockentupfen und mit Salz und Pfeffer kräftig würzen.
• Wacholderbeeren, Senfkörner und Pfefferkörner mit dem Lorbeerblatt im Mörser zerreiben, mit der geriebenen Orangenschale und den Kräutern der Provence vermischen und die Hasenkeulen damit einreiben.
• Etwas Pflanzenfett in einem Bräter erhitzen, und die Keulen darin Farbe nehmen lassen, das Röstgemüse klein schneiden, zum Fleisch geben und kurz mitrösten.
• Das Tomatenmark einrühren, ebenfalls mitrösten und anschließend mit Orangensaft, Rotwein und Wild- oder Gemüsebrühe auffüllen.
• Die Hasenkeulen im Ofen bei 180-200 °C 1 1/2-2 Stunden schmoren lassen. 1/2 Stunde vor Garende das Mehl mit der Sahne glatt rühren, zum Fleisch geben, und das Ganze bei offenem Topf fertig garen. Danach die Hasenkeulen herausnehmen und bereitstellen.
• Die Sauce durch ein feines Küchensieb passieren, in einen Topf geben, mit Orangengelee, Obstessig und Orangenlikör verfeinern, nochmals abschmecken, mit den angerichteten Keulen, Kartoffelkroketten und Blaukraut servieren.

Französisches Kaninchen

• 2 küchenfertige Kaninchen • Salz • Pfeffer • 1 TL Kräuter der Provence • 2 Knoblauchzehen • 2-3 EL Butterschmalz • 1 l Rotwein • 1 Zwiebel • 2 Karotten • 1 Stück Sellerie • 1 Stück Lauch • 1 Lorbeerblatt • einige Wacholderbeeren • einige Pimentkörner • einige Pfefferkörner • 1 große Dose geschälte Tomaten

• Die küchenfertigen Kaninchen zerteilen, waschen und mit Salz, Pfeffer und den Kräutern der Provence kräftig würzen. Die Knoblauchzehen fein hacken und die Kaninchenteile damit einreiben.
• Das Butterschmalz in einem Bräter erhitzen und das Fleisch darin rundherum Farbe nehmen lassen. Mit Rotwein ablöschen und auffüllen. Den Bräter verschließen und das Ganze im auf 180-200 °C vorgeheizten Backofen 45 Minuten schmoren lassen.
• In der Zwischenzeit das Gemüse putzen und in Würfel schneiden. Mit dem Lorbeerblatt, den Wacholderbeeren, den Pimentkörnern und den Pfefferkörnern zum Kaninchen geben und weitere 30 Minuten garen. Die geschälten Tomaten untermischen und erneut 10-15 Minuten schmoren lassen.
• Nach Ende der Garzeit die Kaninchen abschmecken, anrichten und servieren.

Geschmortes Wildkaninchen mit Piniensauce

• 1 küchenfertiges Wildkaninchen • Salz • Pfeffer • 1 TL geriebene Zitronenschale • 1 Knoblauchzehe • 2 EL Pflanzenöl • 2 EL ungehärtetes Pflanzenfett • 1 Zwiebel • 2 Karotten • 1 Stück Sellerie • 1 Glas Weißwein • 3/8 l Wildfond oder Gemüsebrühe • 1 Lorbeerblatt • 1 Zweig Rosmarin • 1 Tasse Crème fraîche • Johannisbrotkernmehl zum Binden • 2-3 EL Pinienkerne • Zitronensaft, Weinbrand und Honig zum Abschmecken • gehackte Kräuter

• Das küchenfertige Wildkaninchen waschen, trockentupfen und in portionsgroße Stücke schneiden.
• Die Fleischteile mit Salz und Pfeffer kräftig würzen. Die Zitronenschale mit der fein gehackten Knoblauchzehe und dem Pflanzenöl vermischen und die Kaninchenteile damit einstreichen.
• Die Kaninchenteile im erhitzten Fett Farbe nehmen lassen. Die Zwiebel, die Karotten und den Sellerie putzen, in Würfel schneiden, zum Fleisch geben und kurz mitbraten.
• Das Ganze mit Weißwein ablöschen und mit Wildfond oder Gemüsebrühe auffüllen. Das Lorbeerblatt und den Rosmarinzweig in die Sauce geben und das Ganze im auf 180 °C vorgeheizten Backofen 75-90 Minuten schmoren lassen. Nach Ende der Garzeit die Kaninchenteile herausnehmen und warm stellen.
• Die Sauce mit der Crème fraîche verfeinern und mit Johannisbrotkernmehl leicht binden. Die Pinienkerne in die Sauce geben und das Ganze mit Zitronensaft, Weinbrand und etwas Honig abschmecken.
• Die Kaninchenteile anrichten, mit der Sauce überziehen, mit gehackten Kräutern bestreuen und servieren.

Kaninchen mit Preiselbeersauce

• 4 küchenfertige Kaninchenkeulen • Salz • Pfeffer • 2-3 EL Mehl • 2-3 EL Butterschmalz • 1 Zwiebel • 2 Karotten • 1 Stück Sellerie • 1-2 EL Tomatenmark • 1/2 l Rotwein • 1/2 l Gemüse- oder Wildbrühe • 1 Knoblauchzehe • 1 Lorbeerblatt • 1 Zweig Rosmarin • 1 Zweig Thymian • einige Wacholderbeeren • einige Nelken • einige Pimentkörner • 2 EL Preiselbeergelee • Speisestärke • 2-3 EL Crème fraîche • 250 g Austernpilze • 50 g Preiselbeeren

• Die küchenfertigen Kaninchenkeulen waschen, mit Salz und Pfeffer würzen und in Mehl wenden.
• Das Butterschmalz in einem Bräter erhitzen und die Kaninchenkeulen darin rundherum Farbe nehmen lassen.
• Die Zwiebel, die Karotten und den Sellerie putzen, in feine Würfel schneiden, zum Fleisch geben und kurz mitbraten. Das Tomatenmark unterrühren. Mit Rotwein ablöschen und mit der Brühe auffüllen.
• Die gehackte Knoblauchzehe und die Gewürze dazugeben. Das Ganze zugedeckt im auf 180-200 °C vorgeheizten Backofen 60-70 Minuten schmoren lassen.
• Nach Ende der Garzeit die Kaninchenkeulen aus der Sauce nehmen und warm stellen. Die Sauce durch ein Sieb passieren und je nach Geschmack mit angerührter Speisestärke leicht binden, mit Preiselbeergelee und Crème fraîche verfeinern, die geputzten und klein geschnittenen Austernpilze dazugeben und die Sauce nochmals 5-6 Minuten köcheln lassen.
• Anschließend die frischen Preiselbeeren untermischen und kurz aufkochen lassen. Die Sauce nochmals kräftig abschmecken. Die Kaninchenkeulen anrichten, mit der Sauce überziehen, ausgarnieren und servieren.

Kaninchen-Paella

• 2-3 EL Olivenöl • 400 g gekochtes oder gebratenes Kaninchenfleisch • 1 Zwiebel • 2 Knoblauchzehen • 100 g Austernpilze • 100 g grüne Erbsen (TK-Produkt) • 4 Portionen bissfest gegarten Reis • 1-2 Tassen Gemüse- oder Wildbrühe • 1 Msp. Safran • 1 Prise Cayennepfeffer • Salz • Pfeffer • Weißwein • 100 g gekochte Miesmuscheln • 4-8 gekochte Krebse • 100 g Kirschtomaten

• Das Olivenöl in einer Paellapfanne erhitzen und das in feine Würfel oder Streifen geschnittene Kaninchenfleisch darin braten.
• Die Zwiebel und die Knoblauchzehen schälen und fein hacken, die Austernpilze je nach Bedarf klein schneiden, mit den grünen Erbsen zum Fleisch geben und 4-5 Minuten dünsten. Den Reis unter das Gemüse heben, mit Weißwein und Gemüse- oder Wildbrühe ablöschen. Mit Safran, Cayennepfeffer, Salz und Pfeffer kräftig abschmecken.
• Die Miesmuscheln, die gekochten Krebse und die halbierten Kirschtomaten dekorativ auf der Paella anrichten und im auf 180-200 °C vorgeheizten Backofen 10-15 Minuten erhitzen.
• Die Paella herausnehmen, ausgarnieren und servieren.

Gekräuterte Kaninchenkeulen

• 4 Kaninchenkeulen • Salz • Pfeffer • 1 TL geschrotete schwarze Pfefferkörner • 1 EL Kräuter der Provence • 2 EL Butterschmalz • 1 Zwiebel • 2 Karotten • 1 Stück Sellerie • 1 Glas Weißwein • 3/8 l Gemüse- oder Wildbrühe • 1 Lorbeerblatt • 1 Zweig Thymian • 1 Zweig Rosmarin • 1 Becher Sahne • 4-5 EL Mehl • 1 Prise Cayennepfeffer • 1 Prise Zucker • 1 Tasse gemischte Wildkräuter

• Die küchenfertigen Kaninchenkeulen mit Salz und Pfeffer würzen, mit den Pfefferkörnern und den Kräutern der Provence einreiben. Das Butterschmalz in einem Bräter erhitzen und die Kaninchenkeulen darin rundherum Farbe nehmen lassen.
• Die Zwiebel, die Karotten und den Sellerie putzen, in feine Würfel schneiden, zu den Keulen geben und kurz mitbraten. Mit Weißwein ablöschen und mit der Gemüse- oder Wildbrühe auffüllen. Das Lorbeerblatt, den Thymian- und den Rosmarinzweig dazugeben und das Ganze zugedeckt im auf 180-200 °C vorgeheizten Backofen 60-70 Minuten schmoren lassen.
• Die Kaninchenkeulen herausnehmen und warm stellen. Das Lorbeerblatt, den Thymian- und den Rosmarinzweig aus der Sauce nehmen und die Sauce im Mixer oder mit dem Pürierstab pürieren. Die Sahne mit dem Mehl anrühren und in die Sauce einrühren. Diese erneut auf dem Herd zum Kochen bringen, 5-6 Minuten köcheln lassen und mit Salz, Pfeffer, Cayennepfeffer und Zucker abschmecken.
• Die Kaninchenkeulen anrichten, mit der Sauce überziehen, ausgarnieren und servieren.

Kaninchenkeulen mit Pfifferlingssauce

• 4 küchenfertige Kaninchenkeulen • Salz • Pfeffer • 1 TL Korianderpulver • 1 TL geschrotete Wacholderbeeren • 1 EL Rosmarin • 2-3 EL Pflanzenfett • 1 Zwiebel • 2 Karotten • 1 Stück Sellerie • 2 EL Tomatenmark • 4-5 EL Mehl • 1/2 l Rotwein • 1/4 l Gemüse- oder Wildbrühe • 2 Lorbeerblätter • 200 g frische Pfifferlinge • 4 Scheiben Frühstücksspeck

• Die küchenfertigen Kaninchenkeulen mit Salz, Pfeffer, Korianderpulver, Wacholder und Rosmarin kräftig würzen. Das Pflanzenfett in einem Bräter erhitzen und die Keulen darin rundherum Farbe nehmen lassen.
• Die Zwiebel, die Karotten und den Sellerie putzen, fein würfeln, zum Fleisch geben und kurz mitbraten.
• Das Tomatenmark unterrühren, mit Mehl bestäuben, mit Rotwein und Gemüse- oder Wildbrühe auffüllen.
• Die Lorbeerblätter in die Sauce legen und das Ganze im auf 180-200 °C vorgeheizten Backofen 75-90 Minuten garen, aus der Sauce nehmen und warm stellen. Die Sauce durch ein feines Küchensieb passieren und erneut erhitzen. Die Pfifferlinge putzen, je nach Bedarf klein schneiden, in die Sauce geben und 6-8 Minuten bei starker Hitze kochen.
• Den Frühstücksspeck scharf braten, die Kaninchenkeulen anrichten, mit der Sauce überziehen, mit je einer Scheibe Frühstücksspeck belegen und mit Preiselbeerkompott und Speckbohnen servieren.

KANINCHENKEULE IN SALBEI-SAUCE

• 4 Kaninchenkeulen • 1 l Buttermilch • 1/4 l Rotwein • je 1 EL zerstoßene Pfefferkörner und Wacholderbeeren • 2 Lorbeerblätter • 1/2 Bund Salbei • 1 Zwiebel • 1 Bund Suppengemüse • 2 EL Tomatenmark • 1/8 l Rotwein • 1/4 l Gemüsebrühe • Salz • Pfeffer • 2 Karotten • 2 Zucchini • 2 Kohlrabi • 2-3 EL Butter oder Margarine • 2-3 EL Zucker • 1 Prise Muskat

• Die Kaninchenkeulen, waschen und in eine Schüssel legen. Die Buttermilch mit Rotwein, Gewürzen, dem Kräuterzweig und der geviertelten Zwiebel vermischen, die Keulen damit überziehen und im Kühlschrank mindestens 2 Tage ziehen lassen.
• Das Fleisch gut abtropfen lassen, das Schmalz in einem Bräter erhitzen und die Keulen darin rundherum Farbe nehmen lassen. Das Suppengemüse putzen, klein schneiden, zum Fleisch geben, kurz mitrösten.
• Das Tomatenmark einrühren, mit Rotwein ablöschen, mit der Gemüsebrühe und einer Tasse Beize auffüllen, würzen und zugedeckt im auf 180-200 °C vorgeheizten Backofen 80-90 Minuten schmoren lassen. In der Zwischenzeit das geputzte Gemüse in Stifte schneiden und in der Brühe bissfest garen.
• Das Gemüse im erhitzten Fett kurz anschwenken, mit Zucker bestreuen, mit Salz, Pfeffer und Muskat würzen. Die Kaninchenkeulen aus der Sauce nehmen, dekorativ anrichten, das Gemüse dazugeben, die Sauce nochmals abschmecken, je nach Geschmack abbinden, gleichmäßig auf dem Fleisch verteilen, ausgarnieren und servieren.

KANINCHEN IN ROSMARIN

• 1 küchenfertiges Kaninchen • Salz • Pfeffer • 1 EL Kräuter der Provence • 2-3 EL Butterschmalz • 4 Knoblauchzehen • 2 Zwiebeln • 4 Karotten • 1 Stück Sellerie • 1 Bund Frühlingszwiebeln • einige Zweige frischer Rosmarin • 2-3 Lorbeerblätter • 1 Glas Rotwein • 1/2 l Gemüse- oder Fleischbrühe • Saft von 1 Zitrone • 1 Prise Cayennepfeffer • 1 Prise Zucker • 1 Hand voll Kräuter (Rosmarin, Estragon, Zitronenmelisse)

• Das küchenfertige Kaninchen in mundgerechte Stücke zerteilen, waschen, trockentupfen, mit Salz, Pfeffer und Kräutern der Provence kräftig würzen und im erhitzten Butterschmalz rundherum Farbe nehmen lassen.
• Die Knoblauchzehen fein hacken, die Zwiebeln in mundgerechte Stücke schneiden. Die Karotten und den Sellerie ebenfalls klein schneiden, mit dem Knoblauch und den Zwiebeln zum Fleisch geben und unter ständigem Rühren mitbraten.
• Die Frühlingszwiebeln putzen, in Stücke schneiden und bereitstellen.
• Die Rosmarinzweige mit den Lorbeerblättern zum Fleisch geben, mit Rotwein ablöschen und mit Gemüse- oder Fleischbrühe auffüllen. Das Ganze im auf 180-200 °C vorgeheizten Backofen 60-70 Minuten schmoren lassen, dann die Frühlingszwiebeln untermischen. Das Ganze mit Salz, Pfeffer, Zitronensaft, Cayennepfeffer und Zucker kräftig abschmecken und weitere 10 Minuten garen.
• Das Kaninchen in Rosmarin dekorativ anrichten, mit den fein gehackten Kräutern bestreuen, ausgarnieren und sofort servieren.

Feine Kaninchenpastete

• 4 Kaninchenrückenfilets • Salz • Pfeffer • 1 TL Kräuter der Provence • 1-2 EL Butterschmalz • 4 cl Weinbrand • 250 g grünen Speck, in dünne Scheiben geschnitten • 500 g Wildfleisch • 300 g durchwachsenen Schweinebauch • 1 Schuss Sahne • 1 Ei • 1 Tasse gemischte, gehackte Kräuter (Estragon, Kerbel, Melisse, Petersilie) • 2 cl Weinbrand • 1 Prise Muskatpulver • 1 Prise Cayennepfeffer • je einige Tropfen Zitronensaft und Worcestersauce • 1 Prise Zucker • 1 TL Pastetengewürz

• Die küchenfertigen Kaninchenfilets mit Salz, Pfeffer und Kräutern der Provence würzen und im erhitzten Schmalz scharf anbraten. Mit Weinbrand flambieren, herausnehmen und erkalten lassen.
• Die Filets jeweils in eine Scheibe Speck einwickeln und bereitstellen. Das Wildfleisch mit dem Schweinebauch zweimal durch die feine Scheibe des Fleischwolfs drehen und fein pürieren.
• Die Sahne, das Ei und die Kräuter darunter schlagen, mit Weinbrand aromatisieren und kräftig abschmecken.
• Eine Pastetenform mit dem restlichen Speck auslegen. Die Hälfte der Fleischfarce einfüllen. Die Filets darauf legen, mit der restlichen Fleischmasse überziehen und glatt streichen. Die Pastete vollständig mit dem Speck abdecken und im Wasserbad 40-50 Minuten gar ziehen lassen.
• Die Pastete herausnehmen, vollständig erkalten lassen, in Scheiben schneiden, anrichten, ausgarnieren und servieren.

Jägerschmaus

• 4 küchenfertige Rehsteaks • 1 TL Wacholderbeeren • Salz • Pfeffer • 2-3 EL Butterschmalz • 4 Scheiben gepökelte Rehzunge • 75 g durchwachsenen, geräucherten Speck • 1 große Zwiebel • 200 g gemischte Waldpilze • 1 Schuss Rotwein • 3/8 l gebundene Wildsauce • 1 EL grüne Pfefferkörner • 2 EL Preiselbeerkompott • 1 EL Obstessig • 4 cl Kirschlikör

• Die Rehsteaks waschen, trockentupfen, leicht klopfen und mit den zerstoßenen Wacholderbeeren, Salz und Pfeffer kräftig würzen. Das Butterschmalz erhitzen, die Rehsteaks darin braten, herausnehmen und warm stellen. Die Zungenscheiben ins verbliebene Bratfett geben, kurz anbraten, zu den Rehsteaks geben und ebenfalls warm stellen. Den Speck in feine Würfel schneiden und im verbliebenen Bratfett unter ständigem Rühren auslassen.
• Die Zwiebel schälen, fein würfeln, zum Speck geben und kurz mitbraten. Die in mundgerechte Stücke geschnittenen Waldpilze ebenfalls zu den Zwiebeln geben und kurz mitbraten. Mit Rotwein ablöschen, mit der Wildbrühe auffüllen und bei mäßiger Hitze 5-6 Minuten köcheln lassen. Die Pfefferkörner, das Preiselbeerkompott, den Obstessig und den Kirschlikör unter die Sauce ziehen und das Ganze mit Salz und Pfeffer abschmecken.
• Die Rehsteaks und die Zungenscheiben in der Sauce nochmals erhitzen, aber nicht mehr kochen lassen, dekorativ anrichten, mit Kräutern ausgarnieren und mit Spätzle servieren.

Rehkeule

• 4-5 Wacholderbeeren • 2 Nelken • 1 Lorbeerblatt • einige Zweige Thymian • 2 Zwiebeln • 100 ml Olivenöl • 1/4 l Rotwein • 1/8 l Buttermilch • 1/8 l Obstessig • 1/8 l Wasser • 1 küchenfertige Rehkeule ohne Knochen • Speck zum Spicken • 1 Stück Sellerie • 1 Zwiebel • 2 Karotten • Salz • Pfeffer • 100 g frische Champignons • 1/4 l saure Sahne • 2-3 EL Mehl

• Die Wacholderbeeren, die Nelken, das Lorbeerblatt und den Thymian im Mörser zerreiben und mit den klein geschnittenen Zwiebeln in einen Topf geben. Den Rotwein, die Buttermilch, den Essig und das Wasser dazugeben, das Ganze einmal aufkochen lassen, vom Feuer nehmen und vollständig erkalten lassen.
• Die küchenfertige Rehkeule waschen, trockentupfen, in eine Schüssel legen, mit der Marinade überziehen und darin 2-3 Tage einlegen. Hin und wieder wenden.
• Die Keule aus der Beize nehmen, trockentupfen und mit reichlich Speck spicken. Anschließend die Keule in eine Bratfolie geben. Den Sellerie, die Zwiebeln und die Karotten putzen und würfeln. Mit zwei Tassen Marinade zur Keule geben. Die Bratfolie verschließen und im Backofen zwei Stunden bei 180-200 °C garen.
• Anschließend die Keule herausnehmen und den Sud sieben. Erneut in einen Topf geben und zum Kochen bringen. Die geputzten und in Scheiben geschnittenen Pilze dazugeben, die mit Mehl glatt gerührte saure Sahne dazugeben und das Ganze kurz köcheln lassen.
• Die Rehkeule in Scheiben schneiden, dekorativ anrichten, mit der Sauce überziehen, mit Kartoffelbrei, Kartoffelkroketten, Preiselbeeren, Rotweinbirnen oder Apfelmus servieren.

Pikante Rehkeule

• 1 EL Wacholderbeeren • 1 EL Pfefferkörner • je 1 Zweig Basilikum und Thymian • 3 Lorbeerblätter • 2 Gläser Weinbrand • 1/4 l Rotwein • 1/4 l Olivenöl • 1 küchenfertige Rehkeule • Salz • Pfeffer • 100 g geräucherten Speck • 1 Zwiebel • 2 Karotten • 1 Stück Sellerie • 1 Stange Lauch • Gemüse- oder Wildbrühe • 1 Becher Sahne • Speisestärke zum Binden

• Die Wacholderbeeren und die Pfefferkörner im Mörser zerstoßen, mit den restlichen Gewürzen, dem Weinbrand, dem Rotwein und dem Öl in eine Schüssel geben und alles gut miteinander verrühren.
• Die küchenfertige Rehkeule enthäuten, waschen, trockentupfen, in die Marinade legen und mindestens 24 Stunden zugedeckt im Kühlschrank ziehen lassen.
• Für die Zubereitung die Rehkeule herausnehmen und trockentupfen. Mit Salz und Pfeffer würzen, mit dem in dünne Scheiben geschnittenen Speck belegen und in einem Bräter im auf 180-200 °C vorgeheizten Backofen 1 1/2-2 Stunden garen, dabei öfter mit der Marinade und dem sich bildenden Bratenfond begießen. Das Gemüse zum Fleisch geben und weitere 1-1 1/2 Stunden garen. Erneut mit Bratenfond und Marinade begießen.
• Nach Ende der Garzeit die Keule herausnehmen, die Sauce passieren, die Sahne dazugeben, aufkochen lassen, mit etwas Speisestärke binden und abschmecken.
• Die Rehkeule dekorativ anrichten, mit der Sauce überziehen, mit Kartoffelklößen, Rotkohl und Birnen mit Preiselbeeren servieren.

Gebratene Rehkeule

• 1 küchenfertige Rehkeule • 2-3 EL Butterschmalz • Salz • Pfeffer • je 1 TL Pfefferkörner, Korianderkörner, Wacholderbeeren, Pimentkörner, Oregano, Basilikum und Thymian • 2 Knoblauchzehen • 1 Zwiebel • 1 Stange Lauch • 2 Karotten • 1 Stück Sellerie • 1/2 l Rotwein • 1/2 l Gemüse- oder Wildbrühe • 2-3 EL Tomatenmark • 1 Becher süße Sahne

• Die küchenfertige Rehkeule waschen und im erhitzten Fett kräftig anbraten, mit Salz und Pfeffer würzen.
• Die Pfefferkörner, die Korianderkörner, die Wacholderbeeren, die Pimentkörner, den Oregano, das Basilikum und den Thymian im Mörser zerreiben und das Fleisch damit bestreuen.
• Die Knoblauchzehen und die Zwiebel fein hacken, den Lauch, die Karotten und den Sellerie würfeln und das Ganze zum Fleisch geben, bei 180-200 °C im Backofen 30 Minuten schmoren, anschließend mit dem Rotwein und der Gemüse- oder Wildbrühe auffüllen und weitere 30-40 Minuten schmoren.
• Nach Ende der Garzeit das Fleisch herausnehmen, in Alufolie wickeln und 15 Minuten bei 80-90 Minuten ruhen lassen.
• Die Sauce durch ein Sieb passieren, das Tomatenmark und die Sahne einrühren, kurz einreduzieren lassen und nochmals kräftig abschmecken.
• Die Rehkeule in Scheiben schneiden, dekorativ anrichten, mit der Sauce überziehen und servieren.

Geschmorte Rehkeule

• 1,5 kg Rehkeule ohne Knochen • Salz • Pfeffer • 1 TL Wacholderbeeren • 1 TL schwarze Pfefferkörner • 1 Lorbeerblatt • 1 TL Kräuter der Provence • 1-2 EL Butterschmalz • 2 Zwiebeln • 2 Karotten • 2 säuerliche Äpfel • 1-2 EL Tomatenmark • 1 Schuss Rotwein • 3/8 l Gemüse- oder Wildbrühe • 1 Schuss Sahne • 1-2 EL Preiselbeeren • Johannisbrotkernmehl zum Binden • 1 Prise Cayennepfeffer • je einige Tropfen Zitronensaft, Obstessig und Preiselbeerlikör

• Die küchenfertige Rehkeule waschen, trockentupfen, mit einer Küchenschnur binden und mit Salz und Pfeffer kräftig würzen. Die Wacholderbeeren, die Pfefferkörner und das Lorbeerblatt in einem Mörser zerreiben, mit den Kräutern der Provence vermischen und das Fleisch damit einreiben. Etwas Schmalz in einem Bräter erhitzen und das Fleisch rundherum Farbe nehmen lassen.
• Die Zwiebeln, die Karotten und die Äpfel in Würfel schneiden, zum Fleisch geben und kurz mitbraten. Das Tomatenmark unterrühren, mit Rotwein ablöschen und mit der Brühe auffüllen. Den Bräter verschließen und das Ganze im auf 180-200° C vorgeheizten Backofen 80-90 Minuten schmoren lassen.
• Nach Ende der Garzeit die Rehkeule herausnehmen, warm stellen, die Sauce im Mixer oder mit dem Pürierstab pürieren, in einen Topf geben, mit Sahne verfeinern, die Preiselbeeren untermischen und mit Johannisbrotkernmehl binden. Die Sauce mit Cayennepfeffer, Zitronensaft, Obstessig und Preiselbeerlikör abschmecken und mit Preiselbeerlikör aromatisieren und abschmecken.
• Die Rehkeule in Scheiben schneiden mit der Sauce überziehen, anrichten, ausgarnieren und servieren.

Rehnüsschen auf Spätburgundersauce

• 600 g Rehrückenfilet • 1 kg Rehrückenknochen • 50 g geklärte Butter • 400 g Röstgemüse • 1 TL Wacholderbeeren • 1 TL Pfefferkörner • 50 g Tomatenmark • 2-3 EL Mehl • 1 l badischen Spätburgunder Rotwein • Salz • Pfeffer • 1-2 EL Preiselbeergelee • 50 g Butterflöckchen • geklärte Butter zum Braten

• Das Rehrückenfilet vorbereiten, von allen Sehnen befreien und in vier Teile à 150 g schneiden.
• Die Rehrückenknochen sehr fein hacken und in der geklärten Butter in einem Bräter anbraten. Das geputzte Röstgemüse klein schneiden, zu den Knochen geben und kräftig rösten. Die Wacholderbeeren und die Pfefferkörner sowie das Tomatenmark unterrühren und weitere 5-8 Minuten rösten, mit Mehl bestäuben, durchrühren und das Ganze mit Rotwein auffüllen. Mit Salz und Pfeffer würzen und bei mäßiger Hitze etwa eine Stunde köcheln lassen.
• Anschließend die Sauce abpassieren und auf 3/4 l einreduzieren lassen. Das Preiselbeergelee unter die Sauce ziehen, nochmals abschmecken und das Ganze mit Butterflöckchen binden.
• Die Rehnüsschen rundherum anbraten und im Backofen bei 180° C garen, herausnehmen und warm stellen. Das Fleisch zusammen mit den glacierten Boskop-Äpfeln und Mandelbällchen aus nachfolgenden Rezepten anrichten und servieren.

Glasierte Boskop-Äpfel

• 2 Boskop-Äpfel • Saft von 1 Zitrone • 50 g geklärte Butter • 1 EL Zucker

• Die Äpfel schälen, vierteln, entkernen und mit Zitronensaft beträufeln.
• Die Butter in einer Pfanne erhitzen, die Äpfel dazugeben und kurz anschwitzen. Anschließend werden sie mit Zucker bestreut und kurz angedünstet.

Mandelbällchen

• 1 kg mehlige Kartoffeln • 1 Ei • 2-3 EL Speisestärke • Salz • weißen Pfeffer • 1 Prise Muskatpulver • Mehl • verquirltes Ei • 120 g Mandelblättchen • Fett zum Ausbacken

• Die Kartoffeln schälen, einschneiden und in Salzwasser weich kochen. Abgießen, kurz aufdämpfen lassen und durch die Kartoffelpresse treiben.
• Die Kartoffelmasse mit dem Ei und der Speisestärke zu einem glatten Teig verarbeiten. Mit Salz, Pfeffer und Muskat würzen.
• Die Masse zu kleinen Bällchen formen. Die Bällchen in Mehl und in verquirltem Ei wenden und mit den Mandelblättchen panieren. Im schwimmenden Fett goldgelb ausbacken.

Marinierte Rehnüsschen

• 800 g Rehnüsschen • 2 Gläser Rotwein • 1 Zwiebel • 1 Karotte • 1 Stück Sellerie • 1 Stück Lauch • 1 Zweig Rosmarin • 1 TL Wacholderbeeren • 2 EL Speiseöl • 1/4 l Gemüse- oder Wildbrühe • 1 Becher Sahne • 2-3 EL Crème fraîche • Salz • Pfeffer

• Die küchenfertigen Rehnüsschen waschen, in eine Schüssel geben und mit Rotwein beträufeln.
• Das Gemüse putzen, waschen und in Würfel schneiden. Mit dem Rosmarin und den zerdrückten Wacholderbeeren in die Marinade geben und das Ganze über Nacht ziehen lassen.
• Für die Zubereitung die Steaks aus der Marinade nehmen, trockentupfen und die Steaks im erhitzten Öl auf beiden Seiten kräftig braten. Den Bratensatz mit der Marinade loskochen und die Gemüse- oder Wildbrühe dazugeben, kräftig einreduzieren lassen, die Sahne dazugeben und zu einer sämigen Sauce verkochen. Zum Schluss die Crème fraîche unterrühren und das Ganze mit Salz und Pfeffer kräftig würzen.
• Das Fleisch auf einer Platte dekorativ anrichten, die Sauce passieren, zum Fleisch geben, ausgarnieren und servieren.

Rehkoteletts mit Linsengemüse

• 8 Rehkoteletts • 2 Knoblauchzehen • 1 Tasse Olivenöl • 1 TL Majoran • 1 TL Pfefferminze • 1 TL Thymian • 1 TL geriebene Zitronenschale • 1-2 EL Butter oder Margarine • 1 Zwiebel • 1 Schuss Rotwein • 3/8 l gebundene Wildsauce • 50 g geriebenen Edelpilzkäse • 2-3 EL Crème fraîche • 2-3 EL Obstessig • 1-2 EL Johannisbeergelee • Salz • Pfeffer • 1 Prise Cayennepfeffer • 4 Portionen Linsengemüse

• Die Rehkoteletts waschen, trockentupfen und in eine Schüssel geben.
• Die Knoblauchzehen schälen, mit Salz zu einer Paste zerreiben und mit dem Olivenöl verrühren. Die Kräuter und die geriebene Zitronenschale unterrühren, die Rehkoteletts mit der Marinade überziehen und im Kühlschrank über Nacht ziehen lassen.
• Die Butter oder Margarine in einem Topf erhitzen und die gehackte Zwiebel darin glasig schwitzen. Mit einem Schuss Rotwein ablöschen und mit der gebundenen Wildsauce auffüllen.
• Den Edelpilzkäse in die Sauce geben und schmelzen lassen, mit Crème fraîche, Obstessig und Johannisbeergelee verfeinern, mit Salz, Pfeffer und Cayennepfeffer abschmecken.
• Die Rehkoteletts in einer Pfanne oder auf dem Grill medium oder durch braten, herausnehmen, anrichten, mit der Sauce überziehen und servieren.

Rehkoteletts mit Honigsauce

• 8 Rehkoteletts • 1 EL geschrotete schwarze Pfefferkörner • 1 TL geschrotete Wacholderbeeren • 1 TL geriebene Zitronenschale • 1 TL geriebene Orangenschale • Fett zum Braten • 1 Zwiebel • 250 g Pfifferlinge • 100 g Weinbeeren • 3/8 l klare Wild- oder Bratensauce • 4 EL Honig • 2 EL Obstessig • 4 cl Himbeergeist • Salz • Pfeffer • 1/2 Bund Petersilie • 1/2 Bund Schnittlauch

• Die küchenfertigen Rehkoteletts mit Küchenkrepp abtupfen und bereitstellen.
• Die Pfefferkörner mit den Wacholderbeeren, der Zitronenschale und der Orangenschale vermischen, die Rehkoteletts damit kräftig einreiben und über Nacht ziehen lassen.
• Das Fett in einer Pfanne erhitzen und die Rehkoteletts je nach Geschmack medium oder durch braten, herausnehmen und warm stellen. Im verbliebenen Bratfett die fein gehackte Zwiebel glasig schwitzen, die fein geschnittenen Pfifferlinge dazugeben, die Weinbeeren darüber streuen und kurz mitschwitzen.
• Mit Wild- oder Bratensauce auffüllen und einmal aufkochen lassen. Mit Honig, Obstessig, Himbeergeist, Salz und Pfeffer abschmecken.
• Die Rehkoteletts anrichten, salzen, pfeffern und mit der Sauce überziehen. Mit fein gehackter Petersilie und frisch geschnittenem Schnittlauch bestreut servieren.

Hagebutten-Koteletts

• 8-12 Rehkoteletts • 1 TL geschrotete Wacholderbeeren • 1 TL geschrotete Pfefferkörner • 1-2 EL Butterschmalz • 4 cl Weinbrand • Salz • Pfeffer • 1-2 EL Butter oder Margarine • 2 Schalotten • 1 Schuss Rotwein • 3/8 l gebundene Wildsauce • 1 Tasse Crème fraîche • 2-3 EL Hagebuttenmark • einige Tropfen Rotweinessig • einige Tropfen Zitronensaft • 1 Kiwi zum Garnieren

• Die küchenfertigen Rehkoteletts mit den Wacholderbeeren und den Pfefferkörnern einreiben und im erhitzten Butterschmalz je nach Geschmack medium oder durch braten.
• Etwas Weinbrand in einer Kelle erwärmen, anzünden und die Koteletts damit flambieren. Mit Salz und Pfeffer würzen, aus der Pfanne nehmen und warm stellen.
• Etwas Butter oder Margarine ins verbliebene Bratfett geben und die fein gewürfelten Schalotten darin glasig schwitzen. Mit einem Schuss Rotwein ablöschen und mit der Wildsauce auffüllen. Die Crème fraîche und das Hagebuttenmark unterrühren, bei starker Hitze kurz einreduzieren lassen und mit Rotweinessig, Salz, Pfeffer und Zitronensaft abschmecken.
• Die Sauce auf vorgewärmten Tellern anrichten. Die Rehkoteletts einsetzen. Je eine Portion Bratkartoffeln dazugeben. Mit Kiwischeiben ausgarnieren und servieren.

Rehfilet auf chinesische Art

• 600 g küchenfertiges Rehfilet • 3 EL Sojasauce • 3 EL Sesamöl • Salz • Pfeffer • 1 Zwiebel • 250 g Honigmelonenfruchtfleisch • 2-3 EL Tomatenmark • 2 EL Sojasauce • 2 EL Essig • 1/4 l Wild- oder Gemüsebrühe • 1-2 EL Honig • 1/2 Becher Sahne • Speisestärke zum Binden • 1 Päckchen chinesische oder deutsche Eiernudeln • 1-2 EL Butter oder Margarine • 1 Zwiebel • 1 rote Paprikaschote • 1 grüne Paprikaschote • 1 Schuss Weißwein • 1 Prise Safran • 1 Msp. Fünfgewürzpulver

• Das Rehfilet in einer Schüssel mit Sojasauce und Sesamöl überziehen und 4-5 Stunden marinieren.
• Das Filet in einer Pfanne anbraten und im auf 180-200 °C vorgeheizten Backofen medium oder durch braten, herausnehmen, salzen, pfeffern, in Folie wickeln und warm stellen.
• Die gehackte Zwiebel und das klein geschnittene Melonenfleisch im verbliebenen Bratfett anschwitzen. Das Tomatenmark, die Sojasauce und den Essig einrühren, mit der Wildbrühe auffüllen und zum Kochen bringen. Das Ganze pürieren und mit Honig abrunden. Die Sahne angießen, mit etwas angerührter Speisestärke binden und mit Salz und Pfeffer abschmecken. Die Eiernudeln bissfest garen und bereitstellen.
• Die Zwiebel und die geputzten Paprikaschoten in Würfel oder Streifen schneiden und im erhitzten Fett glasig schwitzen. Mit Weißwein ablöschen, kurz dünsten, die Nudeln dazugeben, mit Safran, Fünfgewürzpulver, Salz und Pfeffer abschmecken.
• Die Sauce auf heißen Tellern verteilen, das Rehfilet in Scheiben schneiden und auf die Sauce legen. Die Nudeln dazugeben, ausgarnieren und servieren.

Rehnieren in Cognac

• 8 Rehnieren • 1/4 l Cognac • 1 Tasse Mehl • 3-4 EL Butter oder Margarine • Salz • Pfeffer • 1 Zwiebel • 1/4 l gebundene Wildsauce • Zucker • 1 Becher Sahne

• Die Rehnieren enthäuten, halbieren, säubern, waschen, trockentupfen, in ein Steingutgefäß schichten und mit dem Cognac übergießen. Die Nieren sollen vollständig bedeckt sein. Zugedeckt an einem kühlen Ort 1-2 Tage marinieren.
• Die Nieren herausnehmen, abtropfen lassen und in Mehl wenden. Das Fett in einer Pfanne erhitzen, die Nieren darin braten, herausnehmen und warm stellen. Im verbliebenen Bratfett die gehackte Zwiebel glasig schwitzen, mit etwas verdünnter Marinade ablöschen, mit Wildsauce und Sahne auffüllen und kräftig einreduzieren lassen. Die Sauce mit Salz, Pfeffer und Zucker abschmecken.
• Die Nieren anrichten, mit der Sauce überziehen, ausgarnieren und servieren.

Rehragout

• 1 kg Rehfleisch ohne Knochen • 2 Zwiebeln • 1 Knoblauchzehe • 2-3 EL Schweineschmalz • Salz • Pfeffer • 200 g frische Champignons • 1 kleine Dose Tomatenmark • 1/4 l Rotwein • 1/8 l Gemüse- oder Wildbrühe • 1 Prise Zucker • 1 TL Essig • 1/2 TL getrocknetes Basilikum • 1 Becher saure Sahne

• Das Rehfleisch waschen, trockentupfen und in 2 cm große Würfel schneiden. Die Zwiebeln und die Knoblauchzehe schälen und fein hacken.
• Das Schmalz in einem Bräter erhitzen und das Fleisch darin unter ständigem Rühren 10 Minuten braten. Anschließend die Zwiebeln und den Knoblauch dazugeben und kurz mitbraten. Mit Salz und Pfeffer kräftig würzen.
• Die Champignons putzen, waschen, in Scheiben schneiden, mit dem Tomatenmark zum Fleisch geben, mit dem Rotwein ablöschen und mit der Gemüse- oder Wildbrühe angießen, vorsichtig umrühren und zugedeckt im auf 180-200 °C vorgeheizten Backofen 70-80 Minuten schmoren lassen, mit Zucker, Essig, Basilikum, Salz und Pfeffer kräftig abschmecken.
• Das Ragout in eine vorgewärmte Schüssel füllen, die verquirlte saure Sahne einrühren, das Ganze nochmals abschmecken und sofort servieren.

Rehgulasch mit Gemüse

• 800 g Rehgulasch ohne Knochen • Meersalz • Pfeffer • 1/2 TL Wacholderbeeren • 1 Lorbeerblatt • 2 EL Pflanzenfett • 1 Zwiebel • 2 Karotten • 1 Stück Sellerie • 1 Glas Rotwein • 1/2 l Gemüsebrühe • 2 EL Tomatenmark • 1 TL Oregano • 1 rote Paprikaschote • 1 grüne Paprikaschote • 2 EL Pflanzenfett • 150 g gemischte Waldpilze • 1 Tasse gehackte, gemischte Kräuter • 1 Prise Hefewürze • Kräuterzweige zum Garnieren

• Das küchenfertige Rehgulasch mit Salz und Pfeffer kräftig würzen. Die Wacholderbeeren und das Lorbeerblatt in einem Mörser zerstoßen und das Fleisch damit kräftig einreiben.
• Das Pflanzenfett in einem Bräter erhitzen und das Fleisch darin rundherum Farbe nehmen lassen. Das Gemüse putzen, in feine Würfel schneiden, zum Fleisch geben und kurz mitbraten. Mit Rotwein ablöschen und mit der Gemüsebrühe auffüllen. Das Tomatenmark und den Oregano unterziehen. Den Bräter verschließen und im auf 180 °C vorgeheizten Backofen 60-70 Minuten schmoren lassen.
• In der Zwischenzeit die Paprikaschoten halbieren, entkernen, waschen und in Streifen schneiden. Das Pflanzenfett in einer Pfanne erhitzen und die Paprikastreifen darin glasig schwitzen. Die geputzten Waldpilze dazugeben und kurz mitschwitzen. Die fein gehackten Kräuter unterheben und das Ganze mit Meersalz und Pfeffer würzen. Das Gemüse zum Rehgulasch geben und nochmals kräftig abschmecken, je nach Geschmack mit einer Prise Hefewürze abrunden.
• Das Rehgulasch anrichten, mit Kräuterzweigen ausgarnieren und mit Spätzle servieren.

Rehgeschnetzeltes mit exotischen Früchten

• 800 g Rehfilet • 1-2 EL Pflanzenfett • Salz • Pfeffer • etwas Weinbrand zum Flambieren • 1 Zwiebel • 1 Schuss Rotwein • 3/8 l gebundene Wildsauce • 1 TL Oregano • 1 TL Basilikum • 1 Schuss Obstessig • 1-2 EL Preiselbeeren • 100 g Lychee-, Maracuja- oder Mangofruchtfleisch • 2-3 EL Sahne • 1-2 EL frisch gehackten Sauerampfer

• Das Rehfilet waschen, trockentupfen und in feine Streifen schneiden, das Pflanzenfett in einer Pfanne erhitzen und das Fleisch darin scharf anbraten. Mit Salz und Pfeffer würzen und mit dem Weinbrand flambieren. Das Fleisch aus der Pfanne nehmen und warm stellen.
• Die Zwiebel fein hacken und im verbliebenen Bratfett glasig schwitzen. Mit Rotwein ablöschen und mit der gebundenen Wildsauce auffüllen. Mit Oregano, Basilikum, Obstessig und Preiselbeeren verfeinern, mit Salz und Pfeffer abschmecken.
• Das Lychee-, Maracuja- oder Mangofruchtfleisch klein schneiden, mit der Sahne in die Sauce geben und einmal aufkochen lassen. Das Fleisch in die Sauce geben, nochmals erhitzen, aber nicht mehr kochen lassen. Abschmecken, anrichten, ausgarnieren und mit dem frisch gehackten Sauerampfer bestreut servieren.

Rehspiesschen mit Kräutern

• 1 Rehleber • 1 Rehherz • 2 Rehnieren • 1 rote Paprikaschote • 2 Zwiebeln • 50 g durchwachsenen, geräucherten Speck • Pfeffer • 1 Msp. Rosenpaprika • Butter oder Margarine zum Braten • 4 Fleischtomaten • 2 Knoblauchzehen • 1 TL Kräuter der Provence • Salz • 1/2 Tasse gemischte, gehackte Wildkräuter

• Die küchenfertige Rehleber vorsichtig enthäuten, waschen, trockentupfen und in 2 x 2 cm große Stücke schneiden. Das küchenfertige Rehherz halbieren, die Sehnen herauslösen, waschen und in dünne Scheiben schneiden. Die Nieren enthäuten, in Scheiben schneiden oder vierteln. Kurz in kochendem Salzwasser blanchieren, herausnehmen und gut abtropfen lassen.
• Die Paprikaschote halbieren, entkernen, in Würfel schneiden und diese in Salzwasser kurz blanchieren. Die Zwiebeln in Scheiben schneiden oder vierteln.
• Den Speck in 2 x 2 cm große Scheiben schneiden, mit den übrigen Zutaten abwechselnd auf Spieße (Holz oder Metall) stecken, mit Salz und Paprika würzen und mit flüssiger Butter oder Margarine bestreichen.
• Die Fleischtomaten über Kreuz einschneiden, den Strunk herauslösen und die Tomaten in kochendem Salzwasser 3-5 Sekunden blanchieren. Herausnehmen, unter fließendem, kaltem Wasser abschrecken, enthäuten und halbieren. Die Knoblauchzehen in Stifte schneiden und die Tomaten damit spicken. Mit Salz, Pfeffer und Paprika sowie den Kräutern der Provence würzen. Die Spieße mit etwas Fett in einer Pfanne, auf dem Grill oder im auf 180-200 °C vorgeheizten Backofen fünf Minuten backen, mit Salz und Pfeffer würzen und mit Butterflöckchen belegen. Mit den Tomaten anrichten und mit den Wildkräutern bestreut servieren.

Flambierte Rehmedaillons mit Früchten

• 8-12 Rehmedaillons • 2-3 EL Butterschmalz • 1 TL Majoran • 1 TL Thymian • Salz • schwarzen Pfeffer • 1 Prise Cayennepfeffer • 4 cl Kirschwasser • 1 Zwiebel • 200 g gemischte Früchte (Himbeeren, Brombeeren, Blaubeeren, Johannisbeeren usw.) • 1/4 l Wildfond • 1 Glas Rotwein • je 1 TL geriebene Orangenschale und Zitronenschale • 1-2 EL Obstessig • 1-2 EL Honig • Speisestärke

• Die küchenfertigen Rehmedaillons waschen, trockentupfen und bereitlegen.
• Das Butterschmalz in einer Pfanne erhitzen.
• Den Majoran und den Thymian vermischen, die Rehmedaillons damit einreiben und braten.
• Kurz vor Garende mit Salz, Pfeffer und Cayennepfeffer würzen. Anschließend mit Kirschwasser flambieren, herausnehmen und bereitstellen.
• Die Zwiebel fein hacken, ins verbliebene Bratfett geben und glasig schwitzen. Die vorbereiteten Früchte dazugeben, mit Wildfond und Rotwein auffüllen.
• Die Orangenschale, die Zitronenschale, den Obstessig und den Honig unterrühren, das Ganze einmal aufkochen lassen und nach Geschmack mit etwas angerührter Speisestärke binden.
• Die Früchte nochmals kräftig abschmecken, die Medaillons anrichten, mit der Sauce überziehen und servieren.

Ziemer vom Reh

• 1 1/2-2 l leichten Johannisbeerwein • 1 TL Wacholderbeeren • 1 TL schwarze Pfefferkörner • 1 Stück Sellerie • 1 Stück Lauch • 1 Karotte • 1 1/2 TL Ingwer • 2 Lorbeerblätter • 2 kleine Peperoni • 1 Msp. Knoblauchgranulat • Salz • Pfeffer • 1 küchenfertigen Rehziemer • 100 g fetten Speck, in dünne Scheiben geschnitten • 50 g Butter oder Margarine • 40 g Mehl • 1/2 l Rotwein • 1/2 l Gemüse- oder Wildbrühe • je 1 TL Sambal Oelek, Sojasauce und Worcestersauce • einige Tropfen Tabasco • 3 EL Schlehengelee • 3 EL Zucker • 1 TL Liebstöckel • 1 TL Thymian • Salz • Pfeffer • 1 Becher Sahne

• Den Johannisbeerwein in einen Topf geben, die Wacholderbeeren und die Pfefferkörner im Mörser grob zerstoßen, mit dem fein gewürfelten Gemüse, dem Ingwer, den Lorbeerblättern, den Peperoni und dem Knoblauch dazugeben, einmal aufkochen lassen und mit Salz und Pfeffer würzen. Die Beize kräftig durchkochen, 20 Minuten ziehen lassen, vom Feuer nehmen und vollständig erkalten lassen.
• Den Rehziemer waschen, in einer Schüssel mit der Beize vollständig bedecken und mindestens 20 Stunden einlegen. Dabei öfter wenden.
• Für die Zubereitung das Fleisch aus der Beize nehmen, gut abtropfen lassen und mit fetten Speckscheiben belegen. Mit Küchengarn festbinden, in einen Bratbeutel legen und im auf 180-200 °C vorgeheizten Backofen 70 Minuten garen.
• Für die Sauce die Butter erhitzen, das Mehl einrühren, mit dem Rotwein ablöschen und mit der Brühe auffüllen. Mit Sambal Oelek, Sojasauce, Worcestersauce und Tabasco würzen, mit Schlehengelee, Zucker, Liebstöckel, Thymian, Salz und Pfeffer abschmecken, kurz einreduzieren lassen, mit der Sahne verfeinern, je nach Geschmack leicht binden, den Rehziemer dekorativ anrichten, mit der Sauce überziehen, mit Semmelknödeln oder Nudeln, Preiselbeeren und Birnen servieren.

Haberschlachter Rehschäufele

• 4 Rehschäufele • Salz • Pfeffer • 1 TL Kräuter der Provence • 1 TL geschrotete schwarze Pfefferkörner • 1-2 EL Butterschmalz • 1-2 EL Tomatenmark • 3-4 EL Mehl • 1 Zwiebel, 2 Karotten • 1 Stück Staudensellerie • 1 kleine Fenchelknolle • 1 Flasche Rotwein (Haberschlachter) • 1/4 l Wild- oder Gemüsebrühe • je einige Lorbeerblätter, Nelken, Pfefferkörner und Pimentkörner • 1 Becher Crème fraîche • 100 g grüne oder blaue Weintrauben • einige Tropfen Obstessig • 1/2 Bund Schnittlauch

• Die Rehschäufele waschen, auslösen, mit Salz, Pfeffer, Kräutern der Provence und dem geschroteten Pfeffer kräftig würzen, zusammenrollen und mit einer Küchenschnur binden.

• Das Schmalz in einem Bräter erhitzen, die Schäufele darin kräftig anbraten. Das Tomatenmark unterrühren, mit Mehl bestäuben. Das Gemüse putzen, in mundgerechte Stücke schneiden und bereitstellen.

• Die Schäufele mit dem Rotwein ablöschen und mit der Wild- oder Gemüsebrühe auffüllen. Die Gewürze in einen Gewürzbeutel füllen und in die Sauce legen. Den Bräter verschließen und im 180-200 °C vorgeheizten Backofen 40-50 Minuten garen. Das Gemüse dazugeben und weitere 20-30 Minuten schmoren lassen. Kurz vor Garende die Crème fraîche und die halbierten Weintrauben dazugeben, aufkochen lassen und mit Obstessig, Salz und Pfeffer abschmecken. Den Gewürzbeutel aus der Sauce nehmen, die Schäufele in Scheiben schneiden, anrichten, die Sauce dazugeben und mit frisch geschnittenem Schnittlauch bestreut servieren.

Rehrückenfilets in Pfeffersauce

• 800 g Rehrückenfilets • 1/2 Tasse Olivenöl • 2 Knoblauchzehen • 1 TL Rosmarin • 1 TL Thymian • 1 TL Majoran • 1-2 EL Butterschmalz • 2-3 Schalotten • 2 EL grüne Pfefferkörner • 4 cl Weinbrand • 3/8 l gebundene Wildsauce • 1/2 Becher Sahne • Salz • Pfeffer • 1 Prise Cayennepfeffer • einige Tropfen Kirschlikör • 1-2 EL Johannisbeergelee • 1-2 EL Obstessig

• Die Rehrückenfilets waschen, trockentupfen und in eine Schüssel geben. Das Öl mit den zerriebenen Knoblauchzehen sowie den Kräutern verrühren. Die Marinade auf die Rückenfilets verteilen und das Ganze im Kühlschrank mindestens 2-3 Stunden ziehen lassen.

• Die Rückenfilets mit Salz und Pfeffer kräftig würzen. Etwas Schmalz erhitzen, die Filets darin medium oder durch braten, herausnehmen und warm stellen.

• Die Schalotten fein hacken, ins verbliebene Bratfett geben und glasig schwitzen. Die Pfefferkörner dazugeben, kurz mitschwitzen und mit Weinbrand ablöschen. Mit der Wildsauce und der Sahne auffüllen, die Sauce kräftig einreduzieren lassen, mit Salz, Pfeffer, Cayennepfeffer und einigen Tropfen Kirschlikör verfeinern und mit Johannisbeergelee und Obstessig süßsauer abschmecken.

• Die Rehrückenfilets in Scheiben schneiden, die Sauce auf heiße Teller geben und die Filets darauf dekorativ anrichten. Das Ganze ausgarnieren und servieren.

Rehrücken mit Paprikapastete

• 1 küchenfertigen Rehrücken • Salz • Pfeffer • 1 EL Kräuter der Provence • 1 TL Pimentkörner • 1 TL Wacholderbeeren • 1 TL Pfefferkörner • 2-3 EL Butterschmalz • 1 Zwiebel • 1 Stück Sellerie • 1 Karotte • 1/4 l Rotwein • 3/8 l gebundene Wildsauce • 1 Tasse gemischte, gehackte Kräuter • 3 EL mittelscharfen Senf • 1 EL Honig • je 3 rote, grüne und gelbe Paprikaschoten • 6 Eier • 3 TL Pastetengewürz • 1 Prise Muskat • 3 Tassen Sahne

• Den küchenfertigen Rehrücken waschen, trockentupfen, mit Salz, Pfeffer und Kräutern der Provence würzen. Die Pimentkörner, die Wacholderbeeren und die Pfefferkörner miteinander vermischen, im Mörser schroten und den Rehrücken damit einreiben.
• Das Butterschmalz in einem Bräter erhitzen, und den Rücken darin rundherum Farbe nehmen lassen. Das Gemüse in kleine Würfel schneiden, zum Fleisch geben und kurz mitbraten. Mit Rotwein ablöschen und mit der Wildsauce auffüllen. Zugedeckt im auf 180-200 °C vorgeheizten Backofen 80-90 Minuten schmoren lassen. Die frisch gehackten Kräuter mit dem Senf und dem Honig verrühren und den Rehrücken damit einstreichen, kurz überkrusten, aus der Sauce nehmen und bereitstellen. Die restliche Kräutermischung in die Sauce einrühren, nochmals abschmecken und mit Sahne oder Crème fraîche verfeinern.
• Für die Pastete die Paprikaschoten einzeln im Mixer oder mit dem Pürierstab pürieren. Jede Sorte mit zwei Eiern, 1 TL Pastetengewürz, Salz, Pfeffer, Muskat und einer Tasse Sahne glatt rühren. Kräftig abschmecken, die grüne Mischung in eine Form füllen und im Wasserbad stocken lassen. Die gelbe Mischung dazugeben und erneut stocken lassen. Zum Schluss die rote Mischung gleichmäßig darauf verteilen und erneut stocken lassen.
• Den fertigen Rehrücken anrichten, die Sauce dazugeben, die in Scheiben geschnittene Pastete dekorativ dazulegen, das Ganze ausgarnieren und servieren.

Kalter Rehrücken mit Lebercreme

• 1 Rehrücken • 200 g fetten Speck • etwas Olivenöl • Salz • Pfeffer • 1/2 Tasse Wasser • 2-3 Blatt weiße Gelatine • 300 g feine Kalbsleberwurst • 1/4 l geschlagene Sahne • 2 Orangen • Petersilienzweige zum Garnieren

• Den Rehrücken häuten, spicken, mit Öl bestreichen und im auf 180-200 °C vorgeheizten Backofen in 40-50 Minuten garen. Mit Salz und Pfeffer würzen, herausnehmen und vollständig erkalten lassen. Die Rückenfilets mit einem scharfen Messer vorsichtig vom Knochen lösen und schräg in Scheiben schneiden.
• Den Bratenfond mit Wasser loskochen und die gewässerte und ausgedrückte Gelatine darin auflösen.
• Für die Lebercreme die Kalbsleberwurst in einer Schüssel glatt rühren und die geschlagene Sahne unterziehen. Mit Salz und Pfeffer würzen.
• Den Rückenknochen auf eine Platte legen und mit der Lebercreme bestreichen. Die Fleischscheiben wieder in die ursprüngliche Form darauf legen und zwischen die Scheiben etwas von der Lebercreme streichen. Dabei darauf achten, dass der Rehrücken sauber bleibt. Den Rehrücken mit der Gelatine bestreichen, so dass er einen schönen Glanz erhält. Das Ganze mit Lebercreme, Orangenscheiben und Petersilienzweigen ausgarnieren, vollständig abtrocknen lassen und servieren.

Das Beste vom Maibock

• 800 g Rücken mit Knochen vom Maibock • 2 Zungen • 1 Leber • Salz • Pfeffer • Knochen vom Maibock • 3 EL Öl • 6 Schalotten • 2 Karotten • 2 Lorbeerblätter • 6 Wacholderbeeren • 6 Pfefferkörner • 1/8 l Rotwein • 3 Radieschen als Einlage • 1 1/2 l Wasser • 1/4 l Wasser • 1/16 l Weißwein • 1 Spritzer Sherryessig • 2 Schalotten • 1 Karotte • Salz • 4 Pfefferkörner • 1 kleines Lorbeerblatt • 200 g geputzte Pfifferlinge • 12 Frühlingszwiebeln • 4 klein geschnittene Schalotten • Salz • Pfeffer • einige Tropfen Zitronensaft • 50 g Butter • 1 EL Himbeeressig • 4 EL Olivenöl • Salz • Pfeffer • 1 Prise Kerbel • etwas Pfifferlingsfond

• Die Rehrückenfilets vom Knochen lösen, die Haut und Sehnen entfernen, waschen und trockentupfen.

• Von den Knochen die Sauce bereiten. Die Zunge in einer Court Bouillon, bestehend aus Wasser, Weißwein, Sherryessig, den in Ringe geschnittenen Schalotten, der Karotte, und den Gewürzen etwa fünf Minuten kochen, herausnehmen, abschrecken und die Haut abziehen. Die Wildleber enthäuten, ebenfalls waschen, trockentupfen und kühl stellen.

• Zur Herstellung der Sauce die Knochen sehr fein hacken und in einem Bräter von allen Seiten kräftig anrösten. In den auf 220 °C vorgeheizten Backofen schieben und weiter rösten, bis die Knochen goldgelb sind. Das klein geschnittene Gemüse zufügen und weitere 8-10 Minuten mitrösten. Das Fett abgießen, die Gewürze dazugeben und das Ganze mit Rotwein ablöschen. Kurz einreduzieren lassen und anschließend so viel Wasser angießen, dass die Knochen knapp bedeckt sind. Die Sauce bei mittlerer Hitze 2-2 1/2 Stunden köcheln lassen. Danach die Sauce durch ein Sieb passieren und - falls nötig - erneut entfetten. Die Sauce nochmals auf die gewünschte Konsistenz einreduzieren lassen. Mit Salz und Pfeffer abschmecken und kurz vor dem Anrichten die klein geschnittenen Radieschen beifügen.

• Für den Salat die Pfifferlinge halbieren, in kochendem Salzwasser kurz überbrühen, abseihen und bereitstellen. Die Schalotten in der Butter glasig schwitzen, die Pfifferlinge beifügen, mit Salz, Pfeffer und Zitronensaft würzen und kurz köcheln lassen. Den Fond, der dabei entsteht, abseihen und für die Salatmarinade bereitstellen. Die Zutaten für die Salatmarinade vermischen und die Marinade abschmecken. Die Pfifferlinge mit den Frühlingszwiebeln vermengen und mit der Marinade und etwas Kerbel marinieren.

• Zum Anrichten die ausgelösten Maibockfilets mit Salz und Pfeffer würzen und in einer Pfanne mit Butterschmalz scharf anbraten, wenden und bei 230-240 °C im vorgeheizten Bratrohr etwa 7-8 Minuten braten. Anschließend herausnehmen, etwas Butterschmalz beifügen und die Filets immer wieder damit übergießen. Aus der Pfanne nehmen und etwa 8 Minuten ruhen lassen.

• Die Leber ungewürzt in 50 g Butter anbraten und ungefähr 3-4 Minuten unter ständigem Übergießen braten. Anschließend mit Salz und Pfeffer würzen. Die Zunge in Scheiben schneiden und in der Court Bouillon nochmals erwärmen.

• Das Rückenfilet auf ein Backblech setzen und im Rohr nochmals bei 220 °C 3-4 Minuten erwärmen, in Scheiben schneiden und auf einem vorgewärmten Teller arrangieren. Die in Scheiben geschnittene Leber und die Zunge zum Filet legen.

• Den lauwarmen Salat nochmals durchheben und in der oberen Tellerhälfte anrichten. Die Sauce mit den klein geschnittenen Radieschen über „Das Beste vom Maibock" geben.

Hausgebeizter Räucherschinken

• 800 g Hirsch-, Reh- oder Wildschweinschinken • 1 1/2 l Buttermilch • 50 g Pökelsalz • 2 Zwiebeln • 2 Karotten • 1 Stück Sellerie • 1 Bund gemischte Kräuterzweige (Estragon, Rosmarin, Thymian, Majoran) • 2 Knoblauchzehen • Salz • 1 EL Pfefferkörner • 1 EL Korianderkörner • 1 EL Pimentkörner • 3-4 Lorbeerblätter • 3-4 EL Senfkörner

• Den Schinken unter fließendem Wasser waschen, trockentupfen und in ein Steingutgefäß legen.

• Die Buttermilch in eine Schüssel geben und das Pökelsalz einrühren. Die Zwiebeln, Karotten und den Sellerie in mundgerechte Würfel schneiden und unter die Buttermilch heben, die gemischten Kräuterzweige mit den mit Salz zerriebenen Knoblauchzehen ebenfalls dazugeben. Die Pfefferkörner, Korianderkörner, Pimentkörner und Lorbeerblätter im Mörser zerkleinern. Mit den Senfkörnern ebenfalls in die Buttermilch einrühren.

• Das Fleisch mit der gewürzten Buttermilch überziehen und zugedeckt im Kühlschrank mindestens 3-4 Tage ziehen lassen. Danach das Fleisch aus der Beize nehmen, waschen, trockentupfen und warm oder kalt räuchern. Mit Knoblauchgewürzdip und Meerrettichcreme servieren.

Knoblauchgewürzdip

• 200 g Doppelrahmfrischkäse • 1 Becher Joghurt • 1 Röhrchen Kapern • 1 Zwiebel • 1 Gewürzgurke • 4 Sardellenfilets • 2 Knoblauchzehen • Salz • 1/2 Tasse gemischte, gehackte Kräuter • Salz • Pfeffer • Cayennepfeffer • Zucker

• Den Doppelrahmfrischkäse mit dem Joghurt glatt rühren, die Kapern gut abtropfen lassen und dazugeben. Die Zwiebel, die Gewürzgurke und die Sardellenfilets fein hacken und mit den mit Salz zerriebenen Knoblauchzehen unter die Sauce rühren. Die Kräuter ebenfalls daruntermischen, mit Salz, Pfeffer, Cayennepfeffer und Zucker kräftig abschmecken und zum Schinken servieren.

Meerrettichcreme

• 200 g Doppelrahmfrischkäse • 1 Schuss Sahne • 2-3 EL Sahnemeerrettich • 4 Cocktailtomaten • 1 eingelegte Paprikaschote • Salz • Pfeffer • Cayennepfeffer • Zucker

• Den Doppelrahmfrischkäse mit der Sahne und dem Sahnemeerrettich glatt rühren. Die Cocktailtomaten und die eingelegte Paprikaschote fein würfeln und unter die Creme ziehen, mit Salz, Pfeffer, Cayennepfeffer und Zucker kräftig abschmecken und zum Schinken servieren.

Hirschgulaschsuppe

• 2-3 EL Butterschmalz • 400 g Hirschschulter • 2 Zwiebeln • 2 Karotten • 1 kleine Stange Lauch • 2 EL Tomatenmark • 1 Glas Rotwein • 1/4 l Wildbrühe • 1/2 l Wildsauce • 2 Knoblauchzehen • 1 TL Salz • 1 TL Kümmel • 1 TL Majoran • 1 EL Zitronenschale • 1 EL Paprikapulver • Salz • Pfeffer • 1-2 EL Johannisbeergelee • 1 Prise Cayennepfeffer

• Das Butterschmalz erhitzen und die in feine Würfel geschnittene Hirschschulter darin scharf anbraten. Die Zwiebeln, die Karotten und den Lauch putzen, in feine Würfel schneiden, zum Fleisch geben und kurz mitbraten. Das Tomatenmark unterrühren und kurz rösten. Mit Rotwein ablöschen, mit der Brühe und der Wildsauce auffüllen und zum Kochen bringen.
• Die mit Salz zerriebenen Knoblauchzehen, den Kümmel, den Majoran, die Zitronenschale und das Paprikapulver untermischen und mit Salz und Pfeffer abrunden. Die Hirschgulaschsuppe bei mäßiger Hitze 60-70 Minuten köcheln lassen, danach das Fleisch herausnehmen und das Ganze im Mixer oder mit dem Pürierstab pürieren. Mit Johannisbeergelee und Cayennepfeffer abrunden.
• Die Fleischwürfel in die Suppe geben, nochmals erhitzen, anrichten, ausgarnieren und servieren.

Hirschbraten mit fruchtigem Gemüse

• 1,5 kg Hirschbraten ohne Knochen • Salz • Pfeffer • 1 EL geriebene Zitronenschale • 1 TL Wacholderbeeren • 1 TL geschrotete Pfefferkörner • 1 TL Thymian • 1/2 Tasse Olivenöl • 2-3 EL Pflanzenfett • 400 g Röstgemüse (Zwiebeln, Karotten, Sellerie, Lauch, Petersilienwurzeln) • 2-3 EL Tomatenmark • 1/2 l Rotwein • 1/2 l Wildfond • je 1 Zweig Rosmarin und Estragon • 2-3 EL Johannisbeergelee • 2-3 EL Obstessig • 1/2 Becher Sahne • Speisestärke zum Binden • 1 mittelgroße Zucchini • 1 Bleichsellerie • 1 kleine Zwiebel • 2-3 EL Butter oder Margarine • 1 Schuss Weißwein • 1 Tasse Gemüsebrühe • Salz • Pfeffer • 1 Prise Muskat • 1 Prise Zucker • einige Tropfen Zitronensaft • einige Tropfen Worcestersauce • 100 g blaue Weintrauben • 1 Dose Mandarinenfilets

• Den Hirschbraten mit Salz und Pfeffer kräftig würzen. Die Zitronenschale mit den Wacholderbeeren, den Pfefferkörnern, dem Thymian und dem Öl vermischen, das Fleisch damit einstreichen und im Kühlschrank eine Stunde ziehen lassen.
• Das Fett erhitzen und den Hirschbraten darin rundherum Farbe nehmen lassen. Das Röstgemüse putzen, in Würfel schneiden, zum Fleisch geben und kräftig mitbraten. Das Tomatenmark unterrühren, mit Rotwein ablöschen und mit dem Fond auffüllen. Die Gewürzzweige in die Sauce geben, im auf 180-200 °C vorgeheizten Backofen 80-90 Minuten schmoren lassen.
• Das Gemüse putzen, würfeln und mit der gehackten Zwiebel je nach Sorte nach und nach im erhitzten Fett glasig schwitzen. Mit Weißwein ablöschen, mit Gemüsebrühe auffüllen, 4-5 Minuten dünsten, abschmecken und die Weintrauben und die Mandarinenfilets unter das Gemüse heben. Den Bratenfond mit Gelee und Essig abrunden und mit Johannisbrotkernmehl leicht binden. Den Braten in Scheiben schneiden, mit der Sauce überziehen, ausgarnieren und mit dem Gemüse servieren.

Hirschstew

• 800 g Hirschkeule ohne Knochen • 2 EL Butterschmalz • 1 Zwiebel • 1 Schuss Weißwein • 1/4 l Gemüse- oder Wildbrühe • 2 Lorbeerblätter • einige Nelken • einige Pfefferkörner • einige Pimentkörner • einige Wacholderbeeren • 1 Zweig Rosmarin • Salz • Pfeffer • 400 g Kartoffeln • 400 g Weißkraut • 1 Zitrone • 1 Prise Muskat • 1 Prise Cayennepfeffer • 1 Prise Zucker

• Die Hirschkeule waschen, trockentupfen und in mundgerechte Würfel schneiden. Das Butterschmalz erhitzen und das Fleisch darin rundherum Farbe nehmen lassen. Die gehackte Zwiebel dazugeben und kurz mitschwitzen. Mit Weißwein ablöschen und mit der Brühe auffüllen. Die Gewürze in einen Gewürzbeutel füllen, zum Fleisch geben, mit Salz und Pfeffer würzen und das Ganze bei mäßiger Hitze 40 Minuten schmoren lassen.

• In der Zwischenzeit die Kartoffeln und das Weißkraut würfeln, zum Fleisch geben und weitere 30 Minuten garen. Kurz vor Garende die gewaschene und in Scheiben geschnittene Zitrone dazugeben und mitgaren. Mit Salz, Pfeffer, Muskat, Cayennepfeffer und Zucker abschmecken, anrichten, ausgarnieren und servieren.

Deftiger Hirschpfeffer

• 1,5 kg Hirschblatt ohne Knochen • 2 Knoblauchzehen • 3 Zwiebeln • 1/2 Bund Thymian • 1 Zweig Rosmarin • 100 ml Weinbrand • 100 ml Olivenöl • 50 g mageren Speck • 1 EL Tomatenmark • 1/2 l Rotwein • Salz • Pfeffer • 2-3 EL Preiselbeerkompott

• Das Hirschblatt würfeln, die Knoblauchzehen und die Zwiebeln schälen, in Scheiben schneiden.

• Das Fleisch mit dem Knoblauch, den Zwiebeln, dem Thymian und dem Rosmarin in eine Schüssel geben und gut miteinander vermischen. Den Weinbrand und das Olivenöl dazugeben, gut untermischen und das Ganze zugedeckt im Kühlschrank mindestens 24 Stunden ziehen lassen.

• Für die Zubereitung den Speck würfeln und in einer Pfanne anbraten. Das Fleisch gut abtropfen lassen, zum Speck geben und unter ständigem Rühren braten. Das Tomatenmark unterrühren, kurz mitbraten, mit Rotwein ablöschen, die Marinade mit dem Gemüse dazu geben, das Ganze zum Kochen bringen.

• Den Hirschpfeffer zugedeckt bei mäßiger Hitze 1 1/2-2 Stunden köcheln lassen, mit Salz und Pfeffer kräftig abschmecken, je nach Geschmack mit Preiselbeerkompott verfeinern, dekorativ anrichten, ausgarnieren und servieren.

Hirschgulasch mit Stockschwämmchen

• 800 g Hirschgulasch • Salz • Pfeffer • 1 TL Thymian • 1 EL Majoran • Butterschmalz zum Braten • 1 Zwiebel • 2 Karotten • 1 Stück Sellerie • 2-3 EL Tomatenmark • 3/4 l Rotwein • 1 Becher Sahne • 3-4 EL Mehl • 400 g Stockschwämmchen • 3-4 EL Preiselbeermarmelade • 2-3 EL Obstessig • 1 Becher Crème fraîche

• Das Hirschgulasch waschen, trockentupfen, mit Salz, Pfeffer, Thymian und Majoran kräftig würzen und im erhitzten Butterschmalz unter ständigem Rühren braten. Die Zwiebel, die Karotten und den Sellerie in Würfel schneiden, dazugeben und kurz mitbraten. Das Tomatenmark einrühren, kurz rösten, mit Rotwein auffüllen und im auf 180-200 °C vorgeheizten Backofen zugedeckt 70-80 Minuten schmoren lassen.
• Anschließend das Fleisch aus der Sauce nehmen. Die Sauce im Mixer oder mit dem Pürierstab pürieren, mit dem Fleisch erneut erhitzen. Die Sahne mit dem Mehl verrühren. Die geputzten Stockschwämmchen je nach Bedarf klein schneiden, mit der Sahne unter die Sauce rühren und weitere 10-15 Minuten im offenen Topf garen. Anschließend die Preiselbeermarmelade, den Obstessig und die Crème fraîche einrühren, erhitzen, nochmals kräftig abschmecken, dekorativ anrichten, ausgarnieren und servieren.

Hirschsteaks mit Heidelbeersauce

• 4 küchenfertige Hirschsteaks • Pfeffer • 1 Tasse Olivenöl • 2 Knoblauchzehen • Salz • 1 TL Majoran • 1 TL Thymian • 1 TL Rosmarin • einige Tropfen Pfeffersauce • einige Tropfen Worcestersauce • 500 g Wildknochen • Fett zum Rösten • 2 Zwiebeln • 2 Karotten • 1 Stück Sellerie • 1-2 EL Tomatenmark • 1/2 l Rotwein • 1/4 l Gemüsebrühe • 2 Lorbeerblätter • einige Wacholderbeeren • einige Pfefferkörner • Salz • Pfeffer • 1 Prise Cayennepfeffer • 1 TL Majoran • Johannisbrotkernmehl zum Binden • 1-2 EL Butter oder Margarine • 100 g Heidelbeeren • Sahne • Zitronensaft • Zucker • Butterschmalz zum Braten

• Die Hirschsteaks waschen, mit Pfeffer würzen und in eine Schüssel legen.
• Das Olivenöl mit den mit Salz zerriebenen Knoblauchzehen, dem Majoran, dem Thymian und dem Rosmarin verrühren, mit Pfeffersauce und Worcestersauce abrunden. Das Ganze gleichmäßig auf den Hirschsteaks verteilen und im Kühlschrank mindestens acht Stunden marinieren lassen.
• Für die Sauce die Knochen hacken und mit etwas Fett rösten. Das Gemüse würfeln, dazugeben und kräftig mitrösten. Mit Rotwein und Gemüsebrühe auffüllen, die Lorbeerblätter, die Gewürze dazugeben und mit Salz, Pfeffer, Cayennepfeffer und Majoran kräftig würzen. Bei mäßiger Hitze 2-3 Stunden köcheln lassen.
• Anschließend die Sauce durch ein feines Sieb passieren, nochmals erhitzen und mit Johannisbrotkernmehl binden. Die Butter oder Margarine in einer Pfanne erhitzen, die Heidelbeeren darin anschwitzen, mit der Sauce auffüllen und das Ganze zum Kochen bringen. Mit Sahne verfeinern, mit Zitronensaft, Zucker, Salz, Pfeffer und Cayennepfeffer abschmecken. Etwas Butterschmalz in einer Pfanne erhitzen und die Hirschsteaks darin durch braten. Die Hirschsteaks anrichten, mit der Heidelbeersauce überziehen, ausgarnieren und servieren.

Preiselbeersteaks

• 8 Hirschmedaillons • Salz • Pfeffer • 1 TL Oregano • 1 TL Basilikum • 1 TL geschrotete Pfefferkörner • 1 Tasse Olivenöl • 1-2 EL Butter oder Margarine • 1 Zwiebel • 1 Stück Sellerie • 1 Stück Lauch • 1 Karotte • 1 Glas Rotwein • 1/4 l gebundene Wildsauce • 1/2 Becher Sahne • 4 EL Preiselbeerkompott • etwas Aceto balsamico • 1/2 Bund Petersilie

• Die küchenfertigen Hirschmedaillons mit Salz, Pfeffer, Oregano und Basilikum würzen, mit den Pfefferkörnern bestreuen, in eine Schüssel geben und mit Olivenöl überziehen. Im Kühlschrank zugedeckt über Nacht marinieren. Kurz vor dem Servieren die Medaillons je nach Geschmack braten, herausnehmen und bereitstellen.

• Die Butter oder Margarine ins verbliebene Bratfett geben und das in sehr feine Würfel geschnittene Gemüse darin anschwitzen. Mit Rotwein ablöschen, mit der Wildsauce auffüllen und bei mäßiger Hitze fünf Minuten köcheln lassen. Anschließend die Sahne und das Preiselbeerkompott darunter rühren und mit Salz, Pfeffer und Aceto balsamico abschmecken. Die Hirschmedaillons anrichten, mit der Sauce überziehen und mit der fein geschnittenen Petersilie bestreut servieren.

Deftiges Damhirschgulasch

• 800 g Damhirschgulasch • Salz • Pfeffer • 1 TL geschrotete Pfefferkörner • 1 TL Majoran • 1/2 TL Thymian • 1/2 TL Kümmel • 2 Knoblauchzehen • 2-3 EL Butterschmalz • 2 Zwiebeln • je 1 rote und grüne Paprikaschote • 2-3 EL Tomatenmark • 3-4 EL Mehl • 1/4 l Rotwein • 1/2 l Gemüsebrühe • 1 TL Zitronenschale • 1 EL Paprikapulver • 1 Prise Zucker • 1 Bund Petersilie

• Das küchenfertige Damhirschgulasch mit Salz und Pfeffer würzen. Die Pfefferkörner, den Majoran, den Thymian, den Kümmel und die fein gehackten Knoblauchzehen vermischen und das Fleisch damit einreiben.

• Das Butterschmalz in einem Topf erhitzen und das Damhirschgulasch darin rundherum Farbe nehmen lassen.

• Die Zwiebeln in feine Scheiben schneiden, die Paprikaschoten in Streifen schneiden, beides zum Fleisch geben und kurz mitbraten. Das Tomatenmark unterrühren, das Gulasch mit Mehl bestäuben, mit Rotwein ablöschen und mit der Brühe auffüllen.

• Das Gulasch mit Zitronenschale, Paprikapulver, Zucker, Salz und Pfeffer würzen und bei mäßiger Hitze 80-90 Minuten schmoren lassen. Das Gulasch nochmals kräftig abschmecken, anrichten, ausgarnieren und mit gehackter Petersilie bestreut servieren.

Damhirschkeule mit Gemüse

• 1,5 kg Damhirschkeule ohne Knochen • 50 g durchwachsenen, geräucherten Speck • Salz • Pfeffer • je 1 TL Majoran und Thymian • 2-3 EL Butterschmalz • 2 Zwiebeln • 4 kleine Karotten • 1 kleine Sellerieknolle • 1 Stange Lauch • 1/2 l Weißwein • 1/2 l Gemüsebrühe • 1 Becher Sahne • 3-4 EL Mehl • 200 g frische Champignons • Saft von 1 Zitrone • 1 kleine Zucchini • 100 g grüne Erbsen (TK-Produkt) • 1-2 EL Johannisbeergelee • etwas Obstessig • 1 Bund Petersilie

• Die Damhirschkeule mit dem in Stifte geschnittenen Speck spicken, mit Salz, Pfeffer, Majoran und Thymian kräftig würzen und im erhitzten Schmalz anbraten. Das Ganze im auf 180-200 °C vorgeheizten Backofen 45 Minuten braten.
• In der Zwischenzeit das Gemüse in mundgerechte Stücke schneiden, zum Fleisch geben und kurz mitbraten. Mit Weißwein ablöschen, mit der Gemüsebrühe auffüllen und weitere 30 Minuten schmoren lassen.
• Die Sahne mit dem Mehl verrühren, unter die Sauce ziehen und im offenen Bräter weitere 20-30 Minuten garen. 10 Minuten vor Garende die mit Zitronensaft beträufelten Champignons, die gewürfelte Zucchini und die Erbsen in die Sauce rühren.
• Nach Ende der Garzeit das Fleisch herausnehmen, die Sauce mit Johannisbeergelee, Obstessig, Salz und Pfeffer kräftig würzen. Die Damhirschkeule in Scheiben schneiden und anrichten. Das Gemüse und die Sauce dazugeben, ausgarnieren und mit frisch gehackter Petersilie bestreut servieren.

Geschmorte Damhirschscheiben

• 4 Scheiben vom Damhirsch • 4 EL Olivenöl • 1-2 Knoblauchzehen • 1 TL Salz • 2 Zwiebeln • 1 Möhre • 2 EL Tomatenmark • 100 g geräucherten Schinken • 1 Tasse Rotwein • 1/4 l Brühe • 1 Dose geschälte Tomaten • 150 g gemischte Oliven • 1 Bund Basilikum • Salz • Pfeffer • 1 Prise Cayennepfeffer • etwas Speisestärke • 1/2 Tasse geriebenen Käse

• Die Damhirschscheiben im erhitzten Olivenöl rundherum Farbe nehmen lassen.
• Die Knoblauchzehen fein hacken und mit Salz zu einer Paste zerreiben. Das Gemüse fein hacken, zum Fleisch geben und kurz mitbraten. Das Tomatenmark unterrühren und den fein gewürfelten Schinken dazugeben. Das Ganze mit Rotwein ablöschen, mit der Brühe und den geschälten Tomaten auffüllen, die Oliven dazugeben, den Topf verschließen und bei mittlerer Hitze etwa 50-60 Minuten schmoren lassen.
• Anschließend das fein geschnittene Basilikum unterziehen, mit Salz, Pfeffer und Cayennepfeffer kräftig abschmecken und nach Geschmack mit Speisestärke binden.
• Die Damhirschscheiben dekorativ anrichten und mit der Sauce überziehen. Mit dem Käse bestreuen, ausgarnieren und servieren.

Gesottenes Hirschfilet auf buntem Gemüse

• 800 g Hirschfilet (Mittelstück) • 1 1/2 l Wildbrühe • 1 Bund Suppengemüse • 1 Gewürzsäckchen (Lorbeer, Wacholder, Thymian und Rosmarin) • 2 Karotten • 1 kleine Zucchini • 200 g Broccoliröschen • 200 grüne Bohnen • 200 g Zuckererbsen • 100 g frische Mischpilze • 2 l Gemüsebrühe • Eiswasser • 50 g geklärte Butter • Salz • weißer Pfeffer • 1 Prise Muskat • 1/2 l Wildfond • 1/4 l badischen Weißwein • 1 Becher Sahne • 1 Tasse gemischte Wildkräuter (Brunnenkresse, Melisse, Minze, Brennnessel) • Salz • weißen Pfeffer • Butterflöckchen

• Das küchenfertige Hirschfilet mit Küchengarn binden. Die Wildbrühe in einem Topf erhitzen und das geputzte Suppengemüse sowie das Gewürzsäckchen hineingeben. Das Ganze bei mäßiger Hitze 5-8 Minuten ziehen lassen, das Hirschfilet einlegen und 15-20 Minuten garen.
Die Karotten, die Zucchini, Broccoliröschen, Bohnen und die Zuckererbsen sortenweise in der erhitzten Gemüsebrühe bissfest garen, herausnehmen und in Eiswasser kurz abschrecken. Die Mischpilze klein schneiden. Die geklärte Butter in einem Topf erhitzen und das Gemüse darin anschwitzen, mit Salz, Pfeffer und Muskatpulver würzen.
• Für die Sauce den Wildfond und den Weißwein in einem Topf auf 1/4 l reduzieren. Die Sahne dazugeben und das Ganze zu einer sämigen Sauce verkochen. Die Wildkräuter fein hacken und in die Sauce geben. Mit Salz und Pfeffer würzen und mit einigen Butterflöckchen binden.
• Zum Anrichten das Hirschfilet herausnehmen. Das in Butter geschwenkte Gemüse anrichten, das Hirschfilet in Scheiben schneiden, dekorativ auf das Gemüse legen. Das Ganze mit der Kräutersauce überziehen, ausgarnieren und servieren.

Wildhonig-Hirschfilet

• 1 kg Hirschfilet • Salz • Pfeffer • 8 EL Erdnuss- oder Keimöl • 8 EL Waldhonig • 8 Wacholderbeeren • 2 Lorbeerblätter • 1/2 l Rotwein • 1/2 l Sahne

• Das küchenfertige Hirschfilet von Sehnen und Häuten befreien und mit Salz und Pfeffer kräftig einreiben.
• Das Öl in einem Bräter erhitzen und das Fleisch darin etwa acht Minuten scharf braten. Das Filet mit Waldhonig bestreichen und bei geringer Hitze und häufigem Wenden insgesamt 20-25 Minuten braten. Das Fleisch soll innen noch leicht rosa sein. Das Fleisch aus dem Bräter nehmen und warm stellen. Die Wacholderbeeren und die Lorbeerblätter zerdrücken, in den Bratensaft geben und unter ständigem Rühren kurz anschwitzen. Mit dem Rotwein ablöschen, kräftig einreduzieren lassen und anschließend durch ein Sieb passieren. Erneut zum Kochen bringen und unter ständigem Rühren die Sahne dazugeben. Kräftig einreduzieren lassen, bis die Sauce eine sämige Konsistenz bekommen hat.
• Das Filet schräg in Scheiben schneiden, dekorativ anrichten, mit der Sauce überziehen, ausgarnieren und sofort servieren.

Versteckte Hirschfilet

• 250 g Weizenmehl • 1 Ei • 1 Tasse lauwarmes Wasser • 20 g flüssige Butter • Salz • 1 Prise Muskat • 1,5 kg küchenfertiges Hirschfilet • Majoran, Rosmarin • 1 TL Wacholderbeeren • Salz • Pfeffer • 1-2 EL Butterschmalz • Weinbrand zum Flambieren • 2 EL flüssige Butter • in Scheiben geschnittene Austernpilze zum Garnieren

• Für den Strudelteig das Mehl auf eine Arbeitsfläche sieben, eine Mulde eindrücken und das Ei hineingeben. Das lauwarme Wasser und die flüssige Butter angießen. Mit Salz und Muskat würzen und mit bemehlten Händen schnell zu einem glatten, kompakten Teig verkneten. Den Teig in eine Schüssel geben, mit einem Tuch abdecken und an einem warmen Ort etwa 1/2 Stunde ruhen lassen. Anschließend den Teig nochmals durchkneten. Auf einer bemehlten Arbeitsfläche dünn ausrollen und mit den Händen ausziehen.
• Für die Füllung das Hirschfilet mit Majoran, Rosmarin und geschroteten Wacholderbeeren kräftig einreiben, mit Salz und Pfeffer würzen und im erhitzten Butterschmalz rundherum scharf anbraten. Anschließend das Hirschfilet mit dem Weinbrand flambieren, herausnehmen und erkalten lassen. Das Filet in den Strudelteig einwickeln, mit der flüssigen Butter bestreichen und im auf 180-200 °C vorgeheizten Backofen je nach Dicke des Teiges 25-30 Minuten backen. Das Versteckte Hirschfilet herausnehmen und in Scheiben schneiden. Einen Saucenspiegel auf einen vorgewärmten Teller geben, die Filetscheiben darauf legen, mit den Austernpilzscheiben ausgarnieren und sofort servieren.

Hirschklösschen

• 500 g Hirschfleisch ohne Knochen • 500 g gemischtes Hackfleisch • 1 Zwiebel • 2 altbackene Brötchen • 3 Eier • 1 TL Majoran • 2-3 EL gehackte Petersilie • 2-3 EL geschnittenen Schnittlauch • 2 Knoblauchzehen • 1 EL mittelscharfen Senf • Semmelbrösel zum Binden • Salz • Pfeffer • 1 Prise Cayennepfeffer • 1/2 l Wild- oder Gemüsebrühe • 1/4 l gebundene Wildsauce • 1-2 EL Tomatenmark • 1-2 EL Preiselbeeren • 1 Becher Sahne • 1 Schuss Rotwein • 1/2 Tasse gemischte, gehackte Wildkräuter

• Das Hirschfleisch in Würfel schneiden und durch die feine Scheibe des Fleischwolfs drehen. Mit dem Hackfleisch in eine Schüssel geben. Die fein gehackte Zwiebel mit den eingeweichten und gut ausgedrückten Brötchen und den Eiern zum Fleisch geben und zu einer glatten, kompakten Masse verarbeiten. Die Kräuter dazugeben. Die Knoblauchzehen zu einer Paste zerreiben, mit dem Senf unter die Masse rühren. Je nach Bedarf mit Semmelbröseln binden und kräftig abschmecken.
• Die Brühe zum Kochen bringen. Aus der Fleischmasse mit feuchten Händen Klößchen formen und diese 10-15 Minuten in der Brühe ziehen lassen.
• In der Zwischenzeit die gebundene Wildsauce mit dem Tomatenmark, den Preiselbeeren, der Sahne und dem Rotwein in einen Topf geben. Das Ganze zu einer sämigen Sauce einreduzieren lassen und anschließend nochmals abschmecken.
• Die Klößchen aus dem Sud nehmen, gut abtropfen lassen. Mit der Sauce überziehen und mit den Wildkräutern bestreut servieren.

HIRSCHTOURNEDOS MIT PREISELBEERSAUCE

• 4 Hirschtournedos • 4 Scheiben Frühstücksspeck • 3 EL Öl • 1 EL schwarze Pfefferkörner • 1 EL Koriander • 1 EL Wacholderbeeren • 1 EL Thymian • 1 Lorbeerblatt • 1 Nelke • 1 Msp. Zimt • 1/2 TL Kardamom • 2-3 EL Butterschmalz • Salz • 4 cl Portwein • 1 Schuss Cassis • 100 g Preiselbeeren • 1 EL Butter

• Die küchenfertigen Hirschtournedos waschen, trockentupfen, mit je einer Scheibe Speck umwickeln, mit Zahnstochern feststecken und mit Öl bepinseln.
• Die Pfefferkörner, die Korianderkörner, die Wacholderbeeren, den Thymian, das Lorbeerblatt, die Nelke und den Zimt sowie den Kardamom in einem Mörser zerreiben.
• Die Tournedos in der Gewürzmischung wenden und im Kühlschrank eine Stunde ruhen lassen.
Die Tournedos im erhitzten Butterschmalz von beiden Seiten braten, salzen, herausnehmen und warm stellen.
• Den Bratenfond mit dem Portwein und dem Cassis ablöschen. Die Preiselbeeren dazugeben und einmal aufkochen lassen. Die Sauce mit Salz und Pfeffer kräftig abschmecken und die Butter in Flöckchen einrühren.
• Die Hirschtournedos dekorativ anrichten, mit der Sauce überziehen, Herzoginnenkartoffeln dazulegen, das Ganze ausgarnieren und sofort servieren.

HIRSCHSPIESSE VOM GRILL

• 1,5 kg Hirschfilet • Salz • Pfeffer • 1 Tasse Olivenöl • 1 Knoblauchzehe • 1 TL Salz • 1 EL Kräuter der Provence • 1 TL Wacholderbeeren • 1 TL Pfefferkörner • 1 Zucchini • 2 rote Paprikaschoten • 50 g rohen Schinken • Knoblauchbaguette • Grilltomaten • Folienkartoffeln mit Sauerrahm-Dip • Cocktailsauce

• Das küchenfertige Hirschfilet in mundgerechte Stücke schneiden, waschen, trockentupfen, mit Salz und Pfeffer würzen und in eine Schüssel geben.
• Das Olivenöl mit der mit Salz zerriebenen Knoblauchzehe, den Kräutern der Provence, den geschroteten Wacholderbeeren und Pfefferkörnern verrühren. Über das Filet verteilen und im Kühlschrank mindestens 2-3 Stunden ziehen lassen.
• Die Zucchini putzen, in Scheiben schneiden, die Paprikaschoten halbieren, entkernen und in mundgerechte Stücke schneiden. Den Schinken in dünne Scheiben schneiden.
• Das Hirschfilet mit dem Gemüse und dem Schinken abwechselnd auf Spieße stecken, mit der restlichen Marinade bestreichen und die Spieße auf dem Grill garen.

Hirschmedaillons

• 800 g Hirschfilet • 4 EL Olivenöl • 1 TL gemahlenen schwarzen Pfeffer • 1 Zwiebel • 1 EL Butter oder Margarine • 2 Tassen Langkornreis (200 g) • 4 Tassen heiße Gemüse- oder Fleischbrühe • Salz • 2 Stück in Sirup eingelegte Ingwernüsse • 1-2 EL Butter oder Margarine • 2 Schalotten • 1/8 l Wermut Vermouth dry • 1/4 l Sahne • 1-2 TL Johannisbeergelee • 3-4 EL Senffrüchte aus dem Glas • 1 EL Butter oder Margarine • 1 EL Mehl

• Das Hirschfilet waschen, in acht Stücke schneiden und flach drücken. Das Olivenöl mit dem Pfeffer in einer Schüssel vermischen, die Medaillons darin wenden und im Kühlschrank eine Stunde marinieren. Die Zwiebel fein hacken und in der erhitzten Butter oder Margarine glasig schwitzen.
• Den Reis zu den Zwiebeln geben und unter ständigem Rühren anschwitzen. Die Brühe angießen, zum Kochen bringen, salzen und bei geringer Hitze zugedeckt 20 Minuten ausquellen lassen. Den Ingwer würfeln und unter den Reis heben.
• Die Hirschmedaillons in der erhitzten Butter auf beiden Seiten etwa drei Minuten braten, herausnehmen und warm stellen. Die Schalotten in feine Würfel schneiden, ins verbliebene Bratfett geben und glasig schwitzen. Mit Vermouth ablöschen und mit der Sahne auffüllen. Das Johannisbeergelee einrühren, die klein geschnittenen Senffrüchte dazugeben und die Sauce einmal aufkochen lassen. Die Butter mit dem Mehl verkneten und flöckchenweise in die Sauce einrühren.
• Den Reis in die Mitte einer Platte häufen, die Hirschmedaillons dekorativ darauf legen, mit der Sauce begießen, das Ganze ausgarnieren und sofort servieren.

Gebeizter Hirschrücken unter der Kräuterkruste

• 1,5 kg Hirschrücken ohne Knochen • 1 l Rotwein • 1 Tasse Obstessig • 2 Bund Suppengemüse • 2 Zwiebeln • 2 Karotten • 2 Lorbeerblätter • einige Wacholderbeeren • einige Pfefferkörner • einige Nelken • 100 g Johannisbeeren • 1 EL Salz • 1 TL Zucker • 250 g Butter oder Margarine • 2 Zwiebeln • 2 Tassen gehackte Wildkräuter • 1 Tasse Semmelbrösel • 2 EL mittelscharfen Senf • 1 Becher Crème fraîche • 2-3 EL Preiselbeerkompott

• Den Hirschrücken waschen, trockentupfen und in einen Beiztopf legen.
• Rotwein und Obstessig in einen Topf geben und erhitzen. Das Gemüse putzen, in den Sud geben und einmal aufkochen lassen. Die Gewürze und die Johannisbeeren mit dem Salz und dem Zucker einrühren, aufkochen lassen, vom Feuer nehmen und erkalten lassen. Die Beize über den Hirschrücken geben und mindestens zwei Tage im Kühlschrank ziehen lassen. Vor der Zubereitung den Hirschrücken aus der Beize nehmen und trockentupfen. Mit Salz und Pfeffer würzen.
• Die Butter in eine Schüssel geben und schaumig schlagen. Die Zwiebeln sehr fein hacken. Mit gehackten Wildkräutern und Semmelbröseln sowie Senf unter die Butter ziehen. Mit Salz und Pfeffer würzen. Die Kruste auf dem Hirschrücken verteilen und auf ein ausgefettetes Backblech legen. Im auf 220 °C vorgeheizten Backofen je nach Stärke des Hirschrückens 25-40 Minuten garen. Während der Garzeit öfter mit etwas Beize ablöschen.
• Den Hirschrücken aus dem Ofen nehmen. Den Fond mit etwas Beize loskochen, mit Crème fraîche und Preiselbeerkompott verfeinern, mit Salz und Pfeffer abschmecken, anrichten, mit der Sauce überziehen und servieren.

Hirschkalbskeule in Cassis-Balsamico-Sauce

• 1 küchenfertige Hirschkalbskeule • je 1/2 TL Thymian, Rosmarin, Majoran und schwarzen Pfeffer • 50 g Schinkenspeck • 1-2 EL Butterfett • 2 Knoblauchzehen • 2-3 Lorbeerblätter • 2 Zwiebeln • 4 Karotten • 1 Stück Sellerie • 1 Stück Lauch • 1 Petersilienwurzel • je 1 Zweig Rosmarin und Thymian • einige Tannenspitzen • 1 EL Zucker • 2 EL Tomatenmark • 1/2 Glas Cassis • 1-2 EL Aceto balsamico • 1-1 1/2 Gläser trockenen Rotwein • 1/2-3/4 l Gemüse- oder Wildbrühe • 100-150 g Schinkenspeckscheiben • 1/2 Glas Cassis • 2 EL Aceto balsamico • 1 Glas Rotwein • Salz • Pfeffer • 1 Apfel • 1 Orange • 1 EL geriebene Orangenschale • 1-2 EL Johannisbeergelee • 1/4 l saure Sahne

• Die küchenfertige Hirschkalbskeule waschen und trockentupfen. Das Fleisch von den gröbsten Sehnen und Hautresten befreien und mit einer Mischung aus Thymian, Rosmarin, Majoran und Pfeffer innen und außen kräftig würzen. Zusammenklappen und mit Küchengarn zu einer gleichmäßigen Form binden. Die Gewürzmischung einziehen lassen.
• Inzwischen den in Würfel geschnittenen Schinkenspeck, die Fleischabschnitte im Butterfett bei hoher Temperatur anbraten, bis das Ganze rundherum Farbe genommen hat. Die klein geschnittenen Knoblauchzehen mit den Lorbeerblättern zum Fleisch geben.
• Die Zwiebeln, die Karotten, den Sellerie und den Lauch sowie die Petersilienwurzel in feine Würfel schneiden und die Hälfte des Gemüses mit dem Rosmarin- und dem Thymianzweig sowie den gewaschenen Tannenspitzen in den Bräter geben und anbraten. Das Ganze nach 3-4 Minuten mit dem Zucker bestreuen, das Tomatenmark einrühren und alles erhitzen, bis es braun geworden ist. Mit dem Cassis und dem Aceto balsamico beträufeln, nach einer Minute mit dem trockenen Rotwein ablöschen und mit 1/2-3/4 l Gemüse- oder Wildbrühe auffüllen.
• Das Ganze zum Kochen bringen und mindestens eine Stunde köcheln lassen. Anschließend durch ein feines Sieb passieren und den Saucenfond warm halten. Das Gemüse im Sieb von den Tannenzweigen und den Lorbeerblättern befreien und bereitstellen. Nun einen Bräter mit dünnen Schinkenspeckscheiben auslegen, darauf das Fleisch geben und mit den restlichen Schinkenspeckscheiben abdecken. Neben das Fleisch das restliche gewürfelte Gemüse geben und das Ganze im auf 180-200 °C vorgeheizten Backofen 10 Minuten anbraten. Anschließend den Braten mit einer Mischung aus Cassis und Aceto balsamico sowie Rotwein beträufeln. Erst jetzt das Ganze mit Salz und Pfeffer kräftig würzen.
• Den Apfel schälen, entkernen, in Scheiben schneiden, die Orange ebenfalls schälen und in Scheiben schneiden. Beides auf das Gemüse legen, die Gartemperatur auf 150 °C herabschalten und das Fleisch je nach Größe in 60-80 Minuten garen. Dabei alle 8-10 Minuten mit dem warmen Saucenfond übergießen.
• Das Fleisch nach Ende der Garzeit aus dem Bräter nehmen, in Alufolie wickeln und bei 80-90 °C im Backofen warm halten. Die Schinkenspeckreste aus der Sauce nehmen und das Ganze nochmals kräftig aufkochen lassen. Mit Johannisbeergelee, Salz, Pfeffer, der abgeriebenen Orangenschale und dem Cassis abschmecken und zum Schluss durch ein Sieb passieren. Für die Bindung das Gemüse durch das Sieb drücken, je nach Bedarf noch etwas Gemüsemischung vom Saucenfond dafür verwenden. Die Sauce erneut zum Kochen bringen und die saure Sahne einrühren. Das Fleisch aus der Alufolie nehmen, das Küchengarn entfernen, das Fleisch in Scheiben schneiden, dekorativ anrichten, mit der Sauce überziehen und servieren.

Hirschkalbsgeschnetzeltes in Waldpilzrahm

• 600 g Hirschkalbs-Rückenfilet • Salz • Pfeffer • 1 TL schwarzen Pfeffer • 1 TL Wacholderbeeren • 2 EL Butterschmalz • 2 cl Weinbrand • 1 Zwiebel • 1 Stück Lauch • 1 kleine Dose Waldpilze • 1 Glas Rotwein • 1/4 l gebundene Wildsauce • 1/2 Becher Crème fraîche mit Kräutern • 2 EL Preiselbeeren • einige Tropfen Weinbrand • 1/2 TL Thymian • 1 Bund Petersilie

• Das Fleisch waschen, trockentupfen, in dünne Scheibchen schneiden, salzen und pfeffern. Den schwarzen Pfeffer und die Wacholderbeeren in einem Mörser zerdrücken und das Fleisch damit kräftig einreiben.
• Das Fleisch im erhitzten Butterschmalz anbraten, mit Weinbrand beträufeln, flambieren, herausnehmen und warm stellen.
• Die fein gehackte Zwiebel und den in kleine Streifen geschnittenen Lauch ins verbliebene Bratfett geben und glasig schwitzen. Die gut abgetropften Waldpilze dazugeben und erhitzen. Mit Rotwein ablöschen und mit der Wildsauce auffüllen. Die Crème fraîche mit Kräutern unterziehen, mit den Preiselbeeren, dem Weinbrand und dem Thymian würzen. Bei mäßiger Hitze 5-6 Minuten köcheln lassen. Das Fleisch dazugeben, nochmals erhitzen, aber nicht mehr kochen lassen. Das Geschnetzelte abschmecken und mit fein gehackter Petersilie bestreut servieren.

Süsssaure Hirschnieren

• 600 g Hirschnieren • 2 EL Butterschmalz • 100 g durchwachsenen, geräucherten Speck • 2 Zwiebeln • 250 g frische Champignons • 2-3 EL Mehl • 1/4 l Weißwein • 1/4 l Wild- oder Fleischbrühe • Saft von einer Zitrone • 1-2 EL Honig • 2-3 EL Obstessig • etwas Worcestersauce • Salz • Pfeffer • 1 Tasse geschlagene Sahne • 1 Bund Schnittlauch

• Die küchenfertigen Hirschnieren enthäuten, waschen, trockentupfen und in Streifen schneiden. Das Schmalz in einem Topf erhitzen und die Nieren darin scharf anbraten, herausnehmen und warm stellen.
• Im verbliebenen Bratfett den in Würfel geschnittenen Speck auslassen und die gehackten Zwiebeln darin glasig schwitzen. Die in Scheiben geschnittenen Champignons dazugeben und kurz mitschwitzen.
• Das Ganze mit Mehl bestäuben, mit Weißwein ablöschen und mit der Wild- oder Fleischbrühe auffüllen. Alles zu einer sämigen Sauce verkochen, mit Zitronensaft, Honig, Obstessig und Worcestersauce würzen.
• Die Nieren in die Sauce geben, erhitzen, aber nicht aufkochen lassen, mit Salz und Pfeffer abschmecken. Vom Feuer nehmen, die Sahne unterheben, anrichten, ausgarnieren und mit frischem Schnittlauch bestreut servieren.

Hirschschulter mit Preiselbeerpfannkuchen

• 1,5 kg Hirschschulter ohne Knochen • Salz • schwarzen Pfeffer • 1 EL Majoran • 1 EL geriebene Zitronenschale • 1 TL Wacholderbeeren • 1 TL Pfefferkörner • 100 g Butter • 400 g Röstgemüse • 2 EL Tomatenmark • 1/2 l Rotwein • 1/2 l Wildbrühe • 1 Zweig Thymian • 1/2 Becher Sahne • 50 g durchwachsenen, geräucherten Speck • 1 Zwiebel • 200 g frische Champignons • 2 Eigelb • 125 g Mehl • 1/2 Tasse Milch • 2 EL Preiselbeerkompott • 1/2 Bund Petersilie • Salz • Pfeffer • 1 Prise Muskatpulver • 2 Eiweiß • Fett zum Ausbacken

• Die küchenfertige Hirschschulter waschen, trockentupfen, mit Salz und Pfeffer würzen. Den Majoran, die Zitronenschale, die geriebenen Wacholderbeeren und die Pfefferkörner miteinander vermischen und die Hirschschulter damit einreiben.
• Die Butter in einem Topf schmelzen und einmal aufschäumen lassen. Anschließend durch ein sauberes Küchentuch passieren und in einem Bräter erhitzen. Die Hirschschulter darin rundherum Farbe nehmen lassen.
• Das klein geschnittene Röstgemüse dazugeben und kurz mitbraten. Das Tomatenmark unterrühren, mit Rotwein ablöschen und mit der Wildbrühe auffüllen. Den Thymianzweig dazugeben und das Ganze im auf 200 °C vorgeheizten Backofen 1 1/2-2 Stunden schmoren lassen.
• Nach Ende der Garzeit die Hirschschulter herausnehmen und bereitstellen. Die Sauce durch ein feines Küchensieb passieren und auf einen halben Liter einreduzieren lassen. Mit der Sahne verfeinern und je nach Geschmack mit Butterflöckchen binden. Den in feine Würfel geschnittenen Speck in einer Pfanne auslassen und die fein gehackte Zwiebel darin glasig schwitzen. Die geviertelten Champignons dazugeben und kurz mitschwitzen. Das Ganze in die Sauce einrühren, erhitzen, aber nicht mehr kochen lassen.
• Für die Pfannkuchen das Eigelb, das Mehl, die Milch und das Preiselbeerkompott zu einem glatten Teig verrühren. Die fein gehackte Petersilie untermischen, mit Salz, Pfeffer und Muskat würzen und das sehr steif geschlagene Eiweiß unterheben. Fett in einer Pfanne erhitzen und kleine Pfannkuchen ausbacken.
• Zum Anrichten die Hirschkeule in Scheiben schneiden, die Specksauce angießen und die Preiselbeerpfannkuchen dazugeben. Sofort servieren.

MARINIERTE PREISELBEERSTEAKS

• 8 Hirschmedaillons • Salz • Pfeffer • 1 TL Oregano • 1 TL Basilikum • 1 TL geschrotete Pfefferkörner • 1 Tasse Kamillenöl • 1-2 EL Butter oder Margarine • 1 Zwiebel • 1 Stück Sellerie • 1 Stück Lauch • 1 Karotte • 1 Glas Rotwein • 1/4 l gebundene Wildsauce • 1/2 Becher Sahne • 4 EL Preiselbeerkompott • etwas Aceto balsamico • 1/2 Bund Petersilie

• Die küchenfertigen Hirschmedaillons waschen und trockentupfen. Mit Salz, Pfeffer, Oregano und Basilikum würzen und mit den Pfefferkörnern bestreuen.
• Die Hirschmedaillons in eine Schüssel geben und mit Kamillenöl überziehen. Im Kühlschrank zugedeckt über Nacht marinieren.
• Eine Pfanne erhitzen die Medaillons je nach Geschmack medium oder durch braten, herausnehmen und bereitstellen. Die Butter oder Margarine ins verbliebene Bratfett geben und das in feine Würfel geschnittene Gemüse darin anschwitzen. Mit Rotwein ablöschen, mit der Wildsauce auffüllen und das Ganze bei mäßiger Hitze fünf Minuten köcheln lassen. Anschließend die Sahne und das Preiselbeerkompott unter die Sauce rühren, nochmals erhitzen, mit Salz, Pfeffer und dem Aceto balsamico kräftig abschmecken.
• Die Hirschmedaillons anrichten, mit der Sauce überziehen und mit der fein geschnittenen Petersilie bestreut servieren.

ROTWILDSTEAKS MIT SESAMKARTOFFELN

• 4 Rotwildsteaks à 250 g • 1 TL Pfefferkörner • 1/2 TL Wacholderbeeren • 2 Knoblauchzehen • 1 TL geriebene Zitronenschale • 1 Tasse Pflanzenöl • Weinbrand zum Flambieren • Salz • Pfeffer • 1 Schuss Rotwein • 3/8 l gebundene Wildsauce • 2-3 EL Edelpilzkäse • 1 EL Johannisbeergelee • 2 EL Obstessig • 1/2 Becher Crème fraîche • 600 g gekochte Kartoffeln • 50 g Sesamkörner • 50 g Butter oder Margarine • 4 Tomaten • 1 Prise Kümmelpulver • 1 Prise Muskatpulver

• Die Rotwildsteaks waschen und leicht klopfen. Die Pfefferkörner, die Wacholderbeeren, die Knoblauchzehen und die Zitronenschale in einen Mörser geben, gut zerdrücken, mit dem Öl vermischen, die Hirschsteaks damit überziehen und im Kühlschrank 4-5 Stunden marinieren. Anschließend die Rotwildsteaks herausnehmen und je nach Geschmack braten. Mit Weinbrand flambieren, mit Salz und Pfeffer würzen, herausnehmen und bereitstellen. Den Bratenfond mit Rotwein loskochen und mit der Wildsauce auffüllen. Den geriebenen Käse, das Johannisbeergelee, den Obstessig und die Crème fraîche in die Sauce geben und aufkochen lassen. Das Ganze kräftig abschmecken.
• Die gekochten Kartoffeln schälen, vierteln; die Sesamkörner in einer Pfanne kurz trocken rösten. Das Fett dazugeben und einmal aufschäumen lassen. Die Kartoffelviertel dazugeben, kurz braten, die geschälten und entkernten Tomaten dazugeben, erhitzen.
• Die Kartoffeln mit Kümmelpulver und Muskatpulver abschmecken, mit den Steaks anrichten, mit der Sauce überziehen, ausgarnieren und servieren.

Gamsgulasch mit Pfifferlingen

• 1,5 kg Gamsgulasch • Salz • Pfeffer • 1 TL Wacholderbeeren • 1 EL Kräuter der Provence • 1 TL Rosmarin • 2-3 EL Butterschmalz • 50 g durchwachsenen, geräucherten Speck • 1 Zwiebel • 1/4 l Rotwein • 1/2 l Wildbrühe • 200 g frische Pfifferlinge • Saft von 1 Zitrone • 100 g rote Johannisbeeren • 2 EL Johannisbeergelee • 2-3 EL Obstessig • 1 Prise Cayennepfeffer • Johannisbrotkernmehl zum Binden • 1/2 Becher Sahnedickmilch

• Das Fleisch waschen, trockentupfen, mit Salz, Pfeffer, den im Mörser zerriebenen Wacholderbeeren, den Kräutern der Provence und dem Rosmarin würzen.
• Das Schmalz in einem Bräter erhitzen, und das Fleisch darin rundherum kräftig anbraten. Den in feine Würfel geschnittenen Speck mit der gehackten Zwiebel zum Fleisch geben. Das Ganze mit Rotwein ablöschen und mit der Wildbrühe auffüllen. Den Topf verschließen und im auf 180-200 °C vorgeheizten Backofen 80-90 Minuten schmoren lassen. 20 Minuten vor Garende die mit Zitronensaft beträufelten Pfifferlinge unterheben und mitgaren.
• Nach Ende der Garzeit die gut abgetropften Johannisbeeren mit dem Johannisbeergelee und dem Obstessig in das Gulasch rühren und einmal aufkochen lassen, je nach Geschmack mit Johannisbrotkernmehl binden, mit Salz und Pfeffer abrunden und mit Sahnedickmilch verfeinern. Das Gulasch anrichten, ausgarnieren und servieren.

Gamsnüsschen mit Kirschsauce

• 700-800 g Gamsrückenfilet • Butter oder Margarine zum Braten • 4 cl Weinbrand • Salz • Pfeffer • 1 Zwiebel • 1 Glas Kirschsaft • 1 Becher Sahne • 2 cl Kirschlikör • Kirschen zum Garnieren

• Die Gamsrückenfilets in kleine Medaillons schneiden und in einer Pfanne mit Butter oder Margarine medium oder durch braten.
• Den Weinbrand in einer Kelle erhitzen, anzünden und die Nüsschen damit flambieren. Die Gamsnüsschen mit Salz und Pfeffer würzen, herausnehmen und warm stellen.
• Die geschälte, fein gehackte Zwiebel im verbliebenen Bratfett glasig schwitzen. Mit dem Kirschsaft ablöschen und mit der Sahne auffüllen. Den Kirschlikör unter die Sauce rühren, und das Ganze kurz einreduzieren lassen.
• Die Sauce mit Salz und Pfeffer kräftig abschmecken. Die Gamsnüsschen anrichten. Die Sauce dazugeben, mit ganzen Kirschen ausgarnieren. Mit Kartoffelpüree und Selleriegemüse servieren.

Buchinger Gamsgulasch

• 1,2 kg Gamsgulasch • Salz • Pfeffer • 2 EL Butterschmalz • 1 Zwiebel • 1 Karotte • je 1 Stück Sellerie und Lauch • 2 EL Tomatenmark • 2-3 EL Weizenmehl • 1/2 l Rotwein • 1 Lorbeerblatt • 1/2 TL gemahlene Wacholderbeeren • 1 TL Thymian • 1/2 TL Rosmarin • 2 EL Himbeermark • 2 EL Obstessig • 1 Bund Frühlingszwiebeln • 2 EL Butter oder Margarine • 100 g gemischte Waldpilze • 50 g frische Himbeeren • 2 cl Himbeergeist • 1 Becher Crème fraîche • 1 Tasse gehackte Wildkräuter

• Das Gamsgulasch waschen und trockentupfen. Das Fleisch mit Salz und Pfeffer würzen. Das Schmalz erhitzen und das Fleisch darin bräunen. Das Gemüse putzen, würfeln, zum Fleisch geben und mitschwitzen.
• Das Tomatenmark unterrühren und das Ganze mit Mehl bestäuben. Mit Rotwein ablöschen und zum Kochen bringen. Das Lorbeerblatt, den Wacholder, den Thymian, den Rosmarin, das Himbeermark und den Obstessig unterziehen. Das Ganze bei mäßiger Hitze 60-70 Minuten köcheln lassen.
• Die Frühlingszwiebeln putzen und in zentimetergroße Stücke schneiden. Das Fett erhitzen und die Frühlingszwiebeln darin anschwitzen. Die Waldpilze dazugeben und mitschwitzen. Die Himbeeren unterheben und das Ganze vom Feuer nehmen. Nach Ende der Garzeit die Mischung mit dem Himbeergeist unter das Gamsgulasch ziehen. Das Gulasch abschmecken. Die Crème fraîche mit den Wildkräutern vermischen, mit je einem Klacks das Gamsgulasch bedecken und servieren.

Allgäuer Gamsrücken

• 1,5-2 kg küchenfertigen Gamsrücken • Salz • Pfeffer • 1 TL Majoran • 1 TL geriebene Zitronenschale • 1 TL Pfefferkörner • Butterschmalz • 1/8 l Rotwein • 1/8 l Gemüse- oder Wildbrühe • 1-2 EL Butter oder Margarine • 50 g durchwachsenen, geräucherten Speck • 1 Zwiebel • 1 Bund Suppengemüse • 250 g frische Pfifferlinge • 1 Becher Sahne • Speisestärke zum Binden • 75 g frische Johannisbeeren • 1 EL Johannisbeergelee • einige Tropfen Zitronensaft • 1 Bund Schnittlauch

• Den Gamsrücken von Haut und Sehnen befreien. Mit Salz, Pfeffer, Majoran und der Zitronenschale kräftig einreiben. Die Pfefferkörner grob zerreiben und den Gamsrücken damit bestreuen.
• Etwas Butterschmalz erhitzen. Die Sehnen und die Haut dazugeben und rösten. Den Gamsrücken einsetzen und das Ganze im auf 180-200 °C vorgeheizten Backofen 20-30 Minuten medium oder durch braten. Während der Garzeit öfter mit etwas Rotwein und Gemüse- oder Wildbrühe ablöschen.
• Etwas Butter oder Margarine erhitzen und den fein gewürfelten Speck darin auslassen. Die Zwiebel und das Suppengemüse klein schneiden, zum Speck geben und mitschwitzen. Die Pfifferlinge zum Gemüse geben und ebenfalls mitschwitzen.
• Den Gamsrücken aus dem Bräter nehmen und warm stellen. Den verbliebenen Bratenfond passieren und mit der Sahne zu den Pfifferlingen geben. Das Ganze einreduzieren lassen und mit angerührter Speisestärke leicht binden. Die gut abgetropften Johannisbeeren mit dem Johannisbeergelee unter die Sauce rühren. Das Ganze mit Salz, Pfeffer, Majoran und Zitronensaft kräftig abschmecken.
• Den Gamsrücken anrichten. Die Sauce darauf verteilen, ausgarnieren und servieren.

Geschmorte Gamskeule

• 1,5 kg küchenfertige Gamskeule ohne Knochen • 100 g fetten Speck • Salz • Pfeffer • 1 TL Thymian • 1 TL Majoran • 1 TL geriebene Zitronenschale • 2 Knoblauchzehen • 2-3 EL Butterschmalz • 1 Zwiebel • 2 Karotten • 1 Stück Sellerie • 2 Orangen • 1/2 l Wildfond • 1/4 l Sahne • 2 cl Orangenlikör • einige Tropfen Obstessig und Worcestersauce • 1 Prise Zucker • 1 Prise Cayennepfeffer • 50 g Mandelblättchen • 1 Tasse gehackte Kräuter

• Die Gamskeule waschen und trockentupfen. Den Speck in 1/2 cm dicke Streifen schneiden, die Gamskeule damit spicken, mit Salz und Pfeffer würzen. Den Thymian, den Majoran, die geriebene Zitronenschale und die mit Salz zerriebenen Knoblauchzehen vermischen und das Fleisch damit einreiben.
• Das Schmalz in einem Bräter erhitzen und die Gamskeule rundherum Farbe nehmen lassen. Das Gemüse in kleine Würfel schneiden. Die Orangen schälen, würfeln, zum Fleisch geben und kurz mitschwitzen. Mit dem Wildfond auffüllen und im auf 180-200 °C vorgeheizten Backofen zugedeckt 75-80 Minuten schmoren lassen. Nach Ende der Schmorzeit die Gamskeule herausnehmen , die Sauce durch ein Sieb passieren und die Sahne angießen. Die Sauce kräftig einreduzieren lassen, mit Orangenlikör aromatisieren und mit Obstessig, Worcestersauce, Zucker, Cayennepfeffer, Salz und Pfeffer kräftig abschmecken.
• Das Fleisch in Scheiben schneiden und anrichten. Mit der Sauce überziehen, mit Mandelblättchen und frischen Kräutern bestreuen und servieren.

Feiner Wildschmortopf

• 800 g Wildgulasch • Salz • Pfeffer • 1 EL schwarze, geschrotete Pfefferkörner • 1 TL geschrotete Wacholderbeeren • 2-3 EL Butterschmalz • 1 Zwiebel • 2 Karotten • 1 Stück Sellerie • 2-3 EL Tomatenmark • 1 EL Majoran • 1 EL Paprikapulver edelsüß • 1 TL Currypulver • 1/4 l Rotwein • 1/4 l Gemüse- oder Wildbrühe • 1 Becher Sahne • 3-4 EL Mehl • 2-3 EL Johannisbeergelee • 200 g Butterpilze • Saft von 1 Zitrone • Kräuterzweige zum Garnieren

• Das Wildgulasch waschen, trockentupfen, mit Salz, Pfeffer, den geschroteten Pfefferkörnern und den geschroteten Wacholderbeeren würzen. Das Butterschmalz in einem Bräter erhitzen und das Fleisch darin Farbe nehmen lassen.
• Die Zwiebel, die Karotten und den Sellerie putzen, waschen, in feine Würfel schneiden, zum Fleisch geben und kurz mitbraten. Das Tomatenmark einrühren, kurz rösten, mit Majoran, Paprikapulver und Curry bestäuben. Mit Rotwein ablöschen und mit der Gemüse- oder Wildbrühe auffüllen.
• Das Ganze im auf 180-200 °C vorgeheizten Backofen 60-70 Minuten schmoren lassen. Nach Ende der Garzeit das Fleisch aus dem Schmortopf nehmen und das Gemüse im Mixer oder mit dem Pürierstab pürieren.
• Die Sahne mit dem Mehl verrühren, mit dem Johannisbeergelee und dem Fleisch in die Sauce geben und weitere 15-20 Minuten im Backofen im offenen Topf garen. Die Butterpilze klein schneiden, mit Zitronensaft beträufeln, dazugeben und fertig garen. Den Wildschmortopf nochmals abschmecken, dekorativ anrichten, mit Kräuterzweigen ausgarnieren und sofort servieren.

Wildschweinrücken masurische Art

• 1 kg Wildschweinrücken • 1 l Buttermilch • 1 Glas Weinbrand • 1 Bund Suppengrün • 1 Zwiebel • 1 TL Wacholderbeeren • 1 TL Pfefferkörner • 1-2 Lorbeerblätter • Salz • Pfeffer • 5 EL Olivenöl • 1/4 l heiße Fleischbrühe • 1/4 l Malzbier • 30 g Butter oder Margarine • 30 g Mehl • 1 EL Johannisbeergelee • Saft von 1/2 Zitrone

• Den Wildschweinrücken waschen, trockentupfen und in eine Schüssel geben.
• Für die Beize die Buttermilch mit dem Weinbrand vermischen, das klein geschnittene Suppengrün sowie die fein gehackte Zwiebel dazugeben. Die Wacholderbeeren und die Pfefferkörner mit den Lorbeerblättern im Mörser zerreiben und unter die Beize heben. Das Fleisch damit begießen und zugedeckt an einem kühlen Ort zwei Tage beizen. Anschließend das Fleisch aus der Beize nehmen und trockentupfen. Mit Salz und Pfeffer kräftig einreiben.
• Das Fleisch im erhitzten Olivenöl anbraten, mit der Fleischbrühe und dem Malzbier begießen, zugedeckt im auf 180-200 °C vorgeheizten Backofen 60-70 Minuten schmoren lassen, herausnehmen und warm stellen.
• Die Butter oder Margarine in einem Topf erhitzen, das Mehl einstreuen und kurz rösten. Mit dem durchgesiebten Bratenfond auffüllen und zu einer sämigen Sauce verkochen. Vier Eßlöffel durchgesiebte Beize untermischen, mit Johannisbeergelee, Zitronensaft, Salz und Pfeffer kräftig abschmecken.
• Das Fleisch in Scheiben schneiden, anrichten, die Sauce getrennt dazu reichen.

Wildschweinrücken mit Feigen

• 1,5 kg küchenfertigen Wildschweinrücken • Salz • Pfeffer • 1 TL geriebenen Salbei • 1 TL zerstoßene Wacholderbeeren • 1-2 EL Butterschmalz • 1 Zwiebel • 2 Karotten • 1 Stück Lauch • 1/4 l Weißwein • 1/4 l gebundene Wildsauce • 2 EL bittere Orangenmarmelade • 2-3 EL Obstessig • 1 Prise Cayennepfeffer • 1 Prise Zimtpulver • 1/2 Becher Sahne • 50 g Walnusskerne • 4-6 Feigen • 1-2 EL Butter oder Margarine • 1-2 EL Zucker • 1 Glas Orangensaft • 1 Peperoni • 2-3 EL Obstessig

• Den Wildschweinrücken waschen und mit den Gewürzen einreiben. Das Schmalz in einem Bräter erhitzen und den Wildschweinrücken darin anbraten.
• Das Gemüse in Würfel schneiden, zum Fleisch geben und kurz mitbraten. Mit Weißwein und Wildsauce auffüllen. Den Bräter verschließen und das Fleisch im auf 200-220 °C vorgeheizten Backofen 80-90 Minuten schmoren lassen, herausnehmen und vom Knochen lösen. Die Sauce nochmals aufkochen, mit Orangenmarmelade, Obstessig, Cayennepfeffer, Zimtpulver, Salz und Pfeffer abschmecken, die Sahne einrühren, nochmals aufkochen lassen und die Walnusskerne dazugeben. Die Feigen putzen und halbieren.
• Die Butter oder Margarine in einer Pfanne erhitzen und den Zucker darin karamelisieren lassen. Den Orangensaft angießen und den Zuckerkaramel loskochen. Die klein geschnittene Peperoni und den restlichen Obstessig einrühren, die Feigen dazugeben und kurz dünsten. Die Sauce auf heiße Teller geben, den Wildschweinrücken in Scheiben schneiden und dekorativ darauf anrichten. Die Feigen dazulegen, den Teller ausgarnieren und servieren.

Wildschwein mit Walderdbeeren

• 1,5 kg Wildschweinrücken • 1 Prise Salz • 1 Prise Pfeffer • 1 TL Salbei • 1 TL zerstoßene Wacholderbeeren • 1-2 EL Butterschmalz • 1 Zwiebel • 2 Karotten • 1 Stück Lauch • 1/4 l Weißwein • 1/4 l gebundene Wildsauce • 2 EL Erdbeermarmelade • 2-3 EL Obstessig • 1 Prise Cayennepfeffer • 1 Prise Zimtpulver • 1/2 Becher Sahne • 50 g Walnusskerne • 150 g Walderdbeeren • 1-2 EL Butter oder Margarine • 1-2 EL Zucker • 1 Glas Orangensaft • 1 Peperoni • 2-3 EL Obstessig

• Den Wildschweinrücken waschen, trockentupfen, mit den Gewürzen einreiben und im erhitzten Butterschmalz anbraten. Das Gemüse würfeln, zum Fleisch geben und kurz mitbraten. Mit Weißwein und der gebundenen Wildsauce auffüllen.
• Den Bräter verschließen, in den auf 200-220 °C vorgeheizten Backofen schieben, 80-90 Minuten schmoren lassen und gegebenenfalls etwas Wein nachgießen. Nach Ende der Garzeit den Wildschweinrücken herausnehmen und das Fleisch auslösen. Die Sauce durch ein Sieb streichen, nochmals aufkochen lassen, mit Erdbeermarmelade, Obstessig, Cayennepfeffer, Zimtpulver, Salz und Pfeffer kräftig abschmecken. Die Sahne in die Sauce einrühren, nochmals aufkochen lassen und anschließend die Walnusskerne einrühren.
• Die Walderdbeeren verlesen waschen. Den Zucker in der erhitzten Butter oder Margarine karamelisieren lassen, den Orangensaft angießen und das Zuckerkaramel loskochen. Die Peperoni klein schneiden und mit dem Obstessig in die Zuckerkaramelsauce rühren. Die Walderdbeeren dazugeben und aufkochen lassen.
• Die Sauce auf heiße Teller geben, den Wildschweinrücken herausnehmen, in Scheiben schneiden, mit den Walderdbeeren anrichten, ausgarnieren und servieren.

Schlemmerauflauf

• 500 g Kartoffeln • 2 Karotten • 1 Stange Lauch • 200 g Blumenkohlröschen • 200 g Broccoliröschen • 250 g Wildschweinschulter • 250 g Wildschweinbauch • 1 in Milch eingeweichtes Brötchen • 1 Zwiebel • 1-2 EL mittelscharfen Senf • 1 TL Majoran • 1 Knoblauchzehe • Salz • Pfeffer • 1 Prise Cayennepfeffer • 1 TL Kräuter der Provence • 1/2 l Gemüsebrühe • 1/2 Becher Sahne • 125 g geriebenen Emmentaler • 1 Bund Schnittlauch

• Die Kartoffeln, die Karotten und den Lauch in Scheiben schneiden, die Broccoliröschen und die Blumenkohlröschen waschen und gut abtropfen lassen.
• Das Wildfleisch mit dem ausgedrückten Brötchen und der Zwiebel durch die feine Scheibe des Fleischwolfs drehen, mit Senf, Majoran und der zerriebenen Knoblauchzehe verrühren, mit Salz, Pfeffer und Cayennepfeffer kräftig würzen.
• Eine Auflaufform ausfetten, das Gemüse mit dem Wildfleisch schichtweise einfüllen und jede Schicht mit Kräutern der Provence bestreuen. Die letzte Schicht sollten Kartoffelscheiben sein. Die Gemüsebrühe und die Sahne miteinander verrühren und über dem Auflauf verteilen. Das Ganze im auf 180-200 °C vorgeheizten Backofen 40-50 Minuten garen. Kurz vor Garende den Auflauf mit dem Emmentaler bestreuen, goldgelb überbacken, herausnehmen, mit Schnittlauchröllchen bestreut servieren.

Wildschweinkeule in Pfefferrahmsauce

• 1,2 kg Wildschweinkeule ohne Knochen • Salz • Pfeffer • 1 TL Wacholderbeeren • 1 TL Pimentkörner • 1 EL schwarze Pfefferkörner • 2-3 EL Butterschmalz • 1 Zwiebel • 2 Karotten • 1 Stück Sellerie • 1 Petersilienwurzel • 2 Knoblauchzehen • 1 Zweig Rosmarin • 1 Zweig Thymian • 1/2 l Rotwein • 1/2 l Gemüse- oder Wildbrühe • 1 Becher Sahne • 3-4 EL Mehl • Saft von 1 Zitrone • Saft von 1 Orange • 4 cl Gin • 1-2 EL Johannisbeergelee • 1-2 EL Preiselbeeren • 2 EL grüne Pfefferkörner

• Die küchenfertige Wildschweinkeule waschen, trockentupfen, mit Salz und Pfeffer kräftig würzen. Die Wacholderbeeren, die Pimentkörner und die Pfefferkörner zerreiben und das Fleisch damit einreiben.
• Das Schmalz erhitzen und das Fleisch darin rundherum Farbe nehmen lassen.
• Die Zwiebel, die Karotten, den Sellerie, die Petersilienwurzel und den Knoblauch in Würfel schneiden, zum Fleisch geben und kurz mitbraten. Den Rosmarin und den Thymian dazugeben, mit Rotwein ablöschen und mit der Brühe auffüllen. Das Ganze im auf 180-200 °C vorgeheizten Backofen 60-70 Minuten garen. Die Sahne mit dem Mehl glatt rühren, in die Sauce geben, weitere 10-15 Minuten köcheln lassen, mit Zitronensaft, Orangensaft, Gin, Johannisbeergelee, Preiselbeeren und grünen Pfefferkörnern verfeinern, mit Salz und Pfeffer würzen.
• Die Wildschweinkeule herausnehmen, in Scheiben schneiden, dekorativ anrichten, mit der Sauce überziehen und servieren.

Wildschweinkeule auf Waldpilzen

• 1,5 kg Wildschweinkeule ohne Knochen • Salz • Pfeffer • 1 EL Kräuter der Provence • Butterschmalz zum Braten • 2 Zwiebeln • 4 Karotten • 1 Stück Sellerie • 1/2 l gebundene Bratensauce • 1 Becher Sahne • 2-3 EL Mehl • 2 EL Johannisbeergelee • 2-3 EL Obstessig • 400 g frische Waldpilze • Kräuterzweige zum Garnieren

• Die küchenfertige Wildschweinkeule waschen, trockentupfen, mit Salz, Pfeffer und Kräutern der Provence kräftig einreiben. Das Butterschmalz in einem Bräter erhitzen und das Fleisch darin rundherum Farbe nehmen lassen.
• Die Zwiebeln, die Karotten und den Sellerie in mundgerechte Würfel schneiden, zum Fleisch geben, kurz mitbraten, mit der Bratensauce auffüllen. Im auf 180-200 °C vorgeheizten Backofen in 70-80 Minuten garen. Die Sahne mit dem Mehl verrühren und unter die Sauce ziehen. Das Johannisbeergelee, den Obstessig und die klein geschnittenen Waldpilze ebenfalls dazugeben. Das Fleisch mit der Sauce im offenen Bräter weitere 10-15 Minuten garen.
• Nach Ende der Garzeit das Fleisch in Scheiben schneiden. Die Pilzsauce nochmals abschmecken und in eine Form geben. Die Fleischscheiben darauf legen, mit Kräuterzweigen ausgarnieren und sofort servieren.

Wildschweinkeule mit Kruste

• 1 Wildschweinkeule (2,5 kg, ohne Knochen) • 1 l kräftige Gemüse- oder Wildbrühe • 2 Zwiebeln • 2 Karotten • 1 Stück Lauch • 1 Stück Sellerie • 3 Lorbeerblätter • einige Nelken • Salz • Pfeffer • einige Tropfen Tabasco • einige Tropfen Worcestersauce • 1 TL frisch geriebenen Ingwer • 2 Flaschen Burgunder-Rotwein • 5 Eier • 200 g Butter oder Margarine • 1 TL Zimtpulver • 3 EL Zucker • 100 g geriebenes Schwarzbrot • 250 g Hagebuttenmarmelade • 3-4 EL Sojasauce • Speisestärke zum Binden • 750 g Rotkohl • 2-3 EL Butterschmalz • 2 Zwiebeln • 3 säuerliche Äpfel • 1 Tasse Gemüsebrühe • 3 Lorbeerblätter • einige Nelken • 1/2 TL Pimentpulver

• Die Wildschweinkeule waschen, trockentupfen und in eine Schüssel geben.
• Die Fleischbrühe zum Kochen bringen, die Zwiebeln, die Karotten, den Lauch und den Sellerie fein würfeln, mit den Lorbeerblättern und den Nelken in den Sud legen und einmal aufkochen lassen. Mit Salz, Pfeffer, Tabasco, Worcestersauce und Ingwer würzen, 15 Minuten ziehen lassen, vom Feuer nehmen, den Rotwein dazugeben und erkalten lassen. Die Keule mit der Beize bedecken und mindestens 24 Stunden marinieren, dabei öfter wenden.
• Etwas Schmalz erhitzen und die Keule darin rundherum Farbe nehmen lassen. Die Marinade angießen, und die Keule je nach Größe 3-3 1/2 Stunden garen.
• Für die Kruste die Eier mit der Butter oder Margarine schaumig schlagen. Das Zimtpulver, den Zucker und das geriebene Schwarzbrot unterziehen, das Ganze mit Salz und Pfeffer würzen.
• Die fast fertig gegarte Keule mit dem Krustenbrei bestreichen, in eine flache Pfanne mit Rost legen, eine Tasse Marinade dazugeben und eine halbe Stunde im Backofen schön bräunen lassen.
Die restliche Sauce durch ein Sieb passieren, mit der Hagebuttenmarmelade und der Sojasauce in einen Topf geben, kräftig einreduzieren lassen, mit Stärkemehl binden und kräftig abschmecken.
• Die Wildschweinkeule mit Kruste in Scheiben schneiden, dekorativ anrichten, mit der Sauce überziehen und mit Rotkohl servieren.
• Den Rotkohl grob raspeln, nur kurz waschen und abtropfen lassen. Die Zwiebeln würfeln und in etwas Schmalz kurz anschwitzen. Die Äpfel schälen, entkernen, in Scheiben schneiden und schichtweise mit dem Rotkohl in einen Topf geben. Die Gemüsebrühe mit den Zwiebeln, dem Lorbeerblatt, den Nelken und dem Pimentpulver dazugeben, das Ganze mit Salz und Pfeffer würzen und bei mäßiger Hitze bissfest garen. Den Rotkohl nochmals kräftig abschmecken und zum Fleisch servieren.

Wildschweinkeule „Hubertusschmaus“

• 1,5 kg Wildschweinkeule ohne Knochen • 1 Flasche trockenen Rotwein (0,7 l) • 0,7 l Wasser • 1 EL Salz • 1 große Zwiebel • einige Pfefferkörner • einige Wacholderbeeren • 2 Lorbeerblätter • 3 EL Butterschmalz zum Braten • Butter zum Dünsten • 2 Zwiebeln • 3 Dosen Pfifferlinge • Paprikapulver • Cayennepfeffer • 3 Becher Sahne • 3 EL Tomatenketchup • 375 g geriebenen Käse

• Die Wildschweinkeule waschen und trockentupfen. Für die Beize Wein, Wasser, Salz, die geviertelte Zwiebel, die zerdrückten Pfefferkörner, Wacholderbeeren und Lorbeerblätter in ein Gefäß geben und gut vermengen. Die Wildschweinkeule hineinlegen und das Ganze zwei Tage zugedeckt im Kühlschrank beizen lassen. Butterschmalz erhitzen und das trockengetupfte Fleisch darin bräunen. Eine Zwiebel aus der Beize dazugeben, mit etwas Beize ablöschen und rund 90 Minuten garen. Danach das Fleisch erkalten lassen, in gleichmäßige Scheiben schneiden und nebeneinander in eine feuerfeste Form schichten.
• Die Butter in einer Pfanne erhitzen, eine fein gehackte Zwiebel darin glasig dünsten, die Pfifferlinge dazugeben, erhitzen, mit Paprikapulver und Cayennepfeffer würzen und auf dem Fleisch verteilen. Die Sahne leicht anschlagen, Tomatenketchup einrühren, mit Paprikapulver und Cayennepfeffer abschmecken. Das Ganze steif schlagen und gleichmäßig auf dem Fleisch verteilen. Den geriebenen Käse darüber streuen und im auf 200 °C vorgeheizten Backofen 20 Minuten goldgelb überbacken.
• Dazu reicht man Kartoffelgratin und einen Weißkraut-Karotten-Salat.

Weisskraut-Karotten-Salat

• 250 g gewürztes Weißkraut • 200 g Karotten • 1 Becher Joghurt • 4 EL Crème fraîche • 2-3 EL Apfelessig • 2 EL Tomatenketchup • 1 kleine Zwiebel • Meersalz • Pfeffer • Paprikapulver edelsüß • 1 EL frisch geriebenen Meerrettich • 2-3 EL gehackte Petersilie

• Das gewürzte Weißkraut und die Karotten fein raspeln und in einer Schüssel miteinander vermischen.
• Für das Dressing den Joghurt mit der Crème fraîche, dem Apfelessig und dem Tomatenketchup verrühren. Die Zwiebel fein hacken, unter das Dressing ziehen und das Ganze mit Salz, Pfeffer und Paprikapulver würzen. Den frisch geriebenen Meerrettich und die gehackte Petersilie unter das Dressing ziehen und den Salat damit anmachen. Den Salat im Kühlschrank 2-3 Stunden ziehen lassen, nochmals abschmecken, anrichten und zur Wildschweinkeule servieren.

Wildschweinkeule in Rotwein

• 1,2 kg Wildschweinkeule ohne Knochen • Salz • Pfeffer • je 1 TL Majoran und Thymian • 1 Knoblauchzehe • 1 EL Zitronenschale • 1 TL geschroteten Kümmel • 2 EL Butterschmalz • 2 Zwiebeln • 2 Karotten • 1 Stück Sellerie • 2 EL Tomatenmark • 3-4 EL Mehl • 1/2 l Rotwein • 1/4 l Gemüsebrühe • 2 EL Kirschgelee • einige Tropfen Obstessig • 100 g Sauerkirschen • 100 g Champignons • 2 EL Butter oder Margarine

• Die Keule mit Salz und Pfeffer kräftig würzen, den Majoran, den Thymian, die zerriebene Knoblauchzehe, die Zitronenschale und den Kümmel vermischen und das Fleisch damit einreiben.
• Das Butterschmalz in einem Bräter erhitzen und die Wildschweinkeule darin Farbe nehmen lassen. Das Gemüse putzen, in feine Würfel schneiden, zum Fleisch geben und kurz mitschwitzen. Das Tomatenmark unterrühren, mit Mehl bestäuben, mit Rotwein und der Gemüsebrühe auffüllen. Das Gelee und den Obstessig unterrühren und das Ganze 80-90 Minuten schmoren lassen.
• Die Keule herausnehmen, die Sauce pürieren und durch ein Sieb streichen. Die entsteinten Sauerkirschen mit den in Scheiben geschnittenen Champignons im erhitzten Fett kurz anschwitzen, unter die Sauce heben, nochmals aufkochen lassen und abschmecken. Die Wildschweinkeule auf einer tiefen Platte anrichten, mit der Sauce überziehen und servieren.

Wildschweinfilet mit chinesischen Pilzen

• 800 g Wildschweinfilet • 1 EL Fünfgewürzpulver • Pflanzenfett zum Braten • 4 cl Reisschnaps • 1 Schuss Reiswein • Salz • Pfeffer • 2 EL Butter oder Margarine • 400 g frische Wolkenohrpilze oder entsprechende Menge getrocknete und eingeweichte Pilze • 1 Zwiebel • 1 Schuss Weißwein • 1 Becher Sahne • 2-3 EL Obstessig • 2-3 EL Tomatenmark • 1-2 EL Honig • 2-3 EL Hoisinsauce • 1 Prise Cayennepfeffer

• Das küchenfertige Wildschweinfilet waschen, trockentupfen und mit dem Fünfgewürzpulver würzen.
• Das Pflanzenfett in einer Pfanne erhitzen und das Wildschweinfilet darin je nach Geschmack medium oder durch braten. Anschließend das Filet mit Reisschnaps flambieren, mit Salz und Pfeffer würzen, in Alufolie wickeln und bereitstellen. Die Butter oder Margarine ins verbliebene Bratfett geben und die klein geschnittenen Wolkenohrpilze darin kurz anschwitzen.
• Die Zwiebel fein hacken, zu den Pilzen geben und kurz mitschwitzen. Mit Reiswein ablöschen, die Sahne angießen, den Obstessig, das Tomatenmark und die Hoisinsauce unterziehen. Die Sauce kurz einreduzieren lassen und anschließend mit Salz, Pfeffer und Cayennepfeffer abschmecken.
• Das Wildschweinfilet in Scheiben schneiden, die Pilze darauf anrichten, ausgarnieren und servieren.

Wildschweinfilet auf Blattsalaten

• 1 küchenfertiges Wildschweinfilet (800 g) • Salz • Pfeffer • 1 TL Wacholderbeeren • 1 TL Pfefferkörner • 1 TL Kräuter der Provence • Pflanzenfett zum Braten • 100 g Mischpilze • 200 g gemischten Blattsalat (Brunnenkresse, Löwenzahn, Feldsalat) • einige Tropfen kaltgepresstes Olivenöl • einige Tropfen Aceto balsamico • 1 Becher Sahne • 1/2 Tasse gehackte Wildkräuter • Zitronensaft • Essig • Sojasauce

• Das küchenfertige Wildschweinfilet waschen, trockentupfen und mit Salz und Pfeffer würzen. Die Wacholderbeeren, die Pfefferkörner und die Kräuter der Provence im Mörser zerreiben, das Filet damit einreiben und in wenig Pflanzenfett durchbraten. Herausnehmen, in Alufolie wickeln und 10 Minuten ruhen lassen.
• In der Zwischenzeit die Mischpilze putzen und im verbliebenen Bratfett kurz anschwitzen.
• Den gemischten Blattsalat verlesen, waschen, gut abtropfen lassen. Auf Tellern dekorativ anrichten.
• Den Salat mit dem Olivenöl und dem Aceto balsamico beträufeln, mit Salz und Pfeffer würzen. Mit dem in Scheiben geschnittenen Filet und den Pilzen belegen.
• Den verbliebenen Bratensaft mit der Sahne ablöschen und mit den gehackten Kräutern verfeinern. Mit Salz, Pfeffer, Zitronensaft, Essig und Sojasauce abschmecken.
• Gleichmäßig über den Salat verteilen, ausgarnieren und servieren.

Wildschweinfilet in der Sesamkruste

• 1 kg Wildschweinfilet • Meersalz • schwarzen Pfeffer • 3-4 EL Vollkornmehl • 2 Eier • 5-6 EL Sesam • Pflanzenfett zum Braten • 1 Zwiebel • 150 g Stangensellerie • 2 rote Paprikaschoten • 1 Glas Rotwein • 150 g Sojabohnenkeimlinge • 1 TL Kräuter der Provence • 1-2 EL Johannisbeergelee • 1-2 EL Obstessig • 1/4-3/8 l gebundene Wildsauce • einige Tropfen Zitronensaft • Schnittlauch

• Das Wildschweinfilet mit Meersalz und Pfeffer würzen, im Mehl wenden. Die Eier verschlagen und den Sesam auf einen Teller geben. Das bemehlte Filet zuerst in den Eiern und anschließend im Sesam wenden. Den restlichen Sesam auf dem Filet verteilen und gut andrücken.
• Das Filet im erhitzten Pflanzenfett anbraten und bei 180-200 °C im Backofen fertig garen. In der Zwischenzeit die fein gehackte Zwiebel in etwas Pflanzenfett glasig schwitzen. Die Paprikaschoten halbieren, entkernen, in Streifen schneiden, zu den Zwiebeln geben und kurz mitschwitzen. Mit Rotwein ablöschen und das Gemüse weich dünsten. Die Sojabohnenkeimlinge zum Gemüse geben, und das Ganze mit Kräutern der Provence, Johannisbeergelee und Obstessig würzen. Die Wildsauce angießen, das Gemüse fertig garen, mit etwas Meersalz, Pfeffer und Zitronensaft abschmecken.
• Das Gemüse auf heißen Tellern anrichten, mit dem in Scheiben geschnittenen Wildschweinfilet belegen, mit Schnittlauchröllchen bestreuen und servieren.

Nackensteaks vom Wildschwein

• 8 Wildschweinnackensteaks • Salz • Pfeffer • 4 Zwiebeln • Olivenöl zum Bestreichen • Kräuterbutter • 1 großen weißen Rettich • 2-3 säuerliche Äpfel • 1 Becher Schmant • 1 Bund Schnittlauch

• Die Wildschweinnackensteaks waschen, trockentupfen, mit einem Steakhammer klopfen und kräftig mit Salz und Pfeffer würzen.
• Die Zwiebeln in Scheiben schneiden, mit den Wildschweinnackensteaks schichtweise in eine Schüssel legen, festdrücken und mit Alufolie dicht abschließen. Die Steaks im Kühlschrank zugedeckt 4-5 Tage ziehen lassen. Die Steaks herausnehmen, mit Olivenöl bestreichen, auf dem Holzkohlengrill oder in einer Pfanne garen, dekorativ anrichten, eine Scheibe Kräuterbutter darauf legen, ausgarnieren und mit Rettichsalat servieren.
• Für den Rettichsalat den Rettich dünn schälen, grob raspeln und in eine Schüssel geben. Die Äpfel schälen, entkernen, ebenfalls raspeln und unter den Rettich heben. Den Schmant unter den Salat ziehen, den verlesenen, gewaschenen und fein geschnittenen Schnittlauch unterheben, das Ganze mit Salz und Pfeffer würzen, kurz ziehen lassen, nochmals nachschmecken und zu den Wildschweinnackensteaks servieren.

Marinierte Wildschweinsteaks

• 800 g Wildschweinnacken • 1 l Olivenöl • 2 Knoblauchzehen • 1 TL Salz • 2-3 Lorbeerblätter • 1 Zweig Thymian • 1 Zweig Majoran • 1 Peperoni • 2 Zwiebeln • Salz • Pfeffer • Mehl zum Wenden • 2 EL Butterschmalz • 1 Zwiebel • Saft von 1 Orange • 1 Glas Rotwein • 1/4 l gebundene Wildsauce • 2 EL zerbröckelten Edelpilzkäse • 2 EL Preiselbeermarmelade • Orangenlikör • Kräuterzweige

• Das Fleisch waschen, trockentupfen, in Scheiben schneiden und in ein Steingutgefäß schichten.
• Das Olivenöl mit den mit Salz zerriebenen Knoblauchzehen, den Lorbeerblättern, dem Thymian und dem Majoran vermischen. Die Peperoni fein hacken, die Zwiebeln fein würfeln, beides unter das Öl mischen und das Ganze über die Wildschweinsteaks verteilen. Das Fleisch muss vollständig mit Öl bedeckt sein. Das Steingutgefäß verschließen und an einem kühlen Ort 6-8 Tage marinieren lassen. Herausnehmen, trockentupfen, mit Salz und Pfeffer würzen, in Mehl wenden und im erhitzten Butterschmalz braten. Herausnehmen und warm stellen.
• Die Zwiebel fein würfeln, im verbliebenen Bratfett glasig schwitzen, mit Orangensaft und Rotwein ablöschen und mit der Wildsauce auffüllen. Die Sauce bei mäßiger Hitze fünf Minuten köcheln lassen. Den zerbröckelten Edelpilzkäse und die Preiselbeermarmelade unterrühren, nochmals zum Kochen bringen, mit Salz und Pfeffer würzen und mit etwas Orangenlikör aromatisieren.
• Die Wildschweinsteaks anrichten, die Sauce dazugeben und mit Kräuterzweigen garniert servieren.

Pikanter Wildschweinbraten

• 1,5 kg Wildschweinbraten ohne Knochen • Salz • Pfeffer • 1/2 l Weißwein • 1/2 l Gemüsebrühe • 1 EL Zucker • 2-3 EL Essig • Saft von 1 Zitrone • 1 EL geriebene Zitronenschale • 1 Zwiebel • 1-2 Lorbeerblätter • 3 TL Salz • 1 TL Senf • 2-3 EL Butter oder Margarine • 30 g geräucherten Schinkenspeck • 1-2 EL Mehl • 1/8 l saure Sahne • 1-2 EL Preiselbeermarmelade

• Die Wildschweinkeule waschen, trockentupfen, mit Salz und Pfeffer einreiben und in eine Schüssel legen.
• Den Weißwein mit der Gemüsebrühe in einen Topf geben und einmal aufkochen lassen. Mit Zucker, Essig, Zitronensaft, der Zitronenschale, der fein gehackten Zwiebel, den Lorbeerblättern, dem Salz und dem Senf mischen und kurz ziehen lassen. Die Marinade vom Feuer nehmen, vollständig erkalten lassen, über die Wildschweinkeule geben und 1-2 Tage zugedeckt an einem kühlen Ort marinieren.
• Den fein gewürfelten Schinkenspeck in der erhitzten Butter auslassen. Das Fleisch ins Fett geben, von allen Seiten anbraten und im auf 180-200 °C vorgeheizten Backofen in 1 1/2-2 Stunden garen.
• Während der Garzeit mit der Marinade übergießen. 10 Minuten vor Garende das Mehl mit der sauren Sahne glatt rühren und in die Sauce einrühren. Das Fleisch herausnehmen, die Sauce mit Preiselbeermarmelade verfeinern, mit Salz, Pfeffer, Essig und Zucker süßsauer abschmecken.
• Den Pikanten Wildschweinbraten dekorativ anrichten, mit der Sauce überziehen, mit Kartoffelklößen und Rotkohl servieren.

Gefüllte Wildschweinlendchen

• 2 große Wildschweinlendchen • Salz • Pfeffer • 1 TL Majoran • 1 TL Thymian • 2 EL mittelscharfen Senf • 2 EL Preiselbeermarmelade • 6-8 dünne Scheiben durchwachsenen, geräucherten Speck oder rohen Schinken • 100 g Edelpilzkäse • 2 EL Honig • 2 EL Tomatenketchup • 2 EL Essig • 1 EL Kräuter der Provence • 4 cl Weinbrand • 1 Zwiebel • 400 g frische Waldpilze • 1 Glas Rotwein • 3/8 l gebundene Wildsauce • 1 Schuss Sahne

• Die Wildschweinlendchen waschen, trockentupfen, der Länge nach so halbieren, daß die beiden Hälften noch zusammenhängen. Ein Lendchen mit Salz und Pfeffer würzen. Den Majoran, den Thymian, den Senf und die Preiselbeermarmelade miteinander vermischen und die Lendchenhälften damit bestreichen.
• Die Hälfte des Specks darauf legen und den in Scheiben geschnittenen Edelpilzkäse darüber verteilen. Die restlichen Speckscheiben auflegen. Nun das zweite Lendchen auseinanderklappen und damit abdecken. Mit Küchenschnur zusammenbinden, salzen und pfeffern. Die Lendchen im erhitzten Fett rundherum Farbe nehmen lassen und dann im auf 200 °C vorgeheizten Backofen 20 Minuten garen.
• Den Honig, den Tomatenketchup, den Essig, die Kräuter der Provence und den Weinbrand miteinander verrühren und diese Glasur kurz vor Garende über die Lendchen streichen. Nach Ende der Garzeit herausnehmen und bereitstellen.
• Im verbliebenen Bratfett die gehackte Zwiebel glasig schwitzen. Die geschnittenen Pilze dazugeben und mitschwitzen, mit Rotwein ablöschen und mit der Wildsauce auffüllen. Die Sauce mit der Sahne verfeinern und abschmecken.
• Das Fleisch in Scheiben schneiden, anrichten und servieren.

Wildschweinlendchen in Zwiebel-Maronensauce

• 8-12 Wildschweinmedaillons • 1 TL Majoran • 1 TL Thymian • 2 EL mittelscharfen Senf • 2 EL Olivenöl • Pflanzenmargarine zum Braten • 4 cl Weinbrand • Salz • Pfeffer • Butter oder Margarine • 2 Zwiebeln • 100 g geschälte Maronen aus der Dose • 1/8 l Rotwein • 3/8 l gebundene Sauce • 2 EL Honig • 2 EL Obstessig

• Die Wildschweinmedaillons waschen und trockentupfen. Den Majoran mit dem Thymian, dem Senf und dem Olivenöl verrühren und die Medaillons damit einstreichen. Im Kühlschrank 2-3 Stunden ziehen lassen. Etwas Pflanzenmargarine in einer Pfanne erhitzen und die Medaillons darin durchbraten.
• Den Weinbrand in einer Kelle erhitzen, anzünden und die Medaillons damit flambieren. Mit Salz und Pfeffer würzen, aus der Pfanne nehmen und warm stellen.
• Etwas Butter oder Margarine ins verbliebene Bratfett geben und die fein gehackten Zwiebeln darin glasig schwitzen. Die Maronen zu den Zwiebeln geben und kurz mitschwitzen. Mit Rotwein ablöschen und mit der gebundenen Sauce auffüllen. Zum Kochen bringen, mit Honig und Obstessig süßsauer abschmecken, mit Salz und Pfeffer abrunden.
• Die Wildschweinmedaillons anrichten, mit der Sauce überziehen, mit Speckrosenkohl und Goldecken servieren.

Goldecken

• 250 g Weizenmehl • 3 Eier • 1/2 l Milch • 1 Prise Salz • 1 Bund Schnittlauch • 1/2 Bund Estragon • 1/2 Bund Zitronenmelisse • 1/2 Kastenweißbrot • Milch zum Einweichen • Fett zum Ausbacken

• Das Weizenmehl in eine Schüssel sieben, die Eier, die Milch und das Salz dazugeben und zu einem glatten Teig verrühren.
• Den Schnittlauch, das Estragon und die Zitronenmelisse verlesen, waschen, gut abtropfen lassen, zerpflücken und fein hacken. Die Kräuter unter den Teig rühren und bereitstellen.
• Das Weißbrot in zentimeterdicke Scheiben schneiden, kurz in kalter Milch einweichen, durch den Pfannkuchenteig ziehen und in heißem Fett auf beiden Seiten goldgelb backen. Herausnehmen, die Brotscheiben diagonal halbieren und zu den Lendchen servieren.

Wildschweinpfeffer mit Pflaumen

• 800 g Wildschweinnacken • 2 Knoblauchzehen • 1 TL Salz • 1 EL Majoran • 1 TL Thymian • Salz • Pfeffer • 2-3 EL Butterschmalz • 100 g durchwachsenen, geräucherten Speck • 4 Zwiebeln • 1 l Rotwein • 150 g entsteinte Dörrpflaumen • 2-3 EL Pflaumenmus • 2-3 EL Obstessig • 1 Prise Cayennepfeffer • 1 Hand voll Kräuter (Oregano, Basilikum, Zitronenmelisse)

• Den Wildschweinnacken waschen, trockentupfen und in mundgerechte Würfel schneiden. Die Knoblauchzehen schälen, fein hacken, mit Salz zerreiben, mit dem Majoran und dem Thymian vermischen, das Fleisch damit kräftig einreiben, mit Salz und Pfeffer würzen, das Butterschmalz in einem Bräter erhitzen und das Fleisch darin unter ständigem Rühren Farbe nehmen lassen.
• Den durchwachsenen, geräucherten Speck in feine Würfel schneiden, zum Fleisch geben und kurz mitbraten.
• Die Zwiebeln schälen, in Würfel schneiden, zum Fleisch geben und mitbraten.
• Das Ganze mit Rotwein auffüllen und im auf 180-200 °C vorgeheizten Backofen zugedeckt 60-70 Minuten schmoren lassen.
• Die entsteinten Dörrpflaumen je nach Geschmack klein schneiden, mit dem Pflaumenmus und dem Obstessig unter die Sauce ziehen. Das Ganze mit Salz, Pfeffer und Cayennepfeffer abschmecken und weitere 10-15 Minuten garen.
• Nach Ende der Garzeit den Wildschweinpfeffer abschmecken, anrichten, mit den fein gehackten Kräutern bestreuen, ausgarnieren und sofort servieren.

Wildschweinpfeffer

• 1,2 kg Wildschweinfleisch ohne Knochen • 1/4 l Gemüsebrühe • 1/4 l Weißwein • 2 Zwiebeln • 1 TL Wacholderbeeren • 1 Blutorange • 1 TL Pfefferkörner • einige Gewürznelken • Saft von 2 Zitronen • Paprikapulver • 40 g Schweineschmalz • Salz • Pfeffer • 1/4 l heiße Gemüse- oder Wildbrühe • 4 EL Mehl • 200 g Mischpilze aus der Dose • 1 Bund Petersilie • Saft von 1/2 Blutorange

• Das küchenfertige Wildschweinfleisch waschen, trockentupfen und in mundgerechte Würfel schneiden.
• Die Gemüsebrühe mit dem Weißwein in einer Schüssel mischen.
• Die Zwiebeln schälen und in feine Scheiben schneiden, mit den zerdrückten Wacholderbeeren, der gewaschenen und in Scheiben geschnittenen Orange, den Pfefferkörnern, den Gewürznelken und dem Zitronensaft in die Flüssigkeit geben. Das Fleisch dazugeben und im Kühlschrank mindestens 24 Stunden marinieren.
• Das Fleisch aus der Marinade nehmen, gut abtropfen lassen, trockentupfen und im erhitzten Schmalz Farbe nehmen lassen. Mit Salz und Pfeffer würzen.
• Die Gemüse- oder Wildbrühe angießen und das Ganze bei mäßiger Hitze 70 Minuten schmoren lassen, die Marinade durch ein Sieb passieren und nach 35 Minuten Garzeit zum Fleisch geben.
• Das Mehl mit etwas kaltem Wasser glatt rühren, 10 Minuten vor Garende den Wildschweinpfeffer damit binden.
• Die Mischpilze gut abtropfen lassen, in den Wildschweinpfeffer geben, das Ganze erhitzen, die fein gehackte Petersilie mit dem Blutorangensaft unterheben, das Ganze nochmals kräftig abschmecken, anrichten, ausgarnieren und servieren.

Harzer Wildschweingulasch

• 500 g Wildschweinschulter • 500 g Wildschweinbauch • Salz • Pfeffer • 1 TL Majoran • 1 TL Thymian • 2-3 EL Butterschmalz • 50 g durchwachsenen, geräucherten Speck • 2 Knoblauchzehen • 2 Zwiebeln • 1 l Wild- oder Gemüsebrühe • 1 Lorbeerblatt • einige Nelken • einige Pimentkörner • einige Wacholderbeeren • Pfefferkörner • je 1 rote und grüne Paprikaschote • 6-8 Kartoffeln • 1 Becher Sahne • 3-4 EL Mehl • 4 Tomaten • 1/2 Bund Schnittlauch • 1/2 Bund Petersilie

• Die Schulter und den Wildschweinbauch waschen, trockentupfen und in Würfel schneiden. Das Fleisch mit Salz, Pfeffer, Majoran und Thymian kräftig würzen.
• Das Butterschmalz in einem Bräter erhitzen und das Fleisch darin rundherum Farbe nehmen lassen. Den fein gewürfelten Speck dazugeben und kurz auslassen.
• Die Knoblauchzehen und die Zwiebeln hacken. Beides zum Fleisch geben und kurz mitbraten. Mit der Brühe auffüllen. Das Lorbeerblatt, die Nelken, die Pimentkörner, die Wacholderbeeren und die Pfefferkörner in einen Gewürzbeutel geben und in die Sauce legen. Den Bräter verschließen und im auf 180-200 °C vorgeheizten Backofen 60 Minuten garen.
• Inzwischen die Paprikaschoten halbieren, entkernen und würfeln. Die Kartoffeln schälen und halbieren. Das Gemüse zum Fleisch geben und 30 Minuten mitschmoren.
• Die Sahne mit dem Mehl verrühren, unter die Sauce ziehen und das Ganze im offenen Bräter weitere 15 Minuten garen.
• Die enthäuteten, entkernten und in Würfel geschnittenen Tomaten unter das Gulasch heben. Mit Salz und Pfeffer abschmecken, anrichten und mit den verlesenen, gewaschenen und fein geschnittenen bzw. -gehackten Kräutern bestreut servieren.

Wildschweinpastete

• 750 g Wildschweinkeule ohne Knochen • 250 g Schweineleber • 4 Wacholderbeeren • 6 cl Gin • 1 Brötchen • 1 Tasse heiße Milch • 100 g fetten Speck am Stück • 2 Zwiebeln • Salz • Pfeffer • 1 TL Majoran • 20 Scheiben fetten Speck • Tomaten und Petersilienzweige zum Garnieren

• Die küchenfertige Wildschweinkeule in Würfel schneiden. Die Leber enthäuten und ebenfalls würfeln.
• In einer Schüssel mit den zerdrückten Wacholderbeeren bestreuen und mit dem Gin beträufeln. Zugedeckt zwei Stunden ziehen lassen.
• Das Brötchen in Würfel schneiden, in eine Schüssel geben, mit der heißen Milch übergießen und kurz ziehen lassen. Den Speck und die Zwiebeln würfeln.
• Das Wildschweinfleisch, die Leber, den Speck, die Zwiebeln und das gut ausgedrückte Brötchen durch den Fleischwolf drehen und kräftig würzen.
• Eine Pastetenform mit zwei Dritteln des in feine Scheiben geschnittenen Specks auslegen, den Fleischteig einfüllen und glatt streichen.
• Das Ganze mit den restlichen Speckscheiben belegen, mit Alufolie gut abdecken und im auf 180-200 °C vorgeheizten Backofen 70-80 Minuten garen.
• Erkalten lassen, aus der Form stürzen, in Scheiben schneiden, dekorativ anrichten, mit Tomatenecken und Petersilienzweigen ausgarnieren und servieren.

Feurige Wildschweinrippchen

• 2,5-3 kg Wildschweinrippchen • Salz • Pfeffer • 2 EL geschrotete Pfefferkörner • 2 EL geriebene Zitronenschale • 2 EL Majoran • 4 Knoblauchzehen • 1 Tasse Olivenöl • 1 Tasse Pusztasauce • 2 Zwiebeln • 1/2 Tasse Honig • 4 EL geriebenen Meerrettich • 1 Tasse gehackte Kräuter

• Die Wildschweinrippchen mit Salz und Pfeffer kräftig würzen. Die Pfefferkörner, die Zitronenschale, den Majoran und die fein gehackten Knoblauchzehen in das Öl einrühren und die Rippchen damit bestreichen. Im Kühlschrank zugedeckt zwei Stunden ziehen lassen.
•Die Wildschweinrippchen im auf 220 °C vorgeheizten Backofen 30 Minuten garen.
• Die Pusztasauce mit den fein gehackten Zwiebeln und dem Honig glatt rühren. Mit Essig, Meerrettich, Salz und Pfeffer abschmecken.
• Die gehackten Kräuter untermischen und die Sauce nach Ende der Garzeit gleichmäßig über die Wildschweinrippchen verteilen. Weitere 5-10 Minuten garen. Herausnehmen, die Rippchen in Stücke schneiden und servieren.

Wildschweinrouladen mit Kräuterfüllung

• 4 Wildschweinrouladen á 200 g • Salz • Pfeffer • 1-2 EL mittelscharfen Senf • 4 Scheiben durchwachsenen Speck • 2 in Milch eingeweichte Brötchen • 1 kleine Zwiebel • 1 Ei • 1 Tasse gemischte, gehackte Kräuter • 1 Prise Muskatpulver • 1-2 EL Preiselbeermarmelade • 2-3 EL Butterschmalz • 1 Zwiebel • 1 Stück Lauch • 2 Karotten • 1 Stück Sellerie • 1-2 EL Tomatenmark • 1/4 l Rotwein • 1/4 l Gemüsebrühe • 1 Lorbeerblatt • 1 Zweig Rosmarin • 1 Zweig Thymian • 1 Becher Sahne • 2-3 EL Mehl

• Die Wildschweinrouladen dünn klopfen, mit Salz und Pfeffer würzen und mit Senf bestreichen. Je eine Scheibe Speck darauf legen.
•Die eingeweichten Brötchen gut ausdrücken. Mit der fein gehackten Zwiebel, dem Ei und den Kräutern vermischen, mit Salz, Pfeffer, Muskatpulver und der Preiselbeermarmelade abschmecken.
• Die Füllung gleichmäßig auf die Rouladen verteilen und zusammenrollen. Mit Küchenschnur binden oder mit Rouladenklammern zusammenstecken.
• Die Rouladen in einem Bräter im erhitzen Butterschmalz gut anbraten, das in Würfel geschnittene Gemüse zugeben und kurz mitbraten. Das Tomatenmark unterrühren, das Lorbeerblatt und die Kräuterzweige dazugeben und das Ganze mit Rotwein ablöschen. Mit der Gemüsebrühe auffüllen.
•Den Bräter verschließen und im auf 180-200 °C vorgeheizten Backofen 65 Minuten schmoren lassen.
• Die Sahne mit dem Mehl verrühren, unter die Sauce ziehen, offen weitere 20 Minuten garen, nochmals abschmecken und servieren.

SPROSSENSALAT MIT WILDSCHWEINSCHINKEN

• 400 g geschnittenen Wildschweinschinken • 100 g Staudensellerie • 1 rote Paprikaschote • 100 g Cocktailtomaten • 50 g Alfalfagrün • 50 g gekeimte Kichererbsen • 50 g gekeimte Weizenkörner • 50 g gekeimte Mungobohnen • 2 kleine Orangen • Saft von 2 Orangen • 1 EL mittelscharfen Senf • 3-4 EL Aceto balsamico • Meersalz • Pfeffer • etwas Honig • etwas kaltgepresstes Olivenöl • Kräuterzweige und frisch gehackte Kräuter zum Garnieren

• Den Wildschweinschinken dekorativ auf vier Tellern anrichten.
• Den Staudensellerie und die rote Paprikaschote in dünne Streifen schneiden. Die Cocktailtomaten halbieren. Das Alfalfagrün, die Kichererbsen, die Weizenkörner und die Mungobohnen mit den übrigen Zutaten in eine Schüssel geben.
• Die Orangen schälen, filieren und zum Salat geben. Alles miteinander vermischen.
• Für das Dressing den Saft der Orangen mit dem Senf und dem Aceto balsamico vermischen, mit Meersalz, Pfeffer und etwas Honig abschmecken. Das Olivenöl tropfenweise in die Marinade ziehen und damit den Salat anmachen.
• Den Salat dekorativ zum Wildschweinschinken geben, das Ganze mit Kräuterzweigen garnieren und mit frisch gehackten Kräutern bestreuen.

WILDSCHWEINSCHINKEN AUF KRÄUTERBRÖTCHEN

• 600 g Mehl • 1 Päckchen Hefe • 1/4 l Milch • 1 EL Zucker • 50 g Butter oder Margarine • 1 TL gemahlenen Kümmel • 1/2 TL gemahlene Muskatblüte • 1/2 TL gemahlenen Koriander • 1/2 Bund Petersilie • 1/2 Bund Schnittlauch • 1 TL Majoran • 1 TL Thymian • 1 TL Kräuter der Provence • 1/2 Tasse Milch • 2 Eigelb • 1 EL Kümmel • 1 EL Korianderkörner • 1 EL grobes Salz • Butter oder Margarine zum Bestreichen • 250 g leicht geräucherten rohen Wildschweinschinken

• Das Mehl in eine Schüssel sieben und eine Mulde eindrücken. Die Hefe zerbröckeln und in die lauwarme Milch geben, und 10 Minuten gehen lassen.
• Die Hefemilch mit dem Zucker und der zerlassenen Butter zum Mehl geben und das Ganze zu einem Teig verarbeiten. Den Kümmel, das Muskat, den Koriander, die gehackte Petersilie und den fein geschnittenen Schnittlauch, den Majoran, den Thymian und die Kräuter der Provence gut unterarbeiten. Den Teig so lange schlagen, bis er Blasen wirft, anschließend zugedeckt 1/2 Stunde gehen lassen.
• Nochmals kräftig durchschlagen und auf einer bemehlten Arbeitsfläche etwa 1-1 1/2 cm dick ausrollen. Runde Plätzchen ausstechen, diese auf ein bemehltes oder ausgefettetes Backblech setzen, erneut gehen lassen und anschließend im auf 180-200 °C vorgeheizten Backofen 10-15 Minuten backen.
• Die Milch mit dem Eigelb verrühren und die Brötchen damit kurz vor Garende bestreichen. Mit Kümmel, Koriander und grobem Salz bestreuen und fertig backen. Die erkalteten Brötchen halbieren, mit Butter oder Margarine bestreichen und dekorativ mit dem Schinken auf Tellern anrichten.

Salat mit Wildschweinschinken

• 1 kleinen Kopf Eichblattsalat oder anderen Blattsalat • 200 g Wachsbohnen • 1 Bund Frühlingszwiebeln • 1/2 Tasse Schalottenessig • 1/2 Tasse Olivenöl • 1/2 Tasse Wild- oder Gemüsebrühe • 1/2-1 EL geriebenen Meerrettich • 1-2 EL mittelscharfen Senf • Salz • Pfeffer • 1 Prise Cayennepfeffer • 1 Prise Zucker • 250 g rohen, geräucherten Wildschweinschinken • 100 g Knoblauchcroûtons

• Den Eichblattsalat oder anderen Blattsalat entsprechend putzen, waschen, in mundgerechte Stücke zerpflücken, abtropfen lassen und in eine Schüssel geben.
• Die bissfest gegarten Wachsbohnen mit den in Streifen geschnittenen Frühlingszwiebeln unter den Salat heben.
• Aus Schalottenessig, Olivenöl und der Wild- oder Gemüsebrühe ein Dressing rühren. Das Dressing mit geriebenem Meerrettich, Senf, Salz, Pfeffer, Cayennepfeffer und Zucker kräftig abschmecken und den Salat damit anmachen.
• Den Salat dekorativ anrichten, mit dem in Scheiben geschnittenen, rohen, geräucherten Wildschweinschinken belegen, mit gerösteten Brotwürfeln bestreuen, ausgarnieren und servieren.

Frischlingsfilets in Pflaumensauce

• 2 Frischlingsrückenfilets • Salz • Pfeffer • 1 TL Majoran • 1 TL Thymian • 1 Knoblauchzehe • 1 TL geschrotete Pfefferkörner • 1-2 EL Butterschmalz • 4 cl Zwetschgenwasser • 1 Zwiebel • 150 g Pflaumen • 1 Schuss Rotwein • 3/8 l gebundene Wildsauce • 1 EL Honig • 1-2 EL Obstessig • 1 Schuss Sahne • 1 Msp. Zimtpulver • 1 Prise Cayennepfeffer • Kräuterzweige zum Garnieren

• Die Frischlingsrückenfilets waschen und trockentupfen. Mit Salz und Pfeffer kräftig würzen.
• Den Majoran, den Thymian, die geschälte, fein gehackte und mit Salz zerriebene Knoblauchzehe und die geschroteten Pfefferkörner miteinander vermischen und das Fleisch damit einreiben.
• Das Schmalz in einer Pfanne erhitzen und die Filets darin je nach Geschmack medium oder durch braten. Mit Zwetschgenwasser flambieren, kräftig würzen, herausnehmen und bereitstellen.
• Die Zwiebel hacken und im verbliebenen Bratfett glasig schwitzen. Die Pflaumen halbieren, in Scheiben schneiden und zu den Zwiebeln geben, kurz mitschwitzen.
• Mit Rotwein ablöschen und mit der Wildsauce auffüllen. Die Sauce einmal aufkochen lassen. Mit Honig, Obstessig, Sahne, Zimtpulver, Cayennepfeffer, Salz und Pfeffer abschmecken.
• Die Sauce auf vier Tellern verteilen. Die in Scheiben geschnittenen Frischlingsrückenfilets darauf dekorativ anrichten. Das Ganze mit Kräuterzweigen ausgarnieren und servieren.

Mufflonkeule mit Minzgelee

• 1/4 l weißen Traubensaft • 4 cl Orangenlikör • je 1 EL geriebene Zitronen- und Orangenschale • 250 g Gelierzucker • 1/2 Bund verlesene Minze • 4 Scheiben Mufflonkeule • Salz • Pfeffer • 1 EL gerebelte Pfefferminze • 2 Knoblauchzehen • 1-2 EL Margarine • 1/2 l Weißwein

• Den Traubensaft, den Orangenlikör, die Zitronen- und die Orangenschale in einen Topf geben, mischen und mit dem Gelierzucker unter ständigem Rühren 3-4 Minuten sprudelnd kochen lassen.
• Das Gelee abschäumen, zwei Hand voll verlesener, gewaschener Minze fein hacken und unter das Gelee rühren. In saubere Einmachgläser füllen, verschließen, vollständig erkalten lassen und zum weiteren Gebrauch bereitstellen.
• Die Mufflonscheiben mit Salz und Pfeffer würzen. Mit gerebelter Pfefferminze kräftig einreiben.
• Die Knoblauchzehen mit Salz zu einer Paste zerreiben. Etwas Margarine in einem Bräter erhitzen, die Paste dazugeben und die Mufflonscheiben darin rundherum Farbe nehmen lassen.
• Mit Weißwein ablöschen und das Ganze im auf 180-200 °C vorgeheizten Backofen 70-80 Minuten schmoren lassen. Anschließend herausnehmen. Mit dem Minzgelee bestreichen. Unter dem Grill kurz überbacken, anrichten, ausgarnieren und servieren.

Mufflonkoteletts mit Schafgarbensauce

• 12-16 Mufflonkoteletts • 4 Knoblauchzehen • Salz • 1/2 Tasse Olivenöl • 1 TL Kräuter der Provence • Salz • Pfeffer • Cayennepfeffer • einige Tropfen Pfeffersauce • Butterschmalz oder Pflanzenfett zum Braten • 1 Zwiebel • 1 Schuss Rotwein • 1/2 l gebundene Wildsauce • 2-3 EL ungesüßtes Sanddornmark • Obstessig • Zucker • 1 Hand voll Schafgarbenblätter • einige Tropfen Weinbrand • 4 EL Sahne oder Crème fraîche • Johannisbeeren und Kräuterzweige zum Garnieren

• Die Knoblauchzehen schälen, auf eine Arbeitsfläche legen, hacken und mit etwas Salz zu einer Paste zerreiben. Die Knoblauchpaste mit dem Olivenöl verrühren. Die Kräuter der Provence, Salz, Pfeffer, Cayennepfeffer und einige Tropfen Pfeffersauce unter das Öl rühren, die Mufflonkoteletts damit einstreichen und mindestens acht Stunden kühlstellen.
• Butterschmalz oder Pflanzenfett erhitzen und die Koteletts durchbraten und warm stellen.
• Die Zwiebel hacken und im verbliebenen Bratfett glasig schwitzen, mit dem Rotwein ablöschen und mit der gebundenen Wildsauce auffüllen. Das Sanddornmark unter die Sauce rühren.
• Mit Obstessig, Salz, Pfeffer, Cayennepfeffer und Zucker süßsauer abschmecken. Die Schafgarbenblätter verlesen, waschen, fein schneiden oder hacken und unter die Sauce rühren. Mit einigen Tropfen Weinbrand aromatisieren.
• Die Sauce auf sehr heißen Tellern anrichten, je einen Eßlöffel Sahne oder Crème fraîche unter die Sauce ziehen, die Koteletts darauf anrichten und servieren.

Mufflonroulade mit Spinatfüllung

• 1,2 kg Mufflonbrust • Salz • Pfeffer • 100 g geräucherten Schinken • 100 g Spinat (TK-Produkt) • 1 Zwiebel • 100 g Schafskäse • 1 Ei • 2-3 EL Semmelbrösel • 1/2 Tasse gehackte Kräuter • 2 Knoblauchzehen • 1 TL Salz • 1 EL geriebene Zitronenschale • 1/2 Bund Schnittlauch • 1 EL Basilikum • Pflanzenfett zum Braten • 1/4 l trockenen Weißwein

• Die Mufflonbrust mit einem scharfen Messer der Länge nach halbieren, dass sie an einem Ende noch zusammenhängt. Mit Salz und Pfeffer kräftig einreiben.
• Den Schinken in Würfel schneiden. Den Spinat auftauen lassen und fein hacken. Beides in eine Schüssel geben und die gehackte Zwiebel dazugeben. Den Schafskäse zerbröckeln und mit dem Ei, den Semmelbröseln und dem gewaschenen, fein gehackten Schnittlauch untermischen. Mit den zerriebenen Knoblauchzehen, der Zitronenschale und dem Basilikum würzen. Mit Salz, Pfeffer nochmals abschmecken und gleichmäßig auf dem Fleisch verteilen.
• Die Mufflonbrust zusammenrollen, mit der Küchenschnur zusammenbinden und im erhitzten Fett rundherum Farbe nehmen lassen.
• Anschließend im auf 180-200 °C vorgeheizten Backofen 75-80 Minuten braten. Während der Garzeit öfter mit dem Wein ablöschen.
• Die Mufflonroulade herausnehmen, in Scheiben schneiden, auf heißen Tellern dekorativ anrichten, ausgarnieren und servieren.

Gefüllte Mufflonschulter mit Waldpilzsauce

• 1,2 kg Mufflonschulter ohne Knochen • Salz • Pfeffer • 1 TL Majoran • 250 g feines Kalbsbrät • 2 EL Preiselbeermarmelade • 1/2 TL geriebene Zitronenschale • 1 Prise Knoblauchgranulat • einige Tropfen Zitronensaft • einige Tropfen Weinbrand • 1/2 TL Thymian • 2 EL fein gehackte Petersilie • Fett zum Braten • 1/4 l Rotwein • 2 EL Butter oder Margarine • 50 g durchwachsenen, geräucherten Speck • 1 Zwiebel • 250 g Waldpilze • 1 Becher Sahne • 2 EL fein gehackte Petersilie

• Mit einem scharfen Messer in die Mufflonschulter eine Tasche schneiden. Salzen, pfeffern und mit Majoran innen und außen kräftig würzen.
• Das Kalbsbrät, die Preiselbeermarmelade und die Zitronenschale in einer Schüssel verrühren. Mit Knoblauchgranulat, Zitronensaft, Weinbrand, Petersilie, Thymian, Salz und Pfeffer würzen.
• In die Tasche streichen und mit der Küchenschnur zunähen. Fett erhitzen und das Fleisch anbraten. Im auf 180 °C vorgeheizten Backofen 80-90 Minuten braten, dabei öfter mit Rotwein ablöschen.
• Mit Butter oder Margarine den fein gewürfelten Speck auslassen. Die fein gehackte Zwiebel dazugeben und glasig schwitzen. Die klein geschnittenen Waldpilze dazugeben und fünf Minuten dünsten.
• Die Sahne angießen und aufkochen lassen. Das Fleisch herausnehmen und mit der Pilzsauce den Fond ablöschen. Die Sauce einreduzieren, bis sie sämig wird.
• Mit Salz und Pfeffer abschmecken, die Petersilie unterziehen. Die Mufflonschulter in Scheiben schneiden, anrichten und mit der Sauce überziehen.

Mufflongulasch mit Pfifferlingen

• 1,2 kg Mufflonfleisch • Salz • Pfeffer • 1 TL zerstoßene Wacholderbeeren • 1 EL Kräuter der Provence • 1 TL Rosmarin • 2-3 EL Butterschmalz • 50 g durchwachsenen, geräucherten Speck • 1 Zwiebel • 1/4 l Rotwein • 1/2 l Wildbrühe • 200 g frische Pfifferlinge • Saft von 1 Zitrone • 100 g rote Johannisbeeren • 2 EL Johannisbeergelee • 2-3 EL Obstessig • 1 Prise Cayennepfeffer • Johannisbrotkernmehl zum Binden • 1/2 Becher Sahnedickmilch • 4 Portionen bissfest gegarte Vollkornnudeln (Spirelli)

• Das Fleisch in mundgerechte Würfel schneiden, salzen, pfeffern und mit den Gewürzen einreiben.
• Das Butterschmalz erhitzen und das Fleisch kräftig anbraten. Den in feine Würfel geschnittenen Speck auslassen. Die fein gehackte Zwiebel dazugeben und kurz mitbraten.
• Das Ganze mit Rotwein ablöschen, mit der Wildbrühe auffüllen und im auf 180-200 °C vorgeheizten Backofen 75-90 Minuten zugedeckt schmoren lassen.
• 20 Minuten vor Garende die geputzten, gewaschenen und mit Zitronensaft beträufelten Pfifferlinge unterheben und mitgaren. Nach Ende der Garzeit die Johannisbeeren mit dem Johannisbeergelee und dem Obstessig in das Gulasch rühren und einmal aufkochen lassen.
• Das Gulasch je nach Geschmack mit Johannisbrotkernmehl binden, mit Cayennepfeffer, Salz und Pfeffer abrunden und mit Sahnedickmilch verfeinern. Das Mufflongulasch anrichten, ausgarnieren und mit den in Butter geschwenkten Vollkorn-Spirellis servieren.

Geschmorte Mufflonschulter mit Tomaten

• 1,5 kg Mufflonschulter ohne Knochen • Salz • Pfeffer • 1 TL Pfefferkörner • 1 TL Wacholderbeeren • 1 TL Majoran • 2 Knoblauchzehen • 1 TL Salz • Butterschmalz zum Braten • 2 Zwiebeln • 1 kleine Sellerieknolle • 2 Karotten • 1 Fenchelknolle • 6 große Fleischtomaten • 1/4 l Rotwein • 1/4 l Wildfond • 1 Zweig Basilikum • 1 Zweig Rosmarin • 3 mittelgroße Zucchini • 2-3 EL Butter oder Margarine • 4 Portionen hausgemachte Nudeln

• Die Mufflonschulter mit Salz und Pfeffer kräftig würzen. Die Pfefferkörner, die Wacholderbeeren und den Majoran im Mörser zerreiben und mit den mit Salz zerriebenen Knoblauchzehen vermischen und das Fleisch damit einreiben.
• Die Schulter zusammenrollen, mit Küchenschnur binden. Das Schmalz erhitzen und das Fleisch darin rundherum anbraten. Im auf 200 °C vorgeheizten Backofen 30 Minuten garen.
• Das Gemüse in Würfel schneiden, zum Fleisch geben und mitbraten. Die gewürfelten Tomaten dazugeben und mit Rotwein ablöschen.
• Den Fond angießen, Basilikum und Rosmarin dazugeben und 60-70 Minuten schmoren lassen.
• Die Sauce pürieren, nochmals abschmecken. Dekorativ auf Tellern anrichten und den in Scheiben geschnittenen Braten darauf legen.
• Mit in Butter geschwenkten Zucchinischeiben und Nudeln servieren.

Wildbouillon mit Klösschen

• 500 g Wildknochen oder Wildparüren • 2 l Gemüsebrühe • 1 Bund Suppengemüse • 1 Zwiebel • 2 Lorbeerblätter • einige Nelken • einige Pfefferkörner • einige Pimentkörner • einige Wacholderbeeren • Salz • Pfeffer • 1 Prise Muskat • 4 cl Madeira • 400 g Wildfleisch • 1 Tasse süße Sahne • 2 Eiweiß • 1/2-1 Tasse extra zarte Haferflocken zum Binden • 1 Prise Cayennepfeffer • 1 Bund Schnittlauch • 50-100 g frische Pfifferlinge • 100 g Eierstichwürfel • 2 EL Orangenschalenstreifen

• Die Knochen oder Parüren nach Bedarf klein hacken und in einen Topf geben. Die Brühe angießen, das klein geschnittene Gemüse dazugeben und zum Kochen bringen. Die Zwiebel halbieren, in einer Pfanne die Schnittflächen rösten, die Gewürze dazugeben und mit Salz, Pfeffer und Muskat würzen.
• Die Wildbouillon bei mäßiger Hitze zwei Stunden köcheln lassen, passieren und klären. Nochmals erhitzen, abschmecken und mit Madeira verfeinern.
• Das Wildfleisch durch den Fleischwolf drehen, mit der Sahne und dem Eiweiß glatt rühren, mit Haferflocken binden, mit Salz, Pfeffer, Muskat und Cayennepfeffer würzen.
• Mit einem Teelöffel Klößchen abstechen und in der kochenden Gemüsebrühe gar ziehen lassen.
• Die Bouillon erhitzen, den Schnittlauch, die geschnittenen Pfifferlinge, die Eierstichwürfel und die Orangenstreifen in der Brühe 4-5 Minuten ziehen lassen. Die Klößchen in die Suppe geben, erhitzen, abschmecken, ausgarnieren und servieren.

Wildrahmsuppe

• 250 g Wildfleisch • 1-2 EL Butterschmalz • 1 Zwiebel • 1 Stück Sellerie • 2-3 EL Tomatenmark • 1/8 l Rotwein • 1/2 l Fleisch- oder Wildbrühe • 1 Lorbeerblatt • 1 Zweig Rosmarin • 1 Zweig Thymian • 200 g Waldpilze • Saft von 1 Zitrone • 2 EL Johannisbeergelee • 2-3 EL Rotweinessig • 1 Prise Cayennepfeffer • 4 cl Kirschlikör • Johannisbrotkernmehl zum Binden • 1 Becher Dickmilch, 1,5 % Fett

• Das Wildfleisch waschen, trockentupfen und würfeln. Das Butterschmalz in einem Topf erhitzen und das Fleisch darin rundherum Farbe nehmen lassen.
• Die Zwiebel schälen, fein hacken, mit dem geputzten und in Würfel geschnittenen Sellerie zum Fleisch geben und kurz mitbraten. Das Tomatenmark unterrühren und kurz rösten. Mit Rotwein ablöschen und mit der Brühe auffüllen.
• Das Lorbeerblatt, den Rosmarin- und Thymianzweig dazugeben und bei mäßiger Hitze 50-60 Minuten köcheln lassen. Die geputzten Waldpilze mit Zitronensaft beträufeln, in die Suppe geben und weitere 8-10 Minuten köcheln lassen.
• Das Ganze mit Johannisbeergelee, Rotweinessig, Salz, Pfeffer und Cayennepfeffer abschmecken und mit Kirschlikör verfeinern. Die Suppe je nach Geschmack mit Johannisbrotkernmehl binden. Die Dickmilch unter die Suppe heben. Erhitzen, nicht mehr kochen lassen, anrichten, ausgarnieren und servieren.

Wildsuppe „Diana“

• 750 g Wildfleisch ohne Knochen • 1-2 EL Butterschmalz • 2 Zwiebeln • 1 Bund Suppengrün • 1/2 l Gemüse- oder Wildbrühe • 1 TL geschrotete Wacholderbeeren • 1 TL Pfefferkörner • 2 Lorbeerblätter • 1-2 EL Mehl • 3-4 EL Wasser • 6 cl Sherry medium • Saft von 1 Zitrone • Salz • Pfeffer • 1 Prise Muskat • 1 Prise Zucker

• Das küchenfertige Wildfleisch unter fließendem Wasser waschen, trockentupfen, würfeln, das Butterschmalz in einem Topf erhitzen und das Fleisch darin rundherum Farbe nehmen lassen.
• Die Zwiebeln schälen und in feine Würfel schneiden, das Suppengrün putzen, ebenfalls würfeln, beides zum Fleisch geben und kurz mitbraten.
• Mit der Gemüse- oder Wildbrühe auffüllen, die geschroteten Wacholderbeeren, Pfefferkörner und Lorbeerblätter untermischen.
• Die Suppe bei mäßiger Hitze 20-30 Minuten garen lassen.
• Das Mehl mit dem Wasser glatt rühren und die Suppe damit binden.
• Mit Sherry medium, Zitronensaft, Salz, Pfeffer, Muskat und Zucker die Suppe kräftig abschmecken.
• Die Wildsuppe „Diana“ dekorativ anrichten, ausgarnieren und sofort servieren.

Wildklösschensuppe mit Gemüse

• 100 g küchenfertiges Wildfleisch ohne Knochen • 50 g Wildleber • 1 Tasse Sahne • 40 g Butter oder Margarine • 40 g Vollkornsemmelbrösel • 1 Ei • 1 TL geriebene Zitronenschale • 1 Prise Muskatpulver • 1 Prise Majoran • Meersalz • Pfeffer • 2-3 EL gehackte Petersilie • 1 kleine Zwiebel • 1 Stück Staudensellerie • 1 kleine Zucchini • 1 Karotte • 1 EL Pflanzenfett • 3/4 l gut gewürzte Wildkraftbrühe

• Das küchenfertige Wildfleisch und die Wildleber in kleine Stücke schneiden und im Mixer oder mit dem Pürierstab pürieren.
• Die Sahne unter das Mus schlagen. Die Butter oder Margarine schaumig schlagen, das Wildmus mit den Semmelbröseln und dem Ei unter ständigem Rühren unter den Schaum ziehen.
• Die Masse mit geriebener Zitronenschale, Muskat, Majoran, Salz und Pfeffer abschmecken.
• Die gehackte Petersilie unter die Masse ziehen und im Kühlschrank bereitstellen.
• Die Zwiebel, den Staudensellerie, die Zucchini und die Karotte entsprechend putzen, in feine Würfel oder Scheiben schneiden.
• Das Pflanzenfett in einem Topf erhitzen und das Gemüse darin glasig schwitzen.
• Mit der Wildkraftbrühe auffüllen und 4-5 Minuten köcheln lassen.
• Anschließend mit einem Teelöffel kleine Klößchen aus der Wildmasse abstechen und diese in der Suppe gar ziehen lassen. Die Suppe anrichten und servieren.

Wildentensuppe mit exotischem Gemüse

• 1 küchenfertige Wildente • Salzwasser zum Blanchieren • 1 l kaltes Salzwasser • 2 Bund Suppengemüse • 1 Knoblauchzehe • 4 EL Sojasauce • 4 EL Obstessig • 2-3 EL Honig • 1 TL geriebene Ingwerwurzel • 1 TL Fünfgewürzpulver • Salz • Pfeffer • Klärfleisch • Eiweiß und Eis • 2-3 EL Sesamöl • 2 Zwiebeln • 2 Karotten • 1 Stück Sellerie • 50 g Mungobohnenkeime • 50 g Sojabohnenkeime • 100 g chinesische Pilze

• Die Wildente in Salzwasser kurz blanchieren, herausnehmen, waschen und bereitstellen.
• Die Ente ins Salzwasser legen, das geputzte Suppengemüse, die fein gehackte Knoblauchzehe, die Sojasauce, den Obstessig, den Honig, die geriebene Ingwerwurzel und das Fünfgewürzpulver dazugeben, mit Salz und Pfeffer würzen und bei mäßiger Hitze 1 1/2-2 Stunden sieden lassen.
• Die Ente herausnehmen, das Fleisch auslösen und klein schneiden. Die Brühe mit etwas Klärfleisch, geschlagenem Eiweiß und Eis klären. Durch ein feines Sieb passieren und bereitstellen.
• Das Sesamöl erhitzen, die Zwiebeln, die Karotten, den Sellerie, die Mungobohnenkeime, die Sojabohnenkeime und die eingeweichten chinesischen Pilze in feine Streifen schneiden, ins Fett geben und unter ständigem Rühren kurz braten.
• Das Fleisch dazugeben, kurz erhitzen, mit Salz, Pfeffer und Fünfgewürzpulver würzen und alles als Einlage in die erhitzte Wildentenbrühe geben. Ausgarnieren und servieren.

Wildbrühe mit Gemüse- und Meloneneinlage

• 500 g Wildknochen • 500 g Geflügelknochen • 250 g Wildgeflügelbrustfilet • Salzwasser zum Blanchieren • 1 Zwiebel • 2 Karotten • 1 Stück Stangensellerie • 1 kleine Fenchelknolle • 1 Prise Muskatpulver • 1 Lorbeerblatt • 1 Zweig Basilikum • 1 Zweig Oregano • Salz • Pfeffer • 1 Prise Gemüse- oder Hefebrüheextrakt • 1 kleine Zucchini • 250 g Honigmelone • 1 Zwiebel • 100 g Austernpilze • 1/2 rote Paprikaschote • 1 EL Butter oder Margarine • 1 Schuss Weißwein

• Die Wildknochen, die Geflügelknochen und das Brustfilet in kochendem Salzwasser kurz blanchieren. Herausnehmen, unter fließendem, kaltem Wasser waschen, in einen Topf geben, mit Salzwasser angießen und das Ganze bei mäßiger Hitze aufkochen lassen, abschäumen und 1-1 1/2 Stunden ziehen lassen.
• Das Gemüse dazugeben. Mit Muskat würzen. Das Lorbeerblatt und die Kräuter dazugeben und noch 1/2 Stunde garen. Die Brustfilets herausnehmen und beiseite stellen.
• Die restliche Brühe vorsichtig durch ein sauberes Küchentuch passieren. Nochmals erhitzen, mit Salz, Pfeffer und Gemüse- oder Hefebrüheextrakt abrunden.
• Den Zucchini in Scheiben schneiden. Die Melone mit einem Kugelausstecher ausstechen. Die Zwiebel und die Austernpilze klein schneiden. Die Paprikaschote in Würfel schneiden. Die Butter oder Margarine erhitzen und das Gemüse darin kurz dünsten. Mit Weißwein ablöschen und aufkochen lassen.
• Das Gemüse mit Salz, Pfeffer und Muskat kräftig würzen, verteilen und mit der abgeschmeckten Wildbrühe angießen. Ausgarnieren und servieren.

Maultaschen mit Wildfüllung

• 120 g Haferflocken • 1 Ei • 2 Eigelbe • 1 EL Traubenkernöl • 4 EL Wasser • Salz • Muskat • 1 Zwiebel • Butter oder Margarine zum Braten • 250 g Wildhackfleisch • Salz • Pfeffer • 1 Prise Cayennepfeffer • 1 TL Majoran • 1 TL Thymian • einige Tropfen Weinbrand • Eiweiß zum Bestreichen • Gemüsebrühe zum Kochen • 1-2 EL Butter oder Margarine • 1 Zwiebel • 150 g Morcheln • 1 Schuss Weißwein • 1 Becher Sahne

• Die Haferflocken ohne Fett rösten und fein mahlen, mit dem Ei, den Eigelben, dem Öl und dem Wasser zu einem Teig verkneten. Mit Salz und Muskat würzen und zugedeckt 1/2 Stunde ruhen lassen.
• Die Zwiebel fein hacken und in etwas Butter oder Margarine anbraten. Das Hackfleisch dazugeben und unter ständigem Rühren braten, mit Salz, Pfeffer, Cayennepfeffer, Majoran, Thymian und einigen Tropfen Weinbrand würzen. Vom Feuer nehmen und bereitstellen.
• Den Teig dünn ausrollen. Kreise von etwa 10 cm Durchmesser ausstechen, die Ränder mit etwas verschlagenem Eiweiß bestreichen, in die Mitte das Wildhackfleisch legen, zusammenklappen und die Ränder gut andrücken. In kochende Gemüsebrühe geben und 10-12 Minuten gar ziehen lassen.
• Butter oder Margarine erhitzen, die fein gehackte Zwiebel glasig schwitzen, die Pilze dazugeben und kurz mitschwitzen. Mit dem Weißwein ablöschen, die Sahne angießen und einreduzieren lassen.
• Die Sauce mit Salz, Pfeffer, Muskat und Cayennepfeffer abschmecken. Die Maultaschen anrichten, mit der Morchelsauce überziehen, ausgarnieren und servieren.

Wildkrapfen

• 250 g Wildbrät • 250 g Kalbsbrät • 1 Becher Sahne • 1 Paprikaschote • 50 g Azukibohnensprossen • 1/2 Tasse gemischte Wildkräuter • Salz • Pfeffer • 1 Prise Cayennepfeffer • 1 Prise Muskat • einige Tropfen Cognac • 16 große Backoblaten • Sauce Cumberland

• Das Wildbrät, das Kalbsbrät und die Sahne in eine Schüssel geben und kräftig durchschlagen.
• Die Paprikaschote putzen, waschen, in Würfel schneiden, mit den verlesenen und klein geschnittenen Azukibohnensprossen unter die Brätmasse ziehen. Die Wildkräuter ebenfalls darunter arbeiten und die Fleischfarce mit Salz, Pfeffer, Cayennepfeffer, Muskat und einigen Tropfen Cognac abschmecken.
• Die Backoblaten mit Wasser bestreichen und das Fleischbrät darauf verteilen. Die Oblaten vorsichtig zusammenrollen, so dass die Füllung nicht herausquillt.
• Anschließend im schwimmenden Fett ausbacken, anrichten und mit Sauce Cumberland oder einer anderen Sauce Ihrer Wahl servieren.

Wild-Hackbraten

• 500 g Wildhackfleisch • 2 Zwiebeln • 75 g durchwachsenen, geräucherten Speck • 4 altbackene, in Milch eingeweichte Brötchen • 3-4 Eier • Salz • Pfeffer • 1 EL Paprikapulver • 1 EL Majoran • 1 TL Thymian • 2-3 EL mittelscharfen Senf • 1 Hand voll Gundermann • 1 Hand voll Brunnenkresse • Semmelbrösel zum Binden • einige Tropfen Weinbrand • 1/4 l Brühe • 1/2 l Kräutersauce

• Das Hackfleisch in eine Schüssel geben. Die Zwiebeln schälen, würfeln, mit dem fein gewürfelten Speck in eine Pfanne geben und glasig schwitzen.
• Die in Milch eingeweichten Brötchen gut ausdrücken und mit den Speckzwiebeln zum Hackfleisch geben. Die Eier dazugeben und alles zu einer kompakten Masse verarbeiten.
• Die Hackmasse mit Salz, Pfeffer, Paprikapulver, Majoran, Thymian und dem Senf kräftig würzen.
• Die Kräuter verlesen, waschen, gut abtropfen lassen, fein hacken und unter die Hackfleischmasse arbeiten. Die Masse je nach Bedarf mit Semmelbröseln binden und mit Weinbrand aromatisieren.
• Die Hackmasse mit feuchten Händen zu einem Laib formen. Einen Bräter ausfetten, den Hacklaib einlegen und im auf 180-200 °C vorgeheizten Backofen 40-45 Minuten garen. Während der Garzeit öfter mit Brühe ablöschen. Herausnehmen, in Scheiben schneiden und je nach Geschmack mit einer deftigen Kräutersauce überziehen

Geschnetzeltes in Kräutersauce

• 400 g Wildfleisch • Salz • Pfeffer • 1 Prise Cayennepfeffer • 1/2 TL Wacholderbeeren • je 1 TL Majoran und Thymian • 1 EL Butterschmalz • 2 Zwiebeln • 250 g gemischte Waldpilze • 1/8 l Rotwein • 3/8 l gebundene Wildsauce • 1-2 EL Johannisbeergelee • 1 TL Curry • 1-2 EL Obstessig • 1 Becher Dickmilch • 1 Tasse gemischte, gehackte Wildkräuter

• Das Wildfleisch unter fließendem Wasser waschen, trockentupfen, in Streifen oder Scheibchen schneiden und mit Salz, Pfeffer und Cayennepfeffer sowie den geschroteten Wacholderbeeren, dem Majoran und dem Thymian kräftig würzen.
• Das Butterschmalz in einer Pfanne erhitzen, das Fleisch ins Fett geben, kräftig braten, herausnehmen und warm stellen.
• Die geschälten und fein gehackten Zwiebeln ins verbliebene Bratfett geben und glasig schwitzen. Die geputzten und klein geschnittenen Waldpilze dazugeben und kurz mitschwitzen.
• Mit Rotwein ablöschen und mit der Wildsauce auffüllen. Das Johannisbeergelee, den Curry und den Obstessig einrühren und bei mäßiger Hitze 5-6 Minuten köcheln lassen.
• Das Fleisch mit der Dickmilch unter die Gemüsesauce ziehen und alles nochmals erhitzen, aber nicht mehr kochen lassen. Das Geschnetzelte abschmecken, die gehackten Kräuter unterziehen, anrichten, ausgarnieren und sofort servieren.

Pichelsteiner Wildtopf

• 400 g Wildschweinnacken • 400 g Hirschschulter • 2-3 EL Butter oder Margarine • 1/4 l trockenen Riesling • 1/2 l klaren Wildfond • 1 Lorbeerblatt • 1 Zweig Rosmarin • 1 Zweig Thymian • einige Nelken • einige Pfefferkörner • 250 g Kartoffeln • 250 g Karotten • 250 g Lauch • 1 Fenchelknolle • Salz • Pfeffer • 1 Prise Muskatpulver • 1 Prise Kümmelpulver • 1 Bund Schnittlauch • 1 Bund Petersilie

• Den küchenfertigen Wildschweinnacken und die Hirschschulter unter fließendem Wasser abwaschen, trockentupfen und in mundgerechte Würfel schneiden.
• Die Butter oder Margarine erhitzen und das Fleisch rundherum Farbe nehmen lassen. Mit dem Riesling ablöschen und mit dem Wildfond auffüllen. Lorbeerblatt, Rosmarin, Thymian, Nelken und Pfefferkörner dazugeben, und das Ganze bei mäßiger Hitze 60-70 Minuten köcheln lassen.
• In der Zwischenzeit das Gemüse putzen, waschen, gut abtropfen lassen, würfeln und bereitstellen.
• Das Gemüse zum Fleisch geben und weitere 20-25 Minuten garen. Das Ganze mit Salz, Pfeffer, Muskatpulver und Kümmelpulver kräftig würzen.
• Nach Ende der Garzeit den Pichelsteiner Wildtopf anrichten, ausgarnieren und mit den verlesenen, gewaschenen und fein gehackten Kräutern bestreut servieren.

Haxenscheiben mit Johanniskrautsauce

• 4 Haxenscheiben (Hirsch, Wildschwein oder Mufflon) á 350 g • Salz • Pfeffer • Cayennepfeffer • Kümmel • 2 EL geriebene Zitronenschale • 2 Knoblauchzehen • 1 EL Majoran • Mehl zum Wenden • Fett zum Braten • 2 Zwiebeln • 1/2 l Weißwein • 1/2 l Gemüsebrühe • 1 Röhrchen Kapern • 1-2 EL mittelscharfen Senf • 1 Hand voll Johanniskrautblätter • 1 Schuss Essig • Zucker

• Die Haxenscheiben mit Salz, Pfeffer, Cayennepfeffer und Kümmel kräftig würzen. Die Zitronenschale mit den Knoblauchzehen und dem Majoran klein hacken und das Fleisch damit einreiben.
• Die Scheiben in Mehl wenden. Fett in einem Bräter erhitzen, und das Fleisch darin rundherum Farbe nehmen lassen.
• Die Zwiebeln schälen, fein hacken, zu dem Fleisch geben und kurz mitschwitzen. Mit Weißwein und Gemüsebrühe auffüllen und im geschlossenen Topf 1-2 Stunden schmoren lassen.
• Das Fleisch aus dem Topf nehmen, warm stellen und die Sauce kräftig einreduzieren lassen. Die Kapern, den Senf und die fein gehackten Johanniskrautblätter unter die Sauce rühren und erhitzen.
• Mit Salz, Pfeffer, Cayennepfeffer, Essig und Zucker kräftig abschmecken. Die Haxenscheiben auf heißen Tellern anrichten, mit der Sauce überziehen, ausgarnieren und mit gebackenen Kartoffeln servieren.

Wildquiche

• 250 g Speisequark • 1 Ei • 1/2 Tasse Olivenöl • 1 Prise Salz • 1 Prise Kümmelpulver • 1 Prise Muskatpulver • 300 g Mehl • 1 Päckchen Backpulver • Fett zum Ausfetten • 1-2 EL Olivenöl • 500 g Zwiebeln • 2 rote Paprikaschoten • 400 g gegartes, in Streifen geschnittenes Wildfleisch • 1 Schuss Weißwein • 4 Eier • 3 Becher saure Sahne • 125 g geriebenen Butterkäse • 1 Tasse gemischte, gehackte Kräuter • Salz • Pfeffer • 1 Prise Cayennepfeffer • 1 EL Majoran • 1 TL Thymian • gehackte Kräuter zum Garnieren

• Den Speisequark mit dem Ei, dem Olivenöl, dem Salz, dem Kümmel und dem Muskat glatt rühren. Das Mehl sieben, mit dem Backpulver mischen und mit dem Quark zu einem glatten Teig verkneten.
• Den Teig zugedeckt im Kühlschrank eine Stunde ruhen lassen. Ausrollen, in eine ausgefettete Springform legen und den Rand gut hochdrücken. Mit einer Gabel mehrmals den Boden einstechen.
• Das Olivenöl erhitzen, die in Scheiben geschnittenen Zwiebeln darin glasig schwitzen, die Paprikaschoten würfeln, mit dem Wildfleisch dazugeben und ebenfalls glasig schwitzen.
• Mit Weißwein ablöschen, 6-8 Minuten dünsten und danach erkalten lassen.
• Die Eier mit der sauren Sahne, den gehackten Kräuter und dem geriebenen Käse glatt rühren, mit Salz, Pfeffer, Cayennepfeffer, Majoran und Thymian abschmecken.
• Das Gemüse und die Creme miteinander vermischen, gleichmäßig auf dem Teig verteilen und im auf 180-200 °C vorgeheizten Backofen 40-50 Minuten backen. Mit Kräutern bestreuen und servieren.

Wildleber auf Feldsalat

• 1 küchenfertige Wildleber • 2-3 EL Pflanzenfett • 1 Knoblauchzehe • 1 TL Kräuter der Provence • Salz • Pfeffer • 1 Schuss Rotwein • 100 g Feldsalat • 100 g frische Pilze • einige Tropfen Zitronensaft • 50 g Sojabohnenkeimlinge • einige Cocktailtomaten • 1 Kästchen Kresse • einige Tropfen Olivenöl • einige Tropfen Obstessig • Kräuterzweige zum Garnieren

• Die küchenfertige Wildleber in feine Streifen oder Würfel schneiden. Das Pflanzenfett in einer Pfanne erhitzen und die geschälte und fein gehackte Knoblauchzehe darin anschwitzen.
• Die Leber ins Knoblauchfett geben und braten. Mit Kräutern der Provence, Salz und Pfeffer würzen, mit Rotwein ablöschen, vom Feuer nehmen und bereitstellen.
• Den Feldsalat verlesen, waschen, gut abtropfen lassen und in eine Schüssel geben. Die Pilze verlesen, putzen und mit Zitronensaft beträufeln. Die Sojabohnenkeimlinge verlesen, waschen, gut abtropfen lassen. Die Cocktailtomaten waschen und halbieren, die Kresse abschneiden, verlesen und mit den übrigen Zutaten vorsichtig vermischen.
• Die Salatzutaten auf Tellern anrichten, mit Olivenöl und Obstessig beträufeln, salzen und pfeffern. Die noch warme Wildleber gleichmäßig auf den Salaten verteilen, mit Kräuterzweigen garnieren und sofort servieren.

WILDLEBER

• 1 Leber vom Reh oder Wildschwein oder entsprechende Menge Hirschleber • 1 EL Majoran • Pfeffer aus der Mühle • Mehl zum Wenden • Butter oder Margarine zum Braten • Salz • 3-4 mittelgroße Zwiebeln • 3-4 Äpfel • Saft von 1 Zitrone

• Die küchenfertige Wildleber unter fließendem Wasser waschen, trockentupfen und in etwa acht Millimeter dicke Scheiben schneiden.
• Die Leberscheiben mit Majoran und Pfeffer kräftig würzen und im Mehl wenden.
• Die Butter oder Margarine in einer Pfanne erhitzen, die Leberscheiben darin braten, salzen, herausnehmen und warm stellen.
• Die Zwiebeln schälen, in feine Scheiben schneiden, ins verbliebene Bratfett geben und goldgelb braten. Herausnehmen und warm stellen.
• Die Äpfel schälen, entkernen, in Scheiben schneiden, mit Zitronensaft beträufeln und im verbliebenen Bratfett braten.
• Die Wildleber dekorativ anrichten, mit den Zwiebeln und Apfelscheiben belegen, nochmals salzen und pfeffern, ausgarnieren und sofort servieren.

VOLLWERT-LEBER-RAGOUT

• 2 EL Pflanzenfett • 2 Zwiebeln • 4 Karotten • 1 Glas Weißwein • 1/8 l Gemüsebrühe • 1 Lorbeerblatt • 1 Zweig Rosmarin • 1 Zweig Thymian • 1 EL Orangengelee • 1-2 EL Obstessig • 1 Becher Sahne • Johannisbrotkernmehl zum Binden • Salz • Pfeffer • 600 g küchenfertige Wildleber • 2-3 EL Pflanzenfett • 4 Salbeiblätter • 2 Tassen Weizenkeime

• Das Pflanzenfett erhitzen, die Zwiebeln und die Karotten schälen, in sehr feine Würfel schneiden, ins Fett geben und glasig schwitzen. Mit Weißwein ablöschen und mit der Gemüsebrühe auffüllen.
• Das Lorbeerblatt, den Rosmarin und den Thymian sowie das Orangengelee und den Obstessig dazugeben und bei mäßiger Hitze 6-8 Minuten dünsten.
• Die Sahne angießen und mit Johannisbrotkernmehl binden. Mit Salz und Pfeffer kräftig würzen.
• Die küchenfertige Wildleber unter fließendem Wasser abwaschen, trockentupfen, in mundgerechte Würfel oder Streifen schneiden.
• Das Pflanzenfett erhitzen, die Salbeiblätter darin anschwitzen und die Wildleber darin braten.
• Die verlesenen, gewaschenen und gut abgetropften Weizenkeime dazugeben und kurz mitschwitzen.
• Die Sauce angießen, erhitzen, aber nicht mehr kochen lassen. Das Ganze nochmals kräftig abschmecken, anrichten, ausgarnieren und servieren.

Feine Wildpastete

• 500 g feines Kalbsbrät • 100 g süße Sahne • 1 Ei • 200 g fein gemahlenes Wildfleisch • Salz • Pfeffer • 1 TL Pastetengewürz • 2 gepökelte, gekochte Rehzungen • 4 cl Weinbrand oder Cognac • Butter oder Margarine zum Ausfetten • 2 Hand voll Wildkräuter (Brunnenkresse, Sauerampfer, Löwenzahn, Wasserminze, Bärlauch und andere) • einige Salatblätter • einige Tropfen Himbeeressig • einige Tropfen Traubenkernöl

• Das Kalbsbrät, die Sahne und das Ei mit dem Schneebesen kräftig abschlagen, das Wildfleisch unter das Brät mischen, mit Salz, Pfeffer und Pastetengewürz abschmecken und eine Stunde kühl stellen.
• Die Rehzungen in Würfel schneiden, mit Weinbrand beträufeln und ebenfalls eine Stunde ruhen lassen.
• Anschließend die Brätmasse mit den Zungenwürfeln vermischen und nochmals kräftig abschmecken. Eine Pastetenform ausfetten und die Masse einfüllen. Die Form verschließen und im Wasserbad eine Stunde gar ziehen lassen.
• Die Pastete herausnehmen, vorsichtig aus der Form stürzen und auskühlen lassen.
• Die Kräuter fein hacken, auf eine Arbeitsfläche geben und die Pastete darin wälzen.
• Die Salatblätter dekorativ auf Tellern anrichten. Mit Himbeeressig und Traubenkernöl beträufeln, mit Salz und Pfeffer bestreuen.
• Die Pastete in Scheiben schneiden auf dem Salat anrichten, ausgarnieren und servieren.

Gepökelte Wildzunge in Weinsauce

• 1 kg gepökelte Wildzunge • 1 1/2 l Gemüse- oder Wildbrühe • 1 gespickte Zwiebel (Lorbeerblätter und Nelken) • 2 Karotten • 1 Stück Sellerie • 1 Stück Lauch • 1 Petersilienwurzel • 2 Zweige Thymian • 1 TL Pfefferkörner • 75 g durchwachsenen, geräucherten Speck • 1 Zwiebel • 200 g Pilze (Pfifferlinge, Maronen, Steinpilze oder Champignons) • 1 Glas Weißwein • 1 Becher Sahne • Salz • Pfeffer • 1 Prise Muskat • 1 TL Majoran • einige Tropfen Zitronensaft • einige Tropfen Madeira • Speisestärke

• Die Gemüse- oder Wildbrühe in einen Topf geben und zum Kochen bringen. Die Karotten, den Sellerie, den Lauch und die Petersilienwurzel in Stücke schneiden, mit den Thymianzweigen, der Zwiebel und den Pfefferkörnern in den Sud legen und bei mäßiger Hitze 5-6 Minuten ziehen lassen.
• Die Wildzungen in den Sud legen und 60-70 Minuten garen, danach herausnehmen, enthäuten und in Scheiben schneiden.
• Den in feine Würfel geschnittenen Speck in einem Topf auslassen. Die fein gehackte Zwiebel und Pilze dazugeben und kurz mitschwitzen. Mit Weißwein ablöschen und einem halben Liter Zungenfond kurz aufkochen lassen. Die Sahne einrühren, mit Salz, Pfeffer, Muskat, Majoran, Zitronensaft und Madeira kräftig abschmecken, eventuell mit Speisestärke binden.
• Die Zungenscheiben in die Sauce legen, nochmals erhitzen, ausgarnieren und sofort servieren.

Wildrouladen auf Löwenzahnsalat

• 4 Wildrouladen • Salz • Pfeffer • mittelscharfen Senf • Kräuter der Provence • 1 kleine rote Paprikaschote • 1 kleine gelbe Paprikaschote • 1 kleine grüne Paprikaschote • Butterschmalz zum Braten • 1/2 l Rotwein oder Gemüsebrühe • 400 g frische Löwenzahnblätter • 2 Zwiebeln • 1 Becher Joghurt • 2 EL Mayonnaise • 1 Schuss Sahne • 2 EL Tomatenketchup • 1-2 EL Johannisbeergelee • 1 TL Curry • einige Tropfen Obstessig • Salz • Pfeffer • 1 Prise Cayennepfeffer • 1 Prise Zucker

• Die Wildrouladen dünn klopfen, würzen, mit Senf bestreichen und mit Kräutern der Provence bestreuen. Die Paprikaschoten in Streifen schneiden. Abwechselnd die Streifen quer auf die Rouladen legen. Die Rouladen zusammenrollen, mit einer Küchenschnur binden, im Butterschmalz braten.
• Mit Rotwein oder Gemüsebrühe angießen und im auf 180-200 °C vorgeheizten Backofen 60-70 Minuten schmoren lassen.
• In der Zwischenzeit die Löwenzahnblätter mit den in Scheiben geschnittenen Zwiebeln dekorativ auf Tellern anrichten. Die Dressingzutaten in eine Schüssel geben, glatt rühren, kräftig abschmecken und gleichmäßig über den Salat verteilen.
• Nach Ende der Schmorzeit die Rouladen herausnehmen, leicht erkalten lassen, in Scheiben schneiden, auf dem Salat anrichten, ausgarnieren und servieren.

Wildmedaillons auf Tomatenscheiben

• 8-12 Reh- oder Hirschmedaillons • 1/2 Tasse Olivenöl • 1-2 EL grüne Pfefferkörner • 1 Schuss Rotwein • 2 cl Weinbrand • 1 TL Kräuter der Provence • 100 g Frühstücksspeck in Scheiben (Bacon) • 2 Knoblauchzehen • 2 Fleischtomaten • 400 g Kartoffeln • Fritierfett • Kräuterzweige zum Garnieren

• Das Olivenöl mit den grünen Pfefferkörnern und dem Rotwein sowie dem Weinbrand vermischen. Die Kräuter der Provence untermischen, die Marinade gleichmäßig über die Medaillons verteilen und zwei Stunden kühl stellen.
• Den Frühstücksspeck in einer Pfanne braten, herausnehmen und bereitstellen.
• Die Knoblauchzehen schälen, fein hacken, ins Bratfett geben und glasig schwitzen.
• Die Tomaten in Scheiben schneiden, kurz im Knoblauchfett erhitzen und ebenfalls bereitstellen.
• Die Kartoffeln schälen, in hauchdünne Streifen schneiden und im heißen Fritierfett goldgelb ausbacken.
• Die Medaillons ins Knoblauchfett geben und je nach Geschmack medium oder durch braten.
• Die Frühstücksspeckscheiben anrichten, die Tomatenscheiben darauf legen und die Wildmedaillons auf die Tomaten legen.
• Das Ganze mit den Kartoffelstreifen bestreuen, mit Kräuterzweigen ausgarnieren und servieren.

Wildmedaillons flambiert

• 8 küchenfertige Wildmedaillons • 8 dünne Scheiben durchwachsenen, geräucherten Speck • Zahnstocher zum Feststecken • Pfeffer aus der Mühle • Butterschmalz zum Braten • Weinbrand zum Flambieren • Salz • Cayennepfeffer • 2-3 Schalotten • 2 Tassen gebundene Wildsauce • 1 Becher Sahne • 1-2 EL geriebenen Edelpilzkäse • 2-3 EL Johannisbeergelee • 2-3 EL Obstessig • einige Tropfen Johannisbeerlikör • geschrotete rote Pfefferkörner

• Die Wildmedaillons mit je eine Scheibe Speck umwickeln. Die Speckscheiben mit Zahnstochern feststecken. Die Wildmedaillons mit Pfeffer würzen und in etwas Butterschmalz kurz durchbraten.
• Etwas Weinbrand in einer Kelle erhitzen, anzünden und die Medaillons damit flambieren. Die Medaillons mit Salz und Cayennepfeffer würzen und warm stellen.
• Die Schalotten fein hacken, ins verbliebene Bratfett geben und glasig schwitzen. Mit der gebundenen Wildsauce angießen und die Sahne unterrühren. Bei mäßiger Hitze 2-3 Minuten köcheln lassen.
• Den geriebenen Edelpilzkäse, das Johannisbeergelee und den Obstessig in die Sauce einrühren, mit Salz, Pfeffer und Cayennepfeffer abschmecken und einigen Tropfen Johannisbeerlikör aromatisieren.
• Die Wildmedaillons anrichten, mit der Sauce überziehen. Mit geschroteten roten Pfefferkörnern bestreuen und mit dem Brennesselgemüse servieren.

Brennnesselgemüse

• 2 EL Butter oder Margarine • 4 Schalotten • 200 g frische, junge Brennnesselblätter • 1 Schuss Weißwein • Salz • Pfeffer • Muskat • Cayennepfeffer • Zucker • 1/2 Bund Petersilie

• Die Butter oder Margarine erhitzen und die fein gehackten Schalotten darin glasig schwitzen.
• Die Brennnesselblätter grob schneiden. Zu den Schalotten geben und kurz mitschwitzen.
• Mit einem Schuss Weißwein ablöschen. Das Ganze mit Salz, Pfeffer, Muskat, Cayennepfeffer und Zucker kräftig würzen. Die gehackte Petersilie untermischen.
• Das Brennnesselgemüse zu den Wildmedaillons anrichten und mit Kartoffelkroketten servieren.

Wildgeschnetzeltes in Quittenhälften

• 2 mittelgroße Quitten • 1/4 l Apfelsaft • 1 Schuss Obstessig • 800 g Wildbret (Hirsch-, Reh-, oder Wildschweinfilet) • 1 TL Paprikapulver • 1 TL geriebene Wacholderbeeren • 1 TL geriebene Pfefferkörner • 2 EL Butterschmalz • 4 cl Weinbrand • Salz • Pfeffer aus der Mühle • 1 Zwiebel • Saft von 1 Zitrone • 1 Tasse Orangensaft • 1/4 l gebundene Wildsauce • 1/8 l Sahne • 4 cl Quittenlikör • 1-2 EL bunte Pfefferkörner

• Die Quitten halbieren, das Fruchtfleisch zur Hälfte herauslösen und im Apfelsaft mit einem Schuss Essig bissfest garen. Das Wildbret in Streifen schneiden, die Gewürze vermischen und damit einreiben.
• Das Fleisch im heißen Schmalz anbraten, mit Weinbrand flambieren, würzen und warm stellen.
• Die Zwiebel hacken, ins verbliebene Bratfett geben und glasig schwitzen.
• Das ausgeschabte Fruchtfleisch würfeln und kurz mitschwitzen. Mit Zitronensaft beträufeln, mit Orangensaft und der gebundenen Wildsauce auffüllen, die Sahne dazugeben und kurz einreduzieren lassen.
• Das Fleisch in die Sauce geben und erhitzen, nicht kochen lassen. Abschmecken und mit Quittenlikör aromatisieren.
• Die Fruchthälften anrichten, mit dem Geschnetzelten füllen, ausgarnieren und mit bunten Pfefferkörnern bestreut servieren.

Überbackenes Damwildragout

• 600 g gegarte Damwildbratenreste • 1-2 EL Butterschmalz • 1 Zwiebel • 2 Knoblauchzehen • 150 g Pfifferlinge • 1 Schuss Weißwein • 1/4 l gebundene Wildrahmsauce • 1 TL Johannisbeergelee • Salz • Pfeffer • 1-2 EL Obstessig • 1 Prise Zucker • 2 EL frisch gehacktes Basilikum • einige Tropfen Worcestersauce • Butter oder Margarine zum Ausfetten • 75 g geriebenen Gouda • 2-3 EL Semmelbrösel • Butterflöckchen zum Belegen

• Die Bratenreste in Würfel schneiden, das Butterschmalz erhitzen, die fein gehackte Zwiebel und die Knoblauchzehen darin glasig schwitzen.
• Die Pfifferlinge mit den Bratenresten zu den Knoblauchzwiebeln geben und ebenfalls kurz mitbraten.
• Mit Weißwein ablöschen, mit der Wildrahmsauce auffüllen und 3-4 Minuten köcheln lassen.
• Das Johannisbeergelee untermischen, das Ganze mit Salz, Pfeffer, Obstessig, Zucker, Basilikum und Worcestersauce kräftig abschmecken.
• Ragoutförmchen mit Butter oder Margarine ausfetten und das abgeschmeckte Damwildragout einfüllen. Den geriebenen Käse mit den Semmelbröseln vermischen, über das Ragout streuen, mit Butterflöckchen belegen und im auf 200-220 °C vorgeheizten Backofen überbacken.
• Das Damwildragout herausnehmen, anrichten, ausgarnieren und servieren.

Medaillons mit Gemüsesauce

• 8 küchenfertige Medaillons à 80-100 g vom Rot- oder Damwild • Salz • Pfeffer • 1 TL Oregano • 1 TL Basilikum • 1 TL geschrotete Pfefferkörner • 1 Tasse Olivenöl • 1-2 EL Butter oder Margarine • 1 Zwiebel • 1 Stück Sellerie • 1 Stück Lauch • 1 Karotte • 1 Glas Rotwein • 1/4 l gebundene Wildsauce • 1/2 Becher Sahne • 4 EL Preiselbeerkompott • etwas Aceto balsamico • 1/2 Bund Petersilie

• Die Medaillons mit Salz, Pfeffer, Oregano und Basilikum würzen und mit den Pfefferkörnern bestreuen. In eine Schüssel geben, mit Olivenöl überziehen und zugedeckt über Nacht marinieren.
• Die Medaillons kurz vor dem Servieren medium oder durch braten und bereitstellen.
• Die Butter oder Margarine ins verbliebene Bratfett geben und das in sehr feine Würfel geschnittene Gemüse darin anschwitzen. Mit Rotwein ablöschen, mit der Wildsauce auffüllen und bei mäßiger Hitze fünf Minuten köcheln lassen.
• Anschließend die Sahne und das Preiselbeerkompott unter die Sauce rühren, mit Salz, Pfeffer und Aceto balsamico abschmecken.
• Die Medaillons anrichten, mit der Sauce überziehen und mit der fein geschnittenen Petersilie bestreut servieren.

Wildragout aus der Provence

• 1,5 kg Wildfleisch ohne Knochen • 1 l Weißwein • 4 cl Kirschwasser • 4 EL Obstessig • einige Nelken • 10 Knoblauchzehen • Salz • Pfeffer • 1 Prise Muskat • Mehl zum Bestäuben • 2-3 Karotten • je 1 Zweig Basilikum, Salbei, Estragon, Thymian • 50 g entsteinte, gehackte, grüne Oliven • 100 g Schweineleber • 100 g durchwachsenen, geräucherten Speck • 2 Zwiebeln

• Das Wildfleisch in mundgerechte Würfel schneiden. Den Weißwein mit dem Kirschwasser, dem Obstessig, den Nelken, den klein geschnittenen Knoblauchzehen vermischen, mit Salz, Pfeffer und Muskat würzen. Das Fleisch in einer Schüssel mit der Beize überdecken, kühl und zugedeckt vier Tage marinieren.
• Das Fleisch aus der Marinade nehmen, trockentupfen und mit Mehl bestäuben, im Schmalz anbraten.
• Die Marinade durch ein Sieb passieren und das Fleisch damit ablöschen.
• Die Karotten klein schneiden, mit den Kräuterzweigen und den gehackten Oliven zum Fleisch geben und bei mäßiger Hitze 80-90 Minuten köcheln lassen.
• Die Leber enthäuten, durch den Fleischwolf drehen, dazugeben und 10-15 Minuten mitgaren lassen.
• Den in feine Würfel geschnittenen Speck in einer Pfanne kross braten, die fein gewürfelten Zwiebeln dazugeben und leicht bräunen. Das Wildragout nochmals kräftig abschmecken, dekorativ anrichten, mit den Speckzwiebeln überziehen, ausgarnieren und sofort servieren.

Wildragout amerikanisch

• 1,5 kg Wildfleisch ohne Knochen • 1 Tasse Essig • 1 EL flüssige Speisewürze • 1/2 Tasse Gemüse- oder Wildbrühe • 1 kleinen Kopf Sellerie • 4 Petersilienwurzeln • 4 Zwiebeln • 1/4 l Gemüse- oder Wildbrühe • Salz • Pfeffer • 1 Prise Rosmarin • 1 Glas Rotwein • 2 EL Mehl • 1/4 l Sauerrahm

• Das Wildfleisch unter fließendem Wasser waschen, trockentupfen, in mundgerechte Würfel schneiden und in eine Schüssel geben.
• Den Essig mit der Speisewürze und der Gemüse- oder Wildbrühe vermischen, das Fleisch damit beträufeln, die Marinade untermischen und im Kühlschrank zugedeckt über Nacht ziehen lassen.
• Den Sellerie, die Petersilienwurzeln und die Zwiebeln putzen und in mundgerechte Stücke schneiden.
• Mit dem Fleisch und der Gemüse- oder Wildbrühe in eine Auflaufform geben. Mit Salz, Pfeffer und Rosmarin würzen.
• Das Ganze im auf 180-200 °C vorgeheizten Backofen zugedeckt etwa zwei Stunden schmoren lassen.
• Anschließend den Rotwein mit dem Mehl glatt rühren, in die Sauce geben und kräftig kochen lassen, so lange, bis sich die Sauce gebunden hat.
• Ganz zum Schluss den Sauerrahm untermischen, erhitzen, aber nicht mehr kräftig kochen lassen.
• Das Wildragout nochmals abschmecken, dekorativ anrichten, ausgarnieren und sofort servieren.

Wildragout in Hagebuttensauce

• 600 g Wildfleisch (Reh, Hirsch oder Hase) • 1 EL geschrotete Pfefferkörner • 1 EL geschrotete Wacholderbeeren • Salz • Pfeffer • 1 EL Kräuter der Provence • Butterschmalz zum Braten • 2 Bund Suppengemüse • 2-3 EL Tomatenmark • 2-3 EL Mehl • 1/4 l Rotwein • 1/4 l Gemüse- oder Wildbrühe • 2-3 EL Hagebuttenmark • 2-3 EL Obstessig • 500 g frische Pilze

• Das Wildfleisch in mundgerechte Würfel schneiden. Mit den geschroteten Pfefferkörnern und Wacholderbeeren, Salz, Pfeffer und Kräutern der Provence kräftig einreiben.
• Das Butterschmalz erhitzen und das Fleisch darin rundherum Farbe nehmen lassen.
• Das Suppengemüse würfeln, zum Fleisch geben und kurz mitbraten.
• Das Tomatenmark unterrühren, mit Mehl bestäuben und das Ganze kurz rösten.
• Mit Rotwein ablöschen und mit der Gemüse- oder Wildbrühe auffüllen. Hagebuttenmark und Obstessig einrühren und bei mäßiger Hitze 60-70 Minuten schmoren lassen.
• Das Fleisch aus der Sauce nehmen und die Sauce im Mixer oder mit dem Pürierstab pürieren.
• Das Fleisch und die Sauce mit den klein geschnittenen Pilzen erneut zum Kochen bringen und weitere 5-6 Minuten köcheln lassen.
• Das Wildragout nochmals abschmecken, dekorativ anrichten, ausgarnieren und sofort servieren.

Wildgulasch mit Zwiebeln

• 3-4 EL Olivenöl • 1 kg Wildgulasch • 500 g Zwiebeln • 2-3 Karotten • 2-3 Knoblauchzehen • Salz • Pfeffer • 1/2 l Rotwein • 1/2 l Gemüse- oder Wildbrühe • 1 EL Kräuter der Provence • 1 TL Pfefferkörner • 1 TL Pimentkörner • 1 TL Wacholderbeeren • 2 Lorbeerblätter • einige Nelken • 1-2 EL mittelscharfen Senf • 1-2 EL Tomatenmark • Saft von 1 Zitrone • 1-2 EL Preiselbeerkompott

• Das Olivenöl in einem Topf erhitzen und das Fleisch darin unter ständigem Rühren braten.
• Die Zwiebeln und die Karotten in Würfel schneiden, die Knoblauchzehen fein hacken.
• Zwiebeln, Karotten und Knoblauch zum Fleisch geben und kurz mitbraten, mit Salz und Pfeffer würzen, mit dem Rotwein ablöschen und der Gemüse- oder Wildbrühe auffüllen. Mit Kräutern der Provence verfeinern.
• Die Pfefferkörner, die Pimentkörner, die Wacholderbeeren, die Lorbeerblätter und die Nelken in einen Gewürzbeutel geben und in das Gulasch legen.
• Das Ganze bei mäßiger Hitze 70-80 Minuten schmoren lassen.
• Anschließend das Wildgulasch mit Senf, Tomatenmark, Zitronensaft und Preiselbeerkompott verfeinern, mit Salz und Pfeffer nochmals abschmecken, das Wildgulasch dekorativ anrichten, ausgarnieren und mit Semmelknödeln und Rotkraut servieren.

Wildgulasch mit Champignons

• 2-3 EL Butterschmalz • 100 g fetten Speck • 1 kg Wildgulasch • 2 Zwiebeln • 500 g Champignonköpfe aus der Dose • Saft von 1 Zitrone • 1/2 l Gemüse- oder Wildbrühe • 1/4 l Rotwein • 1 Lorbeerblatt • einige Wacholderbeeren • Speisestärke zum Binden • 1 Becher Crème fraîche • Salz • Pfeffer

• Das Butterschmalz in einem Topf erhitzen, den fetten Speck würfeln, ins Schmalz geben und unter ständigem Rühren kurz braten. Das Fleisch dazugeben und Farbe nehmen lassen.
• Die Zwiebeln würfeln, zum Fleisch geben und kurz mitbraten.
• Die Champignonköpfe mit dem Champignonfond dazugeben, mit Zitronensaft ablöschen, mit der Gemüse- oder Wildbrühe und dem Rotwein auffüllen.
• Das Lorbeerblatt und die Wacholderbeeren einrühren und das Ganze bei mäßiger Hitze 70-80 Minuten schmoren lassen.
• Das Wildgulasch mit etwas angerührter Speisestärke binden, mit Crème fraîche verfeinern, mit Salz und Pfeffer abschmecken.
• Das Wildgulasch dekorativ anrichten, ausgarnieren, mit Spätzle, Rotkohl und Preiselbeeren in Orangen servieren.

Feines Wildgulasch

• 600 g mageres Wildfleisch • Salz • Pfeffer • je 1 TL Majoran und Thymian • 1 Knoblauchzehe • 1-2 EL Pflanzenöl • 1 Zwiebel • 2 Paprikaschoten • 200 g frische Waldpilze • einige Tropfen Zitronensaft • 1 Tasse Gemüsebrühe • 1/4 l gebundene Wildsauce • 1 Becher Dickmilch • 2 EL Preiselbeermarmelade • 50 g geriebenen Edelpilzkäse • einige Tropfen Weinessig • 1 Prise Cayennepfeffer • 2-3 EL gehackte Petersilie

• Das Wildgulaschfleisch mit Salz und Pfeffer würzen. Den Majoran, den Thymian und die mit Salz zerriebene Knoblauchzehe vermischen und das Fleisch damit kräftig einreiben. Das Pflanzenöl in einer Pfanne erhitzen und das Fleisch darin kräftig anbraten.
• Die Zwiebel in feine Würfel schneiden, dazugeben und bei mäßiger Hitze 30-40 Minuten dünsten. Die Paprikaschoten und die Pilze ebenfalls klein schneiden und mit Zitronensaft beträufeln.
• Das Gemüse zum Fleisch geben, kurz anschwitzen, mit der Gemüsebrühe auffüllen und 30-40 Minuten garen. Die gebundene Wildsauce, die Dickmilch, die Preiselbeermarmelade und den geriebenen Käse in das Gulasch rühren und 8-10 Minuten garen.
• Das Wildgulasch mit Weinessig und Cayennepfeffer abschmecken, mit der Petersilie bestreut anrichten und mit Reis servieren.

Bärlauchgeschnetzeltes

• 800 g Wildfilet • Salz • Pfeffer • Cayennepfeffer • Fünfgewürzpulver • 2-3 EL Sojasauce • 1 Ei • 2-3 EL Speisestärke • Sesamöl zum Braten • 2 Zwiebeln • 1 Schuss Weißwein • 2 Pfirsiche • 1 Hand voll Bärlauch

• Das Wildfilet in feine Würfel oder Streifen schneiden, mit Salz, Pfeffer, Cayennepfeffer und Fünfgewürzpulver kräftig würzen. Die Sojasauce, das Ei und die Speisestärke in eine Schüssel geben, miteinander verschlagen und in das Fleisch einarbeiten. Zugedeckt mindestens eine Stunde kühlen.
• Anschließend das Sesamöl in einem Wok oder einer Pfanne erhitzen und das Fleisch darin unter ständigem Rühren braten. Herausnehmen und bereitstellen.
• Die Zwiebeln schälen und in feine Streifen schneiden. Ins verbliebene Bratfett geben und unter ständigem Rühren braten. Mit Weißwein ablöschen und kurz dünsten.
• Die Pfirsiche enthäuten, entkernen und in Streifen schneiden. Zu den Zwiebeln geben und kurz mitschwitzen. Das Fleisch dazugeben und unter ständigem Rühren erhitzen.
• Den Bärlauch verlesen, waschen, gut abtropfen lassen. Fein hacken und unter das Geschnetzelte heben. Das Ganze mit Salz und Pfeffer kräftig würzen. Anrichten, ausgarnieren und servieren.

Geschnetzeltes in Wildkräutersauce

• 600 g Wildfleisch • Salz • schwarzen Pfeffer aus der Mühle • 1 Prise Cayennepfeffer • 1/2 TL fein geschrotete Wacholderbeeren • 1 TL Majoran • 1 TL Thymian • 4 EL Butterschmalz • 2 Zwiebeln • 1 Glas Rotwein • 1/4 l gebundene Wildsauce • 1 Becher Crème fraîche • 1 EL Johannisbeergelee • 1 TL Curry • 1-2 EL Obstessig • 2 Tassen geschlagene Sahne • 1/2 Tasse Vogelmiere

• Das Wildfleisch in feine Streifen schneiden, mit Salz, Pfeffer und Cayennepfeffer würzen.
• Die Wacholderbeeren mit dem Majoran und dem Thymian vermischen und das Fleisch damit kräftig einreiben. Das Butterschmalz erhitzen und das Fleisch darin scharf braten und beiseite stellen.
• Die Zwiebeln in feine Würfel schneiden, ins verbliebene Fett geben und glasig schwitzen. Die Zwiebeln mit Rotwein ablöschen und mit der Wildsauce auffüllen.
• Die Crème fraîche und das Johannisbeergelee unterziehen und zum Kochen bringen. Das Ganze zu einer sämigen Sauce verkochen.
• Mit Curry, Obstessig, Salz, Pfeffer und Cayennepfeffer kräftig würzen. Die Sauce vom Feuer nehmen, das Fleisch unterziehen, nochmals abschmecken, anrichten und servieren.
• Den besonderen Pfiff bekommt unser Geschnetzeltes, wenn Sie die geschlagene Sahne mit der fein gehackten Vogelmiere vermischen und vor dem Servieren unter das Geschnetzelte heben.

Wildgeschnetzeltes mit Pilzen und Früchten

• 600 g Wildfilet • Salz • schwarzen Pfeffer aus der Mühle • 1/2 TL Kräuter der Provence • 2 EL Butterschmalz • 2 cl Weinbrand • 1 Zwiebel • 200 g Pilze (Mischpilze, Pfifferlinge oder Champignons) • 1 Schuss Weißwein • 3/8 l gebundene Wildsauce • 75 g Früchte (Himbeeren, Blaubeeren, Johannisbeeren oder Preiselbeeren) • 1 Schuss Obstessig • 1 Prise Cayennepfeffer • 1 Prise Zucker • 2-3 EL Crème fraîche

• Das Wildfilet in feine Streifen oder Scheiben schneiden, mit Salz, Pfeffer und Kräutern der Provence kräftig würzen. Das Butterschmalz erhitzen, das Fleisch darin anbraten und mit Weinbrand flambieren. Das Fleisch herausnehmen und bereitstellen.
• Die in feine Würfel geschnittene Zwiebel im verbliebenen Bratfett glasig schwitzen. Anschließend die klein geschnittenen Pilze dazugeben und kurz mitschwitzen.
• Mit Weißwein ablöschen und mit der Wildsauce auffüllen. Die Früchte in die Sauce geben und einmal aufkochen lassen.
• Die Sauce mit Obstessig, Cayennepfeffer, Zucker, Salz und Pfeffer kräftig würzen und mit Crème fraîche verfeinern.
• Das Fleisch in die Sauce geben, nochmals erhitzen, abschmecken, anrichten und sofort servieren.

Wildfilet mit Kamillenöl

• 600 g küchenfertiges Wildfilet • Salz • Pfeffer aus der Mühle • einige Pfefferkörner • einige Wacholderbeeren • 1 TL Kräuter der Provence • Kamillenöl • 100 g Friséesalat • 100 g Bataviasalat • 100 g frische Champignons • einige Tropfen Zitronensaft • 75 g frische Erdbeeren • 75 g Johannisbeeren • 75 g Weintrauben • 75 g Pflaumen • einige Tropfen Aceto balsamico

• Das Wildfilet in 12 lange, zentimeterdicke Streifen schneiden, mit Salz und Pfeffer würzen.
• Jeweils drei Streifen zu einem Zopf zusammenflechten, mit geschroteten Pfefferkörnern, geschroteten Wacholderbeeren und Kräutern der Provence kräftig würzen und mit Kamillenöl übergießen.
• Die Wildfilets darin mindestens zwei Stunden ziehen lassen, danach in einer Pfanne etwas Kamillenöl erhitzen und die Filets darin medium oder durch braten. Herausnehmen und warm stellen.
• Den Friséesalat und den Bataviasalat verlesen, waschen, gut abtropfen lassen und in mundgerechte Stücke zerpflücken. Die Champignons verlesen, waschen, klein schneiden und sofort mit Zitronensaft beträufeln.
• Die Erdbeeren, Johannisbeeren, Weintrauben und Pflaumen entsprechend vorbereiten. Mit dem Salat dekorativ auf Tellern anrichten. Die Wildfilets darauf legen und das Ganze mit einigen Tropfen Aceto balsamico und Kamillenöl beträufeln. Mit Salz und Pfeffer bestreuen, ausgarnieren und servieren.

Kamillenöl

• 4-5 EL Olivenöl • 1 Knoblauchzehe • Salz • 1 Hand voll getrocknete oder frische Kamillenblüten • 1 l kaltgepresstes Olivenöl

• Das Olivenöl in einer Pfanne erhitzen und die mit Salz zerriebene Knoblauchzehe darin anschwitzen.
• Die Kamillenblüten ins Knoblauchfett geben und kurz anschwitzen. Das Ganze vom Feuer nehmen, erkalten lassen und mit dem Olivenöl auffüllen.
• Das Kamillenöl in ein Einmachglas füllen und mindestens 14 Tage an einem warmen Ort stehen lassen.
• Anschließend das Kamillenöl abseihen. In entsprechende Flaschen füllen, verschließen und zum weiteren Verzehr bereitstellen.

Feiner Mittagssalat

• 300 g gekochtes oder gebratenes Wildgeflügel oder Wildfleisch • 100 g Egerlinge • Zitronensaft • 2 säuerliche Äpfel • 4 hart gekochte Eier • 2 Eigelb • 1 EL mittelscharfen Senf • Saft von 1/2 Zitrone • 2-3 EL Obstessig • 1/2 Tasse Kräuteröl • Salz • Pfeffer • 1 Prise Zucker • 1 Prise Cayennepfeffer • einige Tropfen Worcestersauce • 3-4 EL Crème fraîche • Dillzweige zum Garnieren

• Das Wildgeflügel oder Wildfleisch in Würfel, Streifen oder Scheibchen schneiden.
• Die Egerlinge in Scheiben schneiden und mit Zitronensaft beträufeln. Die Äpfel schälen und entkernen. In Scheibchen schneiden und ebenfalls mit Zitronensaft beträufeln.
• Die Eier schälen und in Scheiben schneiden. Die Salatzutaten mit den gehackten Eiern vorsichtig vermischen und dekorativ anrichten. Mit einigen Eischeiben ausgarnieren.
• Die Eigelbe mit dem Senf und dem Zitronensaft sowie dem Obstessig in eine Schüssel geben und mit dem Schneebesen schaumig schlagen. Das Kräuteröl unter den Eischaum rühren, mit Salz, Pfeffer, Zucker, Cayennepfeffer, Worcestersauce und Crème fraîche abschmecken und gleichmäßig auf dem Salat verteilen. Mit Dillzweigen ausgarnieren und servieren.

Bunter Eiernudelsalat

• 100 g frische Champignons • Saft von 1 Zitrone • 4 Scheiben Ananas • 1 Zwiebel • 1 Bund Frühlingszwiebeln • 400 g gekochtes oder gebratenes Wildfleisch • 250 g al dente gekochte Eiernudeln • 1 Becher Joghurt • 1/2 Tasse Mayonnaise • 1 EL mittelscharfen Senf • 3 EL Obstessig • 1/2 Tasse Tomatenketchup • Salz • weißen Pfeffer aus der Mühle • 1 Prise Curry • 1 Prise Cayennepfeffer • 1 Prise Zucker • 2 cl Weinbrand • 6-8 Spitzwegerichblätter

• Die Champignons in Scheiben schneiden und mit Zitronensaft beträufeln. Die Ananas in kleine Würfel schneiden. Die Zwiebeln und die Frühlingszwiebeln in dünne Streifen schneiden und mit den Eiernudeln und den übrigen Zutaten in einer Schüssel vorsichtig vermischen.
• Den Joghurt, die Mayonnaise, den Senf, den Obstessig und den Tomatenketchup miteinander glatt rühren.
• Mit Salz, Pfeffer, Cayennepfeffer und Zucker abschmecken und mit Weinbrand aromatisieren.
• Das Dressing über den Salat geben und den Salat damit anmachen. Den Salat in dekorativen Gläsern anrichten und mit fein gehackten Spitzwegerichblättern bestreut servieren.

Gefüllte Tauben mit Himbeer-Sauce

• 4 küchenfertige Wildtauben • Salz • Pfeffer • 1 EL Butter • 1 kleine Zwiebel • 1 Stück Knollensellerie • 50 g Geflügelleber • 200 g feines Kalbsbrät • 1 Ei • 1 Schuss Sahne • 1-1 1/2 TL Pastetengewürz • 1 Prise Cayennepfeffer • 1 Prise Zucker • 2-3 EL Butterschmalz • 1 Schuss Rotwein • 3/8 l gebundene Wildsauce • 2 EL Himbeergelee • einige Tropfen Himbeergeist • 2-3 EL Crème double • frische Himbeeren zum Garnieren

• Die Tauben hohl auslösen. Hierfür mit einem scharfen Messer die Brustknochen vorsichtig vom Fleisch trennen, mit Salz und Pfeffer würzen.
• Die Butter erhitzen und die fein gehackte Zwiebel darin glasig schwitzen, den Sellerie und die Geflügelleber würfeln, zugeben, mitschwitzen und bereitstellen.
• Das Brät mit dem Ei und der Sahne abschlagen. Die Lebermischung unter das Brät ziehen, mit Salz, Pfeffer, Pastetengewürz, Cayennepfeffer und Zucker abschmecken.
• Die Füllung in die Tauben geben und mit einem Küchenfaden zunähen.
• Das Butterschmalz erhitzen, die Tauben einsetzen, im auf 180-200 °C vorgeheizten Backofen 20-30 Minuten braten und öfter mit etwas Rotwein ablöschen. Danach herausnehmen und warm stellen.
• Den Fond mit dem restlichen Rotwein ablöschen, mit der Sauce auffüllen, das Himbeergelee und den Himbeergeist sowie die Crème double einrühren und aufkochen lassen. Durch ein Sieb passieren, erhitzen, abschmecken, die Tauben in Scheiben schneiden, auf der Sauce anrichten, mit den Himbeeren ausgarnieren und servieren.

Perlhuhnbrüstchen mit Himbeer-Sauce

• 4 küchenfertige Perlhühner • 4 cl Weinbrand • Saft von 2 Zitronen • 1/2 Tasse Olivenöl • 2 EL grüne Pfefferkörner • schwarzen Pfeffer aus der Mühle • 2 Zwiebeln • 2 Karotten • 1 Stück Fenchel • 1 Stück Sellerie • 100 g frische Himbeeren • 2 Tomaten • 1/4 l Weißwein • 1/2 l Gemüse- oder Geflügelbrühe • 1 Lorbeerblatt • 1-2 EL Senfkörner • 1 EL Wacholder • 1-2 EL geriebene Zitronenschale • 1/2 Becher Crème fraîche • Saft von 1 Zitrone • Salz • Pfeffer • 1 Prise Zucker • Fett zum Braten • 1 Schuss Weißwein • Himbeeren zum Garnieren

• Das Perlhuhnfleisch von den Knochen lösen. Die Brüstchen und Schenkel mit Weinbrand beträufeln. Den Zitronensaft, das Olivenöl und die Pfefferkörner verrühren, mit Pfeffer würzen, darüber verteilen und mindestens fünf Stunden kühl stellen.
• Die Knochen grob hacken und scharf anbraten. Die Zwiebeln, die Karotten, den Fenchel und den Sellerie klein schneiden, zum Fleisch geben und kurz mitbraten.
• Die Himbeeren mit den gewürfelten Tomaten unter das Gemüse mischen. Mit dem Weißwein ablöschen und mit der Gemüse- oder Geflügelbrühe auffüllen.
• Das Lorbeerblatt, die Senfkörner, den Wacholder und die geriebene Zitronenschale dazugeben und die Sauce 1 1/2-2 Stunden einreduzieren lassen. Die Sauce durch ein Sieb passieren, die Crème fraîche und den Zitronensaft einrühren, aufkochen lassen. Mit Salz, Pfeffer und Zucker abrunden.
• Das Perlhuhnfleisch aus der Marinade nehmen, mit Salz und Pfeffer würzen, mit wenig Fett anbraten und im auf 180-200 °C vorgeheizten Backofen 8-10 Minuten garen. Kurz vor Garende mit Weißwein ablöschen. Die Sauce auf Tellern anrichten, das Perlhuhnfleisch einsetzen und mit frischen Himbeeren ausgarnieren.

Rebhuhnsuppe mit Gemüseperlen

• 2 küchenfertige Rebhühner • Salz • Pfeffer • etwas Majoran • 1 TL geschrotete Wacholderbeeren • etwas Pflanzenfett • 250 g Rinderhack • 1 Bund Suppengemüse • 1 Lorbeerblatt • 1 TL Wacholderbeeren • 1 TL Pfefferkörner • 1 1/2 l Gemüsebrühe • 1 Zwiebel • 1 Prise Cayennepfeffer • 1 Prise Muskat • 2 Eiweiß • 250 g Eissplitter • 1 kleine Zucchini • 1 Kohlrabi • 1 Karotte • 1 Schuss Madeira oder Portwein • 4 Portionen Grießklößchen

• Die Rebhühner mit Salz, Pfeffer, etwas Majoran und geschrotetem Wacholder würzen und vierteln.
• Etwas Fett erhitzen und das Geflügel anbraten. Das Rinderhack dazugeben und unter ständigem Rühren rösten. Suppengemüse, Lorbeerblatt, Wacholderbeeren und Pfefferkörner zugeben und ebenfalls kurz mitbraten. Mit der Gemüsebrühe auffüllen und bei mäßiger Hitze 1 1/2-2 Stunden sieden lassen. Nach ca. einer Stunde die Zwiebelhälften rösten, in die Suppe geben und die Brühe würzen.
• Danach die Brühe durch ein Tuch passieren und erkalten lassen. Das Fleisch von den Knochen lösen und in Würfel schneiden. Das Gemüse putzen, mit einem Kugelausstecher kleine Perlen ausstechen, in die Brühe geben, bissfest garen.
• Das Fleisch dazugeben, erhitzen, mit Madeira oder Portwein abrunden, mit Grießklößchen anrichten, ausgarnieren und mit frischen Kräutern bestreut servieren.

Rebhühner in Quittensauce

• 4 küchenfertige Rebhühner • Salz • Pfeffer • 1 TL Wacholderbeeren • 1 TL Pimentkörner • 1 EL Kräuter der Provence • 2-3 EL Butterschmalz • 1 Zwiebel • 2 Karotten • 1 Stück Sellerie • Weißwein oder Gemüsebrühe • 2-3 EL Quittenmus • Zitronensaft • Weinbrand

• Die Rebhühner mit Salz und Pfeffer kräftig würzen. Die Wacholderbeeren, die Pimentkörner und die Kräuter der Provence im Mörser grob schroten und die Rebhühner damit einreiben.
• Das Butterschmalz erhitzen und die Rebhühner darin anbraten. Die Zwiebel, die Karotten und den Sellerie klein schneiden, zu den Rebhühnern geben und kurz anbraten.
• In den auf 180-200 °C vorgeheizten Backofen schieben und die Rebhühner 35-45 Minuten braten und öfter mit etwas Weißwein oder Gemüsebrühe ablöschen.
• Die Rebhühner herausnehmen und warm stellen. Die Sauce im Mixer oder mit dem Pürierstab pürieren, durch ein Sieb streichen und erneut erhitzen. Das Quittenmus einrühren und kräftig einreduzieren lassen.
• Die Sauce mit Salz, Pfeffer, Zitronensaft und Weinbrand verfeinern. Die Sauce auf heißen Tellern mit den Rebhühnern anrichten und ausgarnieren.

Rebhuhnpfanne mit Kräuterschaum

• 4 küchenfertige Rebhühner • Salz • Pfeffer • 1 TL Kräuter der Provence • 4 cl Weinbrand • 2-3 EL Butterschmalz • 1 Schuss Weißwein • 4 Eigelb • 1 Tasse Weißwein • Saft von 1/2 Zitrone • einige Tropfen Worcestersauce • 1 Tasse gemischte, gehackte Kräuter (Estragon, Dill, Basilikum) • gemischten Pfeffer aus der Mühle • 250 g handwarme Butter oder Margarine • 75 g durchwachsenen, geräucherten Speck • 1/2 Bund Petersilie

• Die Rebhühner mit Salz, Pfeffer und Kräutern der Provence kräftig würzen. Mit Weinbrand beträufeln und mindestens eine Stunde kühl stellen. Das Butterschmalz erhitzen, die Rebhühner hineingeben und im auf 180-200 °C vorgeheizten Backofen rund 20 Minuten braten.
• Das Eigelb in einer feuerfesten Schüssel mit dem Weißwein und dem Zitronensaft glatt rühren, mit Worcestersauce, Salz und Pfeffer kräftig würzen, im Wasserbad zu einem Schaum aufschlagen. Die fein gehackten Kräuter unterrühren, mit Salz und gemischtem Pfeffer nochmals kräftig würzen.
• Anschließend die handwarme Butter oder Margarine tropfenweise unter den Schaum rühren.
• Den Speck in feine Würfel schneiden und in einer Pfanne auslassen.
• Den Kräuterschaum in kleinen Pfännchen verteilen und die halbierten Rebhühner einsetzen. Mit dem gewürfelten Speck und der fein gehackten Petersilie bestreuen, ausgarnieren und servieren.

Geflügelstreifen in Zucchinischiffchen

• 4 mittelgroße Zucchini • Zitronensaft • 4 Geflügelbrustfilets (Perlhuhn, Rebhühner, Fasanen o. ä.) • Salz • Pfeffer • Kräuter der Provence • Butterschmalz zum Braten • 1 Zwiebel • 1 Karotte • 250 g geputzte Steinpilze • 1 Schuss Weißwein • 1/8 l Gemüsebrühe • 1 Prise Cayennepfeffer • 1 Prise Muskat • 1 Becher Schmant • 150 g geriebenen Käse • Kräuterzweige zum Garnieren

• Die Zucchini halbieren und etwas aushöhlen. Mit Zitronensaft beträufeln. Die Geflügelbrustfilets in feine Streifen schneiden. Mit Salz, Pfeffer und Kräutern der Provence würzen.
• Das Butterschmalz erhitzen, das Fleisch darin unter ständigem Rühren braten und bereitstellen.
• Die Zwiebel fein hacken. Die Karotte in feine Streifen schneiden, mit den Zwiebeln ins verbliebene Bratfett geben und glasig schwitzen.
• Die Steinpilze in Scheiben schneiden, zum Gemüse geben und kurz mitschwitzen. Mit einem Schuss Weißwein ablöschen, mit der Gemüsebrühe auffüllen, mit Salz, Pfeffer, Cayennepfeffer und Muskat kräftig abschmecken.
• Die Fleischstreifen mit dem Schmant und zwei Dritteln des geriebenen Käses unterrühren.
• Die Zucchinischiffchen in eine ausgefettete Auflaufform setzen, mit der Füllung gleichmäßig überziehen, mit dem restlichen Käse bestreuen und im auf 180-200 °C vorgeheizten Backofen 15-20 Minuten backen.
• Die Zucchinischiffchen herausnehmen, anrichten, mit Kräuterzweigen garnieren und servieren.

Fasanenbrüstchen auf Kirschsauce

• 4 küchenfertige Fasanenbrüstchen • Salz • Pfeffer aus der Mühle • einige Wacholderbeeren • einige Pfefferkörner • Pflanzenfett zum Braten • 1 Zwiebel • 100 g entsteinte Sauerkirschen • 1 Tasse Kirschsaft • 3/8 l gebundene Wildsauce • 2 EL Kirschgelee • 2-3 EL Obstessig • 1 TL geschrotete Pfefferkörner • 1 Prise Cayennepfeffer • 1 Prise Zucker • Petersilie zum Bestreuen

• Die Fasanenbrüstchen mit Salz und Pfeffer würzen. Die Wacholderbeeren und Pfefferkörner in einem Mörser zerstoßen und die Brüstchen damit einreiben.
• Etwas Pflanzenfett erhitzen und die Fasanenbrüstchen medium oder durch braten. Nach Ende der Garzeit die Brüstchen herausnehmen und bereitstellen.
• Die Zwiebel fein hacken, ins verbliebene Bratfett geben und glasig schwitzen. Die Sauerkirschen zu den Zwiebeln geben und kurz mitschwitzen.
• Das Ganze mit Kirschsaft und der gebundenen Wildsauce auffüllen. Das Kirschgelee, den Obstessig und die geschroteten Pfefferkörner einrühren. Die Sauce mit Salz, Pfeffer, Cayennepfeffer und Zucker kräftig abschmecken und mit Kirschlikör aromatisieren.
• Die Sauce auf vorgewärmte Teller geben, die Fasanenbrüstchen in Tranchen schneiden, darauf setzen, ausgarnieren und mit Petersilie bestreut servieren.

Fasanenschmortopf auf Sauerkraut

• 4 Fasanenbrustfilets • Salz • Pfeffer aus der Mühle • 2 Knoblauchzehen • 1 EL Majoran • 1 EL Kümmel • 1 EL geriebene Zitronenschale • 1/2 Tasse Olivenöl • 2 EL Gänseschmalz • 1 Zwiebel • 4 Scheiben Ananas • 500 g mildes Sauerkraut • 1 Glas Champagner • 1 Lorbeerblatt • einige Nelken • einige Wacholderbeeren • einige Pfefferkörner • 1 Prise Zucker • 1/4 l gebundene Helle Sauce • 1 Handvoll Kräuter (Basilikum, Estragon, Petersilie, Dill) • einige Tropfen Zitronensaft • einige Tropfen Worcestersauce • 1 EL Butter oder Margarine • Kräuterzweige zum Garnieren

• Die Filets salzen und pfeffern, die Knoblauchzehen fein hacken, mit dem Majoran, dem Kümmel, der Zitronenschale und dem Olivenöl verrühren, die Filets damit einstreichen und 1-2 Stunden kühl stellen.
• Das Gänseschmalz erhitzen, die Zwiebel fein hacken und glasig schwitzen. Die Ananasscheiben in Würfel schneiden, mit dem Sauerkraut zugeben und kurz mitschwitzen.
• Mit Champagner auffüllen. Das Lorbeerblatt, die Nelken, die Wacholderbeeren und die Pfefferkörner dazugeben und das Kraut mit Salz, Pfeffer und Zucker abschmecken, 25-30 Minuten dünsten lassen.
• Die Sauce erhitzen und die fein gehackten Kräuter unterziehen, mit Zitronensaft und Worcestersauce abschmecken. Die Filets in der Butter oder Margarine braten, auf das Sauerkraut legen, 10-15 Minuten ziehen lassen, anrichten, mit der Sauce überziehen, mit Kräuterzweigen ausgarnieren und servieren.

Fasanen-Creme-Süppchen

• 1 küchenfertiger Fasan • Salzwasser • 1 Bouquet garni (Kräuter- und Gemüsesträußchen) • 1 Lorbeerblatt • einige Wacholderbeeren • einige Senfkörner • 2 l Gemüsebrühe • 50 g Butter • 50 g Mehl • Salz • Pfeffer aus der Mühle • 2 EL mittelscharfen Senf • einige Tropfen Worcestersauce • einige Tropfen Zitronensaft • 2 EL Johannisbeergelee • 1 Becher Sahne • je 1 Fasanenleber und -herz • 2 Schalotten • 75 g gekochten Schinken • 1-2 EL Butter • 150 g frische Pfifferlinge • 1 Tasse gemischte Wildkräuter (Brennnessel, Sauerampfer, Minze, Brunnenkresse)

• Den Fasan in acht Teile teilen und in Salzwasser blanchieren; herausnehmen, mit den Kräutern und den Gewürzen in die Brühe geben und 1 1/2-2 Stunden köcheln lassen. Die Brühe abseihen, das Fleisch vom Knochen lösen und klein schneiden.
• Das Fett erhitzen, das Mehl einrühren und leicht rösten. Die Brühe angießen und zu einer sämigen Suppe verkochen. Mit Salz, Pfeffer, Senf, Worcestersauce, Zitronensaft und dem Gelee kräftig abschmecken. Mit Sahne verfeinern und bereitstellen.
• Die Leber und das Herz salzen und pfeffern. Die gehackten Schalotten mit dem gewürfelten Schinken ins heiße Fett geben, glasig schwitzen, die Innereien und die Pfifferlinge dazugeben und kurz mitbraten.
• Die gehackten Wildkräuter unterrühren und das Ganze in die Suppe geben. Nochmals erhitzen, abschmecken, anrichten, ausgarnieren und servieren.

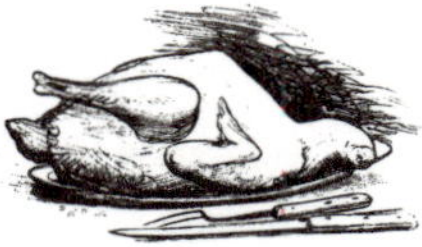

Wildente mit Füllung

• 2 küchenfertige Wildenten • Salz • Pfeffer aus der Mühle • 5 EL Semmelbrösel • 1 Ei • 2 EL Schmant • Herzen und Lebern der Enten • 1/8 l Milch • 1 Prise Muskat • 1 Bund Petersilie • 100 g durchwachsenen, geräucherten Speck • 3-4 EL Schmant • 1 1/2-2 l Gemüse- oder Wildbrühe

• Die Wildenten innen und außen mit Salz und Pfeffer kräftig würzen.
• Die Semmelbrösel mit dem Ei und dem Schmant gut miteinander vermischen. Die Herzen und die Lebern in feine Würfel schneiden, mit der Milch unter die Füllung geben, mit Salz, Pfeffer und Muskat würzen und die fein gehackte Petersilie unterziehen, in die Enten füllen und diese zunähen.
• Den klein geschnittenen Speck auslassen, die Enten einsetzen und anbraten, mit dem Schmant bestreichen und kurz bräunen lassen.
• Die Gemüse- oder Wildbrühe angießen und die Enten im auf 180-200 °C vorgeheizten Backofen 80-90 Minuten garen und öfter mit der Brühe übergießen.
• Nach Ende der Garzeit die Wildenten mit Füllung dekorativ anrichten, die Sauce nochmals abschmecken, dazugeben, ausgarnieren und servieren.

Wildente im Römertopf

• 2 küchenfertige Wildenten • Salz • Pfeffer aus der Mühle • 200 g gut gewürztes Schweinemett • 150 g durchwachsenen, geräucherten Speck in dünnen Scheiben • 1 Tasse Gemüse- oder Hühnerbrühe • 1 Bund Suppengrün • 1 Zwiebel • 1 Schuss Rotwein

• Die Wildenten innen und außen mit Salz und Pfeffer kräftig würzen.
• Die Wildenten mit dem gut gewürzten Schweinemett füllen und verschließen.
• Den gewässerten Römertopf mit Speckscheiben auslegen, die Enten einsetzen, mit den restlichen Speckscheiben belegen.
• Die Hühnerbrühe, das geputzte und klein geschnittene Suppengrün und die geschälte, fein gehackte Zwiebel dazugeben, den Römertopf verschließen, den Ofen auf 200-220 °C aufheizen und die Enten etwa 90-120 Minuten garen.
• In den letzten 15 Minuten den Deckel vom Römertopf abnehmen und die Enten bräunen.
• Nach Ende der Garzeit die Enten herausnehmen, die Sauce mit einem Schuss Rotwein verfeinern, nochmals abschmecken, die Enten anrichten, mit der Sauce überziehen, ausgarnieren und sofort servieren.

Wildente mit Honigkruste

• 1 1/2-2 l Gemüse- oder Geflügelbrühe • 1 Karotte • 1 Stück Sellerie • 1 Stück Lauch • 1 gespickte Zwiebel (Lorbeerblätter und Nelken) • einige Pfefferkörner • einige Pimentkörner • 2 küchenfertige Wildenten • Salz • Pfeffer aus der Mühle • 1 EL Majoran • 2-3 EL flüssige Butter oder Margarine • 1 TL Zucker • 2-3 EL flüssigen Honig • 1-2 EL Butter oder Margarine • 1 TL Zucker • 2 EL Honig • 1-2 EL Weinessig • 1/2 l Wildentenbrühe • 1 Becher Sahne • Saft von 1 Orange • Speisestärke zum Binden • 1 Orange

• Die Brühe zum Kochen bringen. Das Gemüse klein schneiden, mit der Zwiebel, den Pfefferkörnern und den Pimentkörnern in die Brühe geben und kurz ziehen lassen. Die Enten in den Sud legen und 40 Minuten köcheln lassen, herausnehmen, der Länge nach halbieren und auf ein Bratblech setzen. Mit Salz, Pfeffer und Majoran würzen und im auf 180-200 °C vorgeheizten Backofen 8-10 Minuten garen.
• Die Hälften mit der Butter oder Margarine beträufeln, mit Zucker bestreuen und fünf Minuten garen. Danach mit dem Honig bepinseln und bei 200 °C weitere fünf Minuten bräunen.
• Die Butter oder Margarine erhitzen und den Zucker sowie den Honig dazugeben und leicht karamelisieren lassen. Den Weinessig mit der Brühe und der Sahne dazugeben und aufkochen lassen.
• Den Orangensaft untermischen, etwas Speisestärke mit kaltem Wasser anrühren und die Sauce binden, nochmals kräftig abschmecken, das Fruchtfleisch der Orange in Stücke schneiden, in die Sauce geben und erhitzen. Die Wildenten dekorativ anrichten, die Sauce dazugeben und servieren.

Herbstsalat mit Entenbrustfilet

• 50 g Eichblattsalat • 50 g Bataviasalat • 50 g Eisbergsalat • 50 g frische Waldpilze • 50 g frische Himbeeren • 50 g frische Brombeeren • 50 g frische Johannisbeeren • 1 Tasse kalt gepreßtes Olivenöl • 1 Tasse Aceto balsamico • Salz • Pfeffer aus der Mühle • 4 Entenbrustfilets • 1 TL Kräuter der Provence • 3-4 EL Olivenöl • 2-3 Frühlingszwiebeln • 1/2 Bund Petersilie

• Den Blattsalat in Stücke zerpflücken. Die Waldpilze in Scheiben schneiden. Die Früchte mit den restlichen Salatzutaten dekorativ auf vier Tellern anrichten.
• Den Salat mit Olivenöl und Aceto balsamico beträufeln, mit Salz und Pfeffer würzen.
• Die Entenbrustfilets mit Kräutern der Provence bestreuen und in heißem Olivenöl medium oder durch braten, herausnehmen und in Scheiben schneiden.
• Auf dem Salat anrichten. Die Frühlingszwiebeln in Scheiben schneiden, die Petersilie hacken, beides über den Salat streuen, den Salat ausgarnieren und servieren.

Entenbrustfilets im Mantel

• 4 Entenbrustfilets • Salz • Pfeffer aus der Mühle • 1 TL geriebene Pfefferkörner • 1 TL geriebenen Wacholderbeeren • 1 EL geriebene Zitronenschale • Pflanzenfett zum Braten • 2-3 EL Orangengelee • 2 EL Obstessig • 1-2 EL mittelscharfen Senf • 1 EL geriebene Orangenschale • 4-8 Mangoldblätter • Salzwasser • 4 Stücke Blätterteig (TK-Produkt) • 1 verschlagenes Eigelb • Brotgewürz

• Die Brüstchen mit Salz, Pfeffer, Pfefferkörnern, Wacholderbeeren und der Zitronenschale würzen.
• Etwas Pflanzenfett erhitzen, die Brüstchen darin anbraten, herausnehmen und erkalten lassen.
• Das Orangengelee, den Obstessig, den Senf und die geriebene Orangenschale glatt rühren und die Brüstchen damit einstreichen.
• Die Mangoldblätter in Salzwasser kurz blanchieren, herauslegen und die Brüstchen darin einschlagen.
• Den Blätterteig antauen lassen, ausrollen und die Seiten mit dem Eigelb bestreichen. Die Brüstchen darauf legen, zusammenklappen und gut andrücken, auf ein mit Wasser benetztes Backblech setzen und im auf 180-200 °C vorgeheizten Backofen 15-20 Minuten backen.
• Kurz vor Garende die Päckchen mit dem restlichen Eigelb bestreichen, mit Brotgewürz bestreuen und fertig backen, herausnehmen, anrichten, mit einer Orangensauce überziehen und sofort servieren.

Entenbrust in Estragonsauce

• 4 Entenbrustfilets (Wildente, Flugente, Barbarieente) • Salz • weißer Pfeffer aus der Mühle • 1/2 TL Majoran • 1/2 TL Thymian • 2-3 EL Butterschmalz • 2 cl Weinbrand • 1 großen säuerlichen Apfel • 4 EL Preiselbeeren • einige Tropfen Weinbrand • 1 Zwiebel • 1 EL Tomatenmark • 1 Glas Rotwein • 3/8 l gebundene Wildsauce • 1 TL Estragon • 1/2 Becher Crème fraîche • einige Tropfen Zitronensaft • Salz • Pfeffer • Majoran • Thymian • Kräuterzweige zum Garnieren

• Die Entenbrustfilets mit Salz, Pfeffer, Majoran und Thymian kräftig würzen.
• Das Butterschmalz erhitzen und die Entenbrustfilets darin braten. Den Weinbrand in einer Kelle leicht erhitzen, anzünden und die Entenbrustfilets damit flambieren, herausnehmen und bereitstellen.
• Den Apfel in Scheiben schneiden und im verbliebenen Bratfett kurz braten. Die Preiselbeeren mit Weinbrand aromatisieren. Die Apfelscheiben herausnehmen und bereitstellen.
• Die fein gehackte Zwiebel im verbliebenen Bratfett glasig schwitzen. Das Tomatenmark unterrühren, mit Rotwein ablöschen und mit der Wildsauce auffüllen. Den Estragon und die Crème fraîche unterziehen, 5-6 Minuten köcheln lassen, mit Zitronensaft, Salz, Pfeffer, Majoran und Thymian würzen.
• Die Entenbrustfilets anrichten, die Apfelscheiben dazugeben, die Preiselbeeren auf die Apfelscheiben verteilen, mit der Sauce überziehen, mit Kräuterzweigen garnieren und servieren. Zur Entenbrust in Estragonsauce passen sehr gut Kartoffelplätzchen.

Kartoffelplätzchen

• 800 g gekochte, geschälte Kartoffeln • 2 Eigelb • 20 g Butter oder Margarine • 1 Schuss Sahne • Salz • Pfeffer aus der Mühle • 1 Prise Muskat • 1 Prise Cayennepfeffer • 1-2 EL Majoran • 1 EL Butter oder Margarine • 150 g Schinkenwürfel • 2 Zwiebeln • 1/2 Bund Petersilie • 1 Bund Schnittlauch • Mehl oder Vollkornsemmelbrösel zum Binden • Pflanzenfett zum Ausbacken

• Die Kartoffeln warm durch eine Kartoffelpresse treiben. Die Eigelbe, die Butter oder Margarine und die Sahne dazugeben und glatt rühren, mit Salz, Pfeffer, Muskat, Cayennepfeffer und Majoran würzen.
• Die Butter oder Margarine in einer Pfanne erhitzen und die Schinkenwürfel darin anschwitzen. Die in Würfel geschnittene Zwiebel dazugeben und glasig schwitzen.
• Die Petersilie und den Schnittlauch fein hacken bzw. -schneiden, zu den Zwiebeln geben und unter die Kartoffelmasse arbeiten, nach Bedarf mit Mehl oder Vollkornsemmelbröseln binden.
• Die Masse auf eine bemehlte Arbeitsfläche geben und eine Rolle von 8-10 cm Durchmesser formen. Mit einem Messer Scheiben von 1-2 cm Dicke abschneiden und diese in einer Pfanne mit wenig Pflanzenfett goldgelb ausbacken, herausnehmen und servieren.

Ententopf mit Linsen

• 2 küchenfertige Wildenten • Salzwasser • 1 l Gemüsebrühe • 1 Glas Weißwein • 2-3 EL Obstessig • 2 Zwiebeln • 2 Lorbeerblätter • 1 TL Wacholderbeeren • 1 TL Pfefferkörner • 1 Zweig Thymian • 1 Prise Muskatpulver • Salz • weißen Pfeffer aus der Mühle • 1 Prise Zucker • 4 Karotten • 200 g Brechbohnen • 4 Tomaten • 100 g gekeimte Linsen

• Die Wildenten in 8-10 gleichmäßige Teile zerteilen, in kochendes Salzwasser geben und blanchieren, herausnehmen und abwaschen.
• Die Gemüsebrühe, mit dem Weißwein, dem Obstessig und mit den Ententeilen erhitzen.
• Eine Zwiebel halbieren, rösten und mit Lorbeerblättern, Wacholderbeeren, Pfefferkörnern und Thymian in die Brühe geben. Mit Muskatpulver, Salz, Pfeffer und Zucker würzen. Die Brühe 1 1/2-2 Stunden sieden lassen.
• Die Ententeile herausnehmen, bereitstellen und die Brühe abpassieren. Die zweite Zwiebel, die Karotten und Brechbohnen klein schneiden, in die erhitzte Brühe geben und 8-10 Minuten köcheln lassen. Die Tomaten enthäuten, entkernen, in Würfel schneiden mit den gekeimten Linsen sowie den Ententeilen in die Suppe geben. Kurz aufkochen lassen, abschmecken, anrichten und servieren.

Entenbrust auf Paprikagemüse

• 4 küchenfertige Wildentenbrustfilets • Salz • Pfeffer aus der Mühle • 1 TL Thymian • 1 TL Beifuß • einige Tropfen Weinbrand • einige Tropfen Erdnussöl • 600 g Paprika (rot, gelb, grün, schwarz) • 2 Zwiebeln • Butter oder Margarine • 1-2 EL Tomatenmark • 1 Schuss Rotwein • Gemüse- oder Wildbrühe • einige Tropfen Zitronensaft • einige Tropfen Worcestersauce • 1 Prise Zucker • 1 Prise Cayennepfeffer

• Die Wildentenbrustfilets mit Salz und Pfeffer, gerebeltem Thymian und Beifuß kräftig einreiben, mit einigen Tropfen Weinbrand und Erdnussöl beträufeln. Im Kühlschrank 1/2 Stunde ziehen lassen.
• Die Paprika putzen, in Stücke schneiden. Mit den in Würfel geschnittenen Zwiebeln in etwas Butter oder Margarine glasig schwitzen.
• Das Tomatenmark unterrühren, mit dem Rotwein ablöschen und etwas Gemüse- oder Wildbrühe dazugeben. Weiter 8-10 Minuten dünsten. Das Gemüse mit Salz, Pfeffer, Zitronensaft, Worcestersauce, Zucker und Cayennepfeffer abschmecken.
• Die Wildentenbrustfilets in einer Pfanne oder auf dem Grill braten, das Gemüse anrichten, die Filets dazugeben, ausgarnieren – servieren.

GEFÜLLTE WILDENTENBRUST

• 2 küchenfertige Wildenten • 1/8 l Sahne • 1 EL Sherry • 1 EL Pistazienkerne • 4 getrocknete Aprikosen • Salz • Pfeffer aus der Mühle • 1-2 EL Pflanzenfett • 150 g Röstgemüse • 1 Glas Rotwein • 3/4 l Gemüsebrühe • einige Wacholderbeeren • einige Pfefferkörner • 1 Lorbeerblatt • 1 TL Johannisbeergelee

• Das Wildentenfleisch von den Knochen lösen. Die Brüste beiseite stellen, das restliche Wildentenfleisch kurz anfrieren und durch den Fleischwolf drehen, mit der Sahne und dem Sherry glatt rühren. Die Pistazienkerne und die fein geschnittenen Aprikosen untermischen und mit Salz und Pfeffer würzen.
• Das Pflanzenfett erhitzen und die klein gehackten Knochen darin scharf anbraten. Das klein geschnittene Röstgemüse dazugeben und kurz mitbraten.
• Mit dem Rotwein ablöschen und mit der Gemüsebrühe auffüllen. Wacholderbeeren, Pfefferkörner und Lorbeerblatt dazugeben und das Ganze auf ein Drittel einreduzieren lassen. Die Sauce anschließend passieren. Mit Salz und Pfeffer sowie Johannisbeergelee abschmecken und bereitstellen.
• Die Wildentenbrüstchen mit der Farce füllen und im auf 180-200 °C vorgeheizten Backofen 15-20 Minuten garen. Herausnehmen, die Sauce auf Tellern anrichten, die Entenbrustfilets in Scheiben schneiden, darauf geben und mit Rotkohlstrudel servieren.

ROTKOHLSTRUDEL

• 200 g Mehl • 1/2 Tasse lauwarmes Wasser • 1 EL Olivenöl • 1 Prise Salz • 400 g Apfelrotkohl • 1/2 Tasse flüssige Butter oder Margarine • 1 Eigelb • 1 EL Sahne

• Mehl, Wasser, Olivenöl und Salz zu einem glatten Teig verarbeiten und zugedeckt eine halbe Stunde ruhen lassen.
• Anschließend den Teig auf einer bemehlten Arbeitsfläche dünn ausrollen und ausziehen.
• Den Apfelrotkohl auf das erste Drittel des Teiges gleichmäßig verteilen. Die restlichen zwei Drittel mit der Butter bestreichen und anschließend zu einem Strudel zusammenrollen.
• Das Eigelb und die Sahne miteinander verrühren und den Strudel damit bestreichen. Im auf 200 °C vorgeheizten Backofen 20-25 Minuten backen. In Scheiben schneiden und zu den Entenbrüstchen servieren.

Wildentenbrustfilets mit Cranberrysauce

• 4 küchenfertige Wildentenbrustfilets • Salz • Pfeffer aus der Mühle • 1 TL Kräuter der Provence • einige Pfefferkörner • einige Wacholderbeeren • Butter oder Margarine zum Braten • 4 cl Weinbrand • 2 EL Butter oder Margarine • 1 EL Zucker • 100 g Cranberries • 1 Tasse Rotwein • 3/8 l gebundene Wildsauce • 4 EL Crème fraîche • einige Tropfen Obstessig • 1-2 TL Hagebuttenmark

- Die Wildentenbrustfilets mit Salz und Pfeffer würzen und mit den Kräutern der Provence einreiben.
- Die Pfefferkörner und die Wacholderbeeren in einem Mörser zerreiben und die Filets damit bestreuen.
- Die Butter oder Margarine in einer Pfanne erhitzen und die Filets darin medium oder durch braten. Mit Weinbrand flambieren, aus der Pfanne nehmen, in Alufolie wickeln und warm stellen.
- Die Butter oder Margarine ins verbliebene Bratfett geben und den Zucker darin leicht karamelisieren lassen. Die Cranberries dazugeben und kurz mitgaren.
- Mit Rotwein ablöschen und den Karamel loskochen. Mit der Wildsauce auffüllen und die Crème fraîche unterrühren. Die Sauce kurz einreduzieren lassen, mit dem Essig und dem Hagebuttenmark abrunden, abschmecken, mit den Filets anrichten, ausgarnieren und servieren.

Wildente mit exotischen Früchten

• 2 küchenfertige Wildenten • Salz • Pfeffer aus der Mühle • 2-3 EL Pflanzenfett • 1/4 l Weißwein • 4 cl Weinbrand • 2-3 Frühlingszwiebeln • 1-2 EL Butter oder Margarine • 1 Papaya • 6-8 Kapstachelbeeren • 1 Mango • 3-4 EL frische Preisel- oder Moosbeeren • 2-3 EL Weinessig • 1 Prise Ingwer • 2 Knoblauchzehen • Honig

- Die Wildenten mit Salz und Pfeffer kräftig würzen., in das erhitzte Pflanzenfett geben und anbraten. Im auf 180-200 °C vorgeheizten Backofen 70-80 Minuten garen, öfter mit Weißwein und Weinbrand ablöschen, danach die Wildenten halbieren, auf den Grillrost legen und bereitstellen.
- Die in Streifen geschnittenen Frühlingszwiebeln in der Butter oder Margarine glasig schwitzen.
- Die Papaya halbieren. Acht dünne Scheiben abschneiden und beiseite legen. Das restliche Fruchtfleisch herausschaben und fein hacken. Die Hälfte der Kapstachelbeeren ebenfalls beiseite legen und den Rest fein hacken. Die Mango dünn schälen, das Fruchtfleisch vom Kern lösen und in feine Würfel schneiden.
- Die Preisel- oder Moosbeeren mit den übrigen Früchten zu den Frühlingszwiebeln geben und zum Kochen bringen. Mit Weinessig, Ingwer und den fein gehackten Knoblauchzehen aromatisieren.
- Die Bratensauce angießen, 4-5 Minuten einreduzieren lassen und abschmecken.
- Die Wildentenhälften mit etwas Honig bestreichen und unter dem Grill goldgelb rösten, dann anrichten und mit der Sauce überziehen. Die restlichen Früchte dazugeben, ausgarnieren und servieren.

Entengeschnetzeltes süss-sauer

• 4 küchenfertige Wildentenbrustfilets • 1/2 Tasse Sojasauce • 4 cl Reiswein oder trockenen Sherry • 1 Knoblauchzehe • 1 Zwiebel • 2 Karotten • 1/2 Bund Frühlingszwiebeln • 50 g eingeweichte chinesische Pilze • Sesamöl zum Braten • 100 g frische Sojabohnenkeimlinge • 2-3 EL Tomatenketchup • 2-3 EL Honig • 2-3 EL Sojasauce • 1 Tasse Gemüse- oder Geflügelbrühe • Salz • Pfeffer aus der Mühle • 1 TL Fünfgewürzpulver • 1 Prise Ingwer • Speisestärke • 1/2 Bund gehackte Petersilie

• Die Wildentenbrustfilets in Streifen schneiden. Das Fleisch mit Sojasauce und Reiswein oder trockenem Sherry beträufeln und zugedeckt mindestens 2 Stunden kühlen.
• Die Knoblauchzehe fein hacken. Das Gemüse und die Pilze in dünne Streifen schneiden.
• Etwas Sesamöl erhitzen und das Fleisch darin unter ständigem Rühren braten, herausnehmen und bereitstellen. Den Knoblauch, die Zwiebeln und die Karotten mit etwas Sesamöl ebenfalls braten.
• Die Frühlingszwiebeln, die Pilze und die Sojabohnenkeimlinge dazugeben und 6-8 Minuten dünsten. Den Tomatenketchup, den Honig und die Sojasauce untermischen, mit der Gemüsebrühe auffüllen und zum Kochen bringen.
• Mit Salz, Pfeffer, Fünfgewürzpulver und Ingwer abrunden. Das Gemüse mit etwas angerührter Speisestärke leicht binden. Das Fleisch und die Petersilie unter das Gemüse mischen, erhitzen. Anrichten, ausgarnieren und servieren.

Gebratene Entenbrust auf Salat

• 4 Entenbrustfilets • Salz • Pfeffer aus der Mühle • 1 TL Kräuter der Provence • Butterschmalz zum Braten • 1 Knoblauchzehe • Salz • 1 Zwiebel • 200 g Pfifferlinge • 1 Schuss Weißwein • 1 Becher Sahne • 1 Prise Cayennepfeffer • 1 Prise Zucker • einige Tropfen Obstessig • 200 g gemischter Blattsalat • 200 g Kirschtomaten • Pinienkerne zum Bestreuen • 4 Scheiben Baguette

• Die Entenbrustfilets mit Salz, Pfeffer und Kräutern der Provence würzen und in Schmalz medium oder durch braten und bereitstellen.
• Die Knoblauchzehe mit Salz zu einer Paste zerreiben und mit den gehackten Zwiebeln im verbliebenen Bratfett glasig schwitzen.
• Die geputzten Pfifferlinge dazugeben, dünsten, mit dem Weißwein ablöschen, mit der Sahne auffüllen und einreduzieren lassen, mit Salz, Pfeffer, Cayennepfeffer, Zitronensaft und dem Obstessig würzen.
• Die Blattsalate dekorativ auf Tellern anrichten. Die Kirschtomaten halbieren und die Brustfilets in Scheiben schneiden. Die Tomaten und die Filets auf die Salatblätter legen, mit der warmen Sauce überziehen, mit gerösteten Pinienkernen bestreuen, ausgarnieren und mit dem Baguette servieren.

Salat mit Wildkräutern

Blätterteigpastetchen mit Pilzsauce

Wildschweinroulade mit Blaukraut

Rehfilet mit Haube

KLARES PILZSÜPPCHEN

Gekräuterte Kaninchenfilets

WILDSCHWEINEINTOPF

Gefüllter Festtagsfasan

Wildgeschnetzeltes in der Avocado

Deftiger Wildteller

Wildfilet auf Wacholderrahm

Wildmaultaschen mit Zwiebeln

Rehleber auf Preiselbeersauce

WILDFRÜCHTETOPF

Salat mit Wildschinken

Wildgeflügel auf feiner Rahmsauce

Annes Feinschmeckergericht

Feiner Strudel auf Pilzsauce

Wildfilet mit Rahmpilzen

Wildmedaillons auf Gemüse

Französischer Gänseschmortopf

• 2 küchenfertige Wildgansbrustfilets • 200 g Schweinenacken • 2 EL Butterschmalz • 2 Zwiebeln • 1 rote Paprikaschote • 2 grüne Paprikaschoten • 2-3 EL Tomatenmark • 2-3 EL Vollkornmehl • 1/4 l trockenen Rotwein • 1/2 l Gemüsebrühe • 1 Lorbeerblatt • einige Gewürznelken, Wacholderbeeren und Pfefferkörner • Meersalz • schwarzen Pfeffer aus der Mühle • 1 Prise Cayennepfeffer • 1 TL Paprikapulver, edelsüß • 1 Dose weiße Bohnen (450 g) • Knoblauch • Kräuter der Provence • 1 Becher saure Sahne • frisch gehackte Kräuter

• Die Brustfilets und den Schweinenacken in Würfel schneiden, ins heiße Butterschmalz geben und 4-5 Minuten anbraten. Die gewürfelten Zwiebeln und Paprikaschoten zum Fleisch geben und mitbraten.
• Das Tomatenmark unterrühren. Mit Vollkornmehl bestäuben und kurz rösten, den Rotwein und die Gemüsebrühe angießen. Das Lorbeerblatt, die Gewürznelken, Wacholderbeeren und Pfefferkörner in einen Gewürzbeutel geben und in die Flüssigkeit legen, mit Meersalz, Pfeffer, Cayennepfeffer und Paprikapulver würzen und 70-80 Minuten schmoren lassen.
• Zuletzt die weißen Bohnen untermischen und erhitzen. Je nach Geschmack mit Knoblauch und Kräutern der Provence verfeinern, anrichten. Mit saurer Sahne überziehen und mit frisch gehackten Kräutern bestreut servieren.

Gefüllte Gans mit Cashewkernen

• 1 küchenfertige junge Wildgans • Salz • Pfeffer • 1 EL Majoran • 2 Knoblauchzehen • 1 TL Kümmel • Schale von 1 Zitrone • 2 Zwiebeln • 2 Paprikaschoten • 2 EL Pflanzenfett • 750 g gekochten Vollkornreis • 100 g Walnusskerne • 100 g Cashewkerne • 2 EL Pistazienkerne • 2 Scheiben Ananas • 1/2 Tasse gehackte Wildkräuter • 2 Eier • Weißwein • Kräuterzweige zum Garnieren

• Die Wildgans mit Salz und Pfeffer kräftig würzen. Den Majoran, die geschälten Knoblauchzehen, den Kümmel und die abgeriebene Zitronenschale auf eine Arbeitsfläche geben, mit dem Messer sehr fein hacken, die Gans innen und außen einreiben und den Rest für die Füllung beiseite legen.
• Die Zwiebeln und die Paprikaschoten in Würfel schneiden und im Planzenfett glasig schwitzen. Den Vollkornreis dazugeben und kurz mitbraten. Die Walnusskerne, Cashewkerne, Pistazienkerne und die in Würfel geschnittenen Ananasscheiben dazugeben und alles miteinander erhitzen, salzen und pfeffern und mit dem Rest der Gewürze abschmecken. Die Wildkräuter untermischen und vom Feuer nehmen.
• Ein Viertel der Masse abnehmen und mit den Eiern verrühren. Diese Masse in die Gans füllen und diese anschließend verschließen. Die gefüllte Gans in einen Bräter setzen und im auf 200 °C vorgeheizten Backofen 11/2 Stunden garen und öfter mit Weißwein ablöschen.
• Kurz vor dem Servieren die restliche Cashew-Vollkornreis-Mischung erhitzen, anrichten, die Gans daraufsetzen und mit Kräuterzweigen garnieren.

Gänsekeulen im Linsentopf

• 4 Gänsekeulen • Salz • Pfeffer aus der Mühle • 1 EL gerebelten Beifuß • 1 EL Paprikapulver • Weißwein oder Gemüsebrühe zum Ablöschen • 2-3 EL Gänseschmalz • 2-3 Zwiebeln • 1 Stange Lauch • 3 säuerliche Äpfel • Saft von 1 Zitrone • 1 Glas Weißwein • 1/2 l Gemüse- oder Geflügelbrühe • 1 Dose Linsengemüse • 1/2 Tasse Obstessig • 2-3 EL Ahornsirup • 1 Hand voll Kräuter (Liebstöckel, Kerbel, Thymian, Majoran)

• Die Gänsekeulen mit Salz, Pfeffer, Beifuß und Paprikapulver kräftig würzen, mit wenig Wasser in einen Bräter geben, im auf 180-200 °C vorgeheizten Backofen in 60-70 Minuten braten und öfter mit Weißwein oder Gemüsebrühe ablöschen.
• Das Gänseschmalz erhitzen, die in Würfel geschnittenen Zwiebeln dazugeben und glasig schwitzen.
• Den Lauch in Scheiben schneiden, zu den Zwiebeln geben und kurz mitschwitzen.
• Die Äpfel in Schnitze schneiden, mit Zitronensaft beträufeln, dazugeben und kurz andünsten.
• Das Ganze mit Weißwein ablöschen und mit der Gemüse- oder Geflügelbrühe auffüllen.
• Das Linsengemüse, den Obstessig und den Ahornsirup dazugeben und kräftig durchkochen lassen.
• Den Linsentopf mit Salz, Pfeffer, Beifuß und Paprikapulver abschmecken.
• Das Linsengemüse dekorativ anrichten, die Gänsekeulen in den Eintopf legen, mit den fein gehackten Kräutern bestreuen, ausgarnieren und sofort servieren.

Gefüllte Gänsekeulen

• 150 g Gänseleber • 1-2 EL Butter oder Margarine • Salz • Pfeffer aus der Mühle • je 1 TL Beifuß und Majoran • 150 g Kalbsbrät • 100 g eingeweichte, geschnittene Morcheln • 4 ausgelöste Gänsekeulen • 1-2 EL Butterschmalz • 1 Zwiebel • 2 Karotten • 1 Stück Sellerie • 1-2 EL Tomatenmark • 1 Glas Rotwein • 3/8 l gebundene Wildgeflügelsauce • 1 Prise Cayennepfeffer • 3 EL Kirschgelee • je einige Tropfen Kirschlikör und Worcestersauce • 2-3 EL Crème fraîche • Kiwischeiben, Sauerkirschen und Belegkirschen zum Garnieren

• Die Gänseleber in Würfel schneiden und im Fett kurz braten. Mit Salz, Pfeffer, Beifuß und Majoran würzen und durch den Fleischwolf drehen. Die Leber mit dem Brät und einem Viertel der Morcheln vermischen, abschmecken, die Keulen damit füllen und mit einer Küchenschnur zunähen.
• Das Schmalz erhitzen und die Keulen anbraten. Das Gemüse in Würfel schneiden, zum Fleisch geben und mitbraten. Das Tomatenmark einrühren, mit Rotwein ablöschen und mit der Sauce auffüllen. Mit Salz, Pfeffer und Cayennepfeffer abrunden, im auf 180-200 °C vorgeheizten Backofen 60-70 Minuten schmoren lassen und warmstellen.
• Das Gelee und den Likör unter die Sauce rühren, abschmecken, mit der Crème fraîche verfeinern, durch ein Sieb passieren, erhitzen und die restlichen Pilze unterheben. Die Sauce mit den in Scheiben geschnittenen Gänsekeulen anrichten, mit den Früchten ausgarnieren und servieren.

Geschmortes Wildgeflügel

• 4 küchenfertige Wachteln, Tauben oder Rebhühner • Salz • Pfeffer aus der Mühle • 1 TL Kräuter der Provence • 200 g fetten Speck • 2-3 EL Pflanzenfett • 1 Zwiebel • 2 Karotten • 1 Stück Sellerie • 1/4 l Weißwein • 1/4 l Gemüsebrühe • 1 Becher Sahne • 3-4 EL Mehl • 1-2 El Johannisbeergelee • einige Tropfen Obstessig

• Das Wildgeflügel mit Salz, Pfeffer und Kräutern der Provence kräftig würzen.
• Das Fleisch mit den Speckscheiben einwickeln. Das Fett erhitzen und das eingepackte Geflügel darin rundherum anbraten.
• Das Gemüse in Würfel schneiden, zum Geflügel geben und kurz mitschwitzen.
• Weißwein und Gemüsebrühe angießen, verschließen und 70-90 Minuten schmoren lassen.
• Die Sahne mit dem Mehl verrühren und in die Sauce gießen.
• Das Geflügel herausnehmen, warmstellen. Die Sauce pürieren, mit Johannisbeergelee, Obstessig, Salz und Pfeffer abschmecken,das Geflügel anrichten, mit der Sauce überziehen und servieren.

Wildgeflügelbrüstchen auf Salat

• 1 kleinen Kopf Bataviasalat • 200 g Feldsalat • 50 g Löwenzahnblätter • 100 g Weintrauben • 2 Feigen • 1 Tasse Walnusskerne • 4 Geflügelbrüstchen (Tauben, Schnepfen, Perlhühner o. a.) • Salz • Pfeffer aus der Mühle • 1 EL Majoran • 1 TL geriebene Zitronenschale • 1 TL geriebene Wacholderbeeren • 2-3 EL Butterschmalz • 4 cl Weinbrand • 100 g eingeweichte Morcheln • 1/2 rote Paprikaschote • Saft von 2 Orangen • 1-2 EL Dijon-Senf • etwas Aceto balsamico • einige Tropfen Olivenöl • 1 Prise Zucker • 1 Prise Cayennepfeffer • Kräuterzweige zum Garnieren

• Die Salate zerpflücken und auf Teller anrichten. Die Weintrauben, die in Scheiben geschnittenen Feigen und die Walnusskernen zugeben.
• Die Brüstchen mit Salz, Pfeffer, Majoran, der Zitronenschale und den Wacholderbeeren kräftig einreiben und im heißen Schmalz braten
• Den Weinbrand in einer Kelle erhitzen und die Brüstchen damit flambieren, herausnehmen und warmstellen.
• Die Morcheln und die Paprikaschote in Würfel schneiden, ins verbliebene Bratfett geben, glasig schwitzen, mit dem Orangensaft auffüllen und den Senf einrühren, mit Essig und Olivenöl abrunden, mit Salz, Pfeffer, Zucker und Cayennepfeffer abschmecken.
• Die Brüstchen auf den Salat legen, mit der warmen Sauce beträufeln, ausgarnieren und servieren.

Wildgeflügelsuppe mit Gemüse

• 1 Ente oder Fasan, küchenfertig • 1 l Salzwasser • 1 1/2 l Gemüsebrühe • 2 Bund Suppengemüse • 1 gehackte Knoblauchzehe • 4 EL Sojasauce • 4 EL Obstessig • 2-3 EL Honig • 1 TL geriebene Ingwerwurzel • 1 TL Fünfgewürzpulver • Salz • Pfeffer • Klärfleisch • 2 Eiweiß • einige Eiswürfel • 2 Zwiebeln • 2 Karotten • 1 Stück Sellerie • 50 g Mungobohnenkeime • 50 g Sojabohnenkeime • 100 g eingeweichte chinesische Pilze • 2-3 EL Sesamöl

• Die Ente oder den Fasan in Salzwasser blanchieren, herausnehmen, abwaschen und bereitstellen.
• Die Brühe mit dem geputzten Suppengemüse, der fein gehackten Knoblauchzehe, der Sojasauce, dem Obstessig, dem Honig, der geriebenen Ingwerwurzel, dem Fünfgewürzpulver vermischen, mit Salz und Pfeffer würzen und erhitzen.
• Das Geflügel dazugeben und bei mäßiger Hitze 1 1/2-2 Stunden sieden lassen. Das Fleisch herausnehmen, auslösen und klein schneiden. Die Brühe mit etwas Klärfleisch, geschlagenem Eiweiß und Eis klären. Durch ein Tuch passieren und bereitstellen.
• Zwiebeln, Karotten, Sellerie, Mungobohnenkeime, Sojabohnenkeime und Pilze in feine Streifen schneiden und in Sesamöl glasig schwitzen. Das Wildfleisch dazugeben, kurz mitschwitzen und mit Salz, Pfeffer und Fünfgewürzpulver abschmecken. Das Ganze als Einlage in die Suppe geben, anrichten, ausgarnieren und servieren.

Pfifferlingssuppe mit Wildkräutern

• 1-2 EL Butter oder Margarine • 1 Zwiebel • 100 g gekochten Schinken • 250 g Pfifferlinge • 1/2 l Gemüse- oder Fleischbrühe • 4 cl Madeira • Salz • Pfeffer aus der Mühle • 1 Prise Muskat • 1 Prise Cayennepfeffer • 1 Prise Zucker • 2 Hand voll gemischte Wildkräuter (Brennnessel, Sauerampfer, Löwenzahn, Brunnenkresse)

• Die Butter oder Margarine erhitzen und die fein gehackte Zwiebel darin glasig schwitzen.
• Den Schinken in feine Streifen oder Würfel schneiden, zur Zwiebel geben und kurz mitschwitzen.
• Die Pfifferlinge putzen, klein schneiden, zum Schinken geben und ebenfalls mitgaren.
• Das Ganze mit der Gemüse- oder Fleischbrühe auffüllen und bei mäßiger Hitze 10-15 Minuten köcheln lassen.
• Die Suppe mit Madeira aromatisieren. Mit Salz, Pfeffer, Muskat, Cayennepfeffer und Zucker kräftig abschmecken.
• Die Kräuter verlesen, waschen, kurz vor dem Servieren unter die Suppe heben, kurz ziehen lassen, anrichten, ausgarnieren und servieren.

Pilzsuppe mit Griessklösschen

• 100 g groben Grieß • Salz • 1/4 l Milch • 1 Ei • Muskat • Salzwasser zum Kochen • 4 Karotten • 1 kleinen Sellerie • 2 Zucchini • 1 l Gemüse- oder Fleischbrühe • 200 g frische Pilze • 4 EL Preiselbeeren • 1 Tasse gemischte, gehackte Kräuter

• Den Grieß in die gesalzene, kochende Milch geben und zu einem Brei kochen, bis er sich vom Topf löst.
• Nach dem Abkühlen das Ei zugeben und mit Muskat würzen. Zu kleinen Klößchen formen und im Salzwasser 5-8 Minuten gar ziehen lassen.
• Die Karotten, den Sellerie und die Zucchini putzen und mit einem Kugelausstecher Perlen ausstechen.
• Die Brühe in einem Topf erhitzen. Die Karotten und Selleriekugeln in die Brühe geben und bissfest garen. Jetzt die Zucchinikugeln und die fein geschnittenen Pilze in die Suppe geben. Das Ganze bei mäßiger Hitze 10 Minuten köcheln lassen.
• Ganz zum Schluss die Preiselbeeren und die Grießklößchen untermischen. Die Suppe nochmals abschmecken, anrichten, ausgarnieren, mit den fein gehackten Kräutern bestreut servieren.

Champignonsuppe

• 1-2 EL Butter • 1 kleine Zwiebel • 200 g Lachsschinken ohne Fettrand • 250 g frische Champignons • 3/8 l Gemüsebrühe • Salz • Pfeffer aus der Mühle • 1 Prise Muskat • 1 Prise Cayennepfeffer • 1 Prise Zucker • 1 Becher Crème fraîche • Johannisbrotkernmehl oder Speisestärke zum Binden • 1/2 Bund Petersilie

• Die Butter in einem Topf erhitzen und die fein gehackte Zwiebel darin glasig schwitzen.
• Den Lachsschinken in Streifen schneiden, zu der Zwiebel geben und kurz mitschwitzen.
• Die Champignons in Scheiben schneiden, zu der Schinkenmischung geben und ebenfalls kurz mitschwitzen.
• Mit der Gemüsebrühe auffüllen und mit Salz, Pfeffer, Muskat, Cayennepfeffer und Zucker abschmecken. 10 Minuten köcheln lassen.
• Die Crème fraîche einrühren, nochmals abschmecken und mit Johannisbrotkernmehl oder Speisestärke binden.
• Die Petersilie hacken und unter die Suppe heben. Die Suppe anrichten, ausgarnieren und servieren.

Pilz-Käse-Suppe

• 1-2 EL Butter • 100 g durchwachsenen, geräucherten Speck • 1 Bund Suppengemüse • 200 g frische Waldpilze • Saft von 1/2 Zitrone • 1 Glas Weißwein • 1/2 l Gemüsebrühe • 1 Becher Sahne • 125 g geriebenen Edelpilzkäse • je 1/2 Tasse Estragon und Kerbel • Salz • Pfeffer aus der Mühle • 1 Prise Muskat • 1 Prise Zucker • 1 Kästchen Kresse

• Die Butter in einer Pfanne erhitzen und den in feine Würfel geschnittenen Speck darin auslassen. Das Suppengemüse klein schneiden, zum Speck geben und kurz mitschwitzen.
• Die Waldpilze in Scheiben schneiden, mit dem Zitronensaft beträufeln, zur Speck-Gemüse-Mischung geben und ebenfalls mitschwitzen. Mit Weißwein ablöschen, mit der Brühe auffüllen und das Ganze 6-8 Minuten köcheln lassen.
• Die Sahne und den Edelpilzkäse untermischen und so lange rühren, bis sich der Käse aufgelöst hat.
• Die fein gehackten Kräuter untermischen. Mit Salz, Pfeffer, Muskat und Zucker würzen.Zuletzt mit der fein geschnittenen Kresse bestreuen, ausgarnieren und sofort servieren.

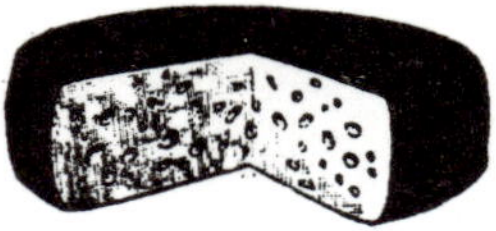

Pfifferlingssuppe mit Maultaschen

• 250 g Mehl • 25 g Grieß • 3 Eigelbe • 1 Ei • Salz • Pfeffer aus der Mühle • 1 Prise Muskat • 125 g Edelpilzkäse • 1 Eigelb zum Bepinseln • 1-2 EL Butterschmalz • 1 Zwiebel • 1 Knoblauchzehe • 1 TL Salz • 200 g frische Pfifferlinge • 4 cl Madeira oder Sherry medium • 3/4 l Gemüsebrühe • gehackte Kräuter

• Das Mehl, den Grieß, die Eigelbe und das Ei mit Salz, Pfeffer und Muskat bestreuen, einige Tropfen Wasser dazugeben und zu einem glatten Teig kneten, eine Stunde ruhen lassen und sehr dünn ausrollen.
• Den Teig zu 5 x 5 cm großen Quadraten ausschneiden und die Hälfte mit einem Stück Edelpilzkäse belegen. Das Eigelb mit Wasser verschlagen und die Ränder der Teigecken bestreichen, mit der andere Hälfte der Teigquadrate zudecken, gut andrücken und im heißen Salzwasser 3 Minuten ziehen lassen.
• Das Butterschmalz erhitzen, die gehackte Zwiebel sowie die mit Salz zerriebene Knoblauchzehe glasig schwitzen, die klein geschnittenen Pfifferlinge dazugeben und kurz anschwitzen.
• Mit Madeira oder Sherry ablöschen und mit der Brühe auffüllen. Bei mäßiger Hitze 4-5 Minuten köcheln lassen.
• Die Suppe mit Salz, Pfeffer und Muskat abschmecken, anrichten, die Maultaschen in die Suppe einlegen, mit frisch gehackten Kräutern bestreuen und servieren.

Rahmsuppe mit Pilzen

• 400 g mageres Rindfleisch • 1-2 EL Olivenöl • 1 Zwiebel • 1 Bund Suppengrün • 2-3 EL Tomatenmark • 3-4 EL Mehl • 1/8 l Rotwein • 1/2 l Fleischbrühe • 1 Lorbeerblatt • 1 kleinen Zweig Rosmarin • 200 g gemischte Waldpilze • Saft von 1/2 Zitrone • 2 EL Rotweinessig • Salz • Pfeffer aus der Mühle • 1 Prise Cayennepfeffer • 1-2 EL Johannisbeergelee • 4 cl Kirschlikör • 1 Becher saure Sahne • 1 Bund gehackte Petersilie

• Das Rindfleisch in feine Würfel schneiden und in Olivenöl anbraten. Die Zwiebel fein hacken, mit dem geputzten Suppengrün zum Fleisch geben und kurz mitbraten. Das Tomatenmark einrühren, das Mehl darüber stäuben und alles kurz rösten. Mit Rotwein ablöschen und mit der Fleischbrühe auffüllen.
• Das Lorbeerblatt und den Rosmarinzweig dazugeben und 60-70 Minuten köcheln lassen.
• Die Mischpilze mit Zitronensaft beträufeln, in die Suppe geben und 10 Minuten köcheln lassen, mit Rotweinessig, Salz, Pfeffer und Cayennepfeffer kräftig abschmecken, mit Johannisbeergelee und Kirschlikör verfeinern.
• Die saure Sahne unter die Suppe heben, erhitzen, anrichten und mit der Petersilie bestreut servieren.

Feines Pilzsüppchen

• 2 Hähnchenbrustfilets • Salz • Pfeffer aus der Mühle • 2-3 EL Butter oder Margarine • 1 Bund Frühlingszwiebeln • 300 g frische Champignons • Saft von 1 Zitrone • 1 Tasse getrocknete, eingeweichte Steinpilze • 1/2 l Gemüse- oder Geflügelbrühe • 3-4 Tomaten • 1/2 Bund Kerbel • 1 Prise Muskat • 1 Prise Cayennepfeffer • 1 Prise Zucker • 4 Scheiben Blätterteig (TK-Produkt) • 1 Eigelb

• Das Hähnchenbrustfilet in feine Streifen schneiden mit Salz und Pfeffer würzen und in Butter oder Margarine anbraten. Die Frühlingszwiebeln in Scheiben schneiden, dazugeben und kurz mitbraten.
• Die Champignons und die Steinpilze in Scheiben schneiden, mit Zitronensaft beträufeln, zum Fleisch geben und ebenfalls kurz mitschwitzen. Mit der Gemüse- oder Geflügelbrühe auffüllen, 8-10 Minuten köcheln lassen und die enthäuteten, entkernten und in Würfel geschnittenen Tomaten untermischen.
• Den Kerbel fein schneiden, in die Suppe geben und mit Salz, Pfeffer, Muskat, Cayennepfeffer und Zucker abschmecken und in feuerfeste Terrinenformen füllen.
• Die aufgetauten, ausgerollten, zurechtgeschnittenen, Blätterteigscheiben mit dem Eigelb bestreichen und die Terrinen damit abdecken, gut andrücken, in den auf 180-200 °C vorgeheizten Backofen schieben, in 12-15 Minuten ausbacken, anrichten, ausgarnieren und sofort servieren.

Maronencremesuppe

• 400 g Maronen • Saft von 1 Zitrone • 1-2 EL Butter • 1 Zwiebel • 1/2 l Gemüsebrühe oder Pilzfond • Salz • weißen Pfeffer aus der Mühle • 1 Becher Sahne • 3 Eigelb • 1/2 Bund Zitronenthymian

• Die Maronen putzen, waschen, in Scheiben schneiden und mit Zitronensaft beträufeln.
• Die Butter erhitzen und die klein geschnittene Zwiebel darin anschwitzen.
• Einige Scheiben von den Maronen beiseite stellen, den Rest mit den Zwiebeln anschwitzen.
• Die Gemüsebrühe oder den Pilzfond angießen und einmal aufkochen lassen.
• Die Suppe vom Feuer nehmen, pürieren und durch ein Sieb gießen.
• Das Eigelb mit der Sahne glatt rühren und die Suppe legieren.
• Die Maronencremesuppe mit Salz und weißem Pfeffer würzen, nochmals erhitzen, anrichten, mit Zitronenthymian ausgarnieren und servieren.

Waldpilzsüppchen mit Kresse

• 1 Zwiebel • 1-2 EL Butter oder Margarine • 400 g Waldpilze • Saft von 1 Zitrone • 1/2 Tasse Haferflocken • 1 Glas Weißwein • 1/4 l Gemüsebrühe • 1/4 l Dickmilch, 1,5 % Fett • Salz • Pfeffer aus der Mühle • 1 Prise Cayennepfeffer • 1 Prise Muskat • Johannisbrotkernmehl zum Binden • 1 Hand voll Brunnenkresse • 4 Scheiben Baguette

• Die Zwiebel schälen, in Würfel schneiden und in der erhitzten Butter glasig schwitzen. Die Waldpilze putzen, waschen, klein schneiden und mit Zitronensaft beträufeln.
• Die Pilze zu den Zwiebeln geben und unter ständigem Rühren braten. Mit Haferflocken bestreuen, mit Weißwein ablöschen und mit der Gemüsebrühe und der Dickmilch auffüllen.
• Das Pilzsüppchen mit Salz, Pfeffer, Cayennepfeffer und Muskat kräftig abschmecken und 8-10 Minuten köcheln lassen.
• Die Suppe je nach Geschmack mit Johannisbrotkernmehl leicht binden. Die Kresse hacken und unter die Suppe rühren.
• Das Ganze nochmals abschmecken, anrichten, ausgarnieren und mit dem Baguette servieren.

FISCHSUPPE MIT STEINPILZEN

• 600 g Fischfilet (Kabeljau, Lengfisch oder Goldbarsch) • Saft von 1 Zitrone • einige Tropfen Worcestersauce • Salz • Pfeffer aus der Mühle • 2 Beutel getrocknete oder 250 g frische Steinpilze • 500 g Kartoffeln • 1 Zwiebel • 2-3 EL Butter oder Margarine • 3/4 l Fischbrühe • 1 Zweig Thymian • 1 Zweig Borretsch • 1 Lorbeerblatt • Zitronensaft • 1 Prise Cayennepfeffer

• Das Fischfilet in Stücke schneiden, mit Zitronensaft und Worcestersauce beträufeln, mit Salz und Pfeffer würzen und im Kühlschrank 10-15 Minuten ziehen lassen.
• Die getrockneten Steinpilze einweichen oder die frischen Steinpilze in Stücke schneiden.
• Die Kartoffeln schälen und in feine Würfel schneiden. Die Zwiebel fein hacken.
• Das Fett erhitzen, die Zwiebeln und die Kartoffeln darin anschwitzen und 4-5 Minuten dünsten, die Fischbrühe angießen und zum Kochen bringen. Den Thymian, den Borretsch und das Lorbeerblatt dazugeben, mit Salz, Pfeffer und Zitronensaft sowie Cayennepfeffer abschmecken und weitere 10-15 Minuten köcheln lassen.
• Die Steinpilze mit dem Fischfilet unter die Suppe heben und weitere 8-10 Minuten garen. Nochmals kräftig abschmecken, anrichten, ausgarnieren und servieren.

ALTDEUTSCHE CHAMPIGNONSUPPE

• 30 g Butter oder Margarine • 30 g Mehl • 1/2 l Gemüsebrühe • 400 g frische Champignons • Saft von 1 Zitrone • 2-3 EL Butter oder Margarine • Salz • Pfeffer aus der Mühle • 1 Prise Muskat • 1 Becher Sahne • 4 Eigelbe • 2 Tassen geröstete Weißbrotwürfel • Zitronenmelisse zum Garnieren

• Die Butter oder Margarine erhitzen, das Mehl mit dem Schneebesen einrühren und mit der kalte Gemüsebrühe ablöschen, unter ständigem Rühren zum Kochen bringen, 10-15 Minuten auskochen lassen. und durch ein Sieb passieren.
• Die Champignons in Scheiben schneiden, mit Zitronensaft beträufeln und in Butter oder Margarine glasig schwitzen, mit der Cremesuppe auffüllen und einmal aufkochen lassen.
• Die Suppe mit Salz, Pfeffer und Muskat kräftig abschmecken.
• Die Sahne mit den Eigelben verschlagen, die Suppe damit legieren und anrichten. Mit den Weißbrotwürfeln bestreuen, mit Zitronenmelisse ausgarnieren und sofort servieren.

Pfifferlingssuppe mit Tofu

• 250 g frische Pfifferlinge • 1 Zwiebel • 250 g Kartoffeln • 1-2 EL Butter oder Margarine • 1/2 l Gemüsebrühe • 125 g küchenfertigen Tofu • 3-4 EL Sojasauce • Salz • Pfeffer aus der Mühle • 1 Prise Zucker • 4 cl Sherry • 1/2 Tasse gehackten Basilikum

• Die Pfifferlinge und die Zwiebel klein schneiden, die Kartoffeln schälen und in Würfel schneiden.
• Die Butter oder Margarine in einem Topf erhitzen, die Pfifferlinge dazugeben und unter ständigem Rühren 4-5 Minuten dünsten. Herausnehmen und bereitstellen.
• Die Zwiebel im verbliebenen Bratfett kurz anbraten, die Kartoffeln dazugeben, kurz mitschwitzen, mit der Gemüsebrühe auffüllen und das Ganze bei mäßiger Hitze 15 Minuten köcheln lassen.
• Den Tofu klein schneiden, in die Suppe einrühren, einmal aufkochen lassen und anschließend im Mixer oder mit dem Pürierstab pürieren.
• Die Suppe erneut erhitzen, die Pfifferlinge dazugeben und mit Salz, Pfeffer und Zucker kräftig abschmecken.
• Mit Sherry verfeinern, das verlesene, gewaschene und fein gehackte Basilikum unter die Suppe heben, abschmecken, anrichten, ausgarnieren und servieren.

Kohlrabisuppe mit Austernpilzen

• 1-2 EL Olivenöl • 1 Zwiebel • 400 g Kohlrabi • 200 g Austernpilze • 1/2 l Gemüsebrühe • Salz • Pfeffer aus der Mühle • 1 Prise Muskat • 1 Prise Cayennepfeffer • einige Tropfen Zitronensaft • einige Tropfen Worcestersauce • 1 Becher Crème fraîche • Johannisbrotkernmehl zum Binden • 1 Kästchen Kresse • 4 EL Mandelblättchen

• Das Olivenöl erhitzen und die geschälte und fein gehackte Zwiebel darin glasig schwitzen.
• Die Kohlrabi putzen, in Würfel oder Stifte schneiden, zu den Zwiebeln geben und kurz mitschwitzen.
• Die Austernpilze in mundgerechte Stücke schneiden, zu den Kohlrabis geben und unter ständigem Rühren braten.
• Mit der Gemüsebrühe auffüllen, mit Salz, Pfeffer, Muskat, Cayennepfeffer, Zitronensaft und Worcestersauce abschmecken und bei mäßiger Hitze 10-15 Minuten köcheln lassen.
• Zum Schluss die Crème fraîche unterrühren, einmal aufkochen lassen, nochmals abschmecken, je nach Bedarf mit Johannisbrotkernmehl binden und mit der grob geschnittene Kresse anrichten, mit den leicht gerösteten Mandelblättchen bestreuen, ausgarnieren und sofort servieren.

Kohlrabisuppe mit Pfifferlingen

• 1-2 EL Butter oder Margarine • 1 Zwiebel • 400 g Kohlrabi • 150 g frische Pfifferlinge • 3 EL Mehl • 1 Schuss Weißwein • 1/2 l Gemüsebrühe • Salz • Pfeffer aus der Mühle • 1 Prise Muskat • 1 Prise Cayennepfeffer • 1 Becher Sahne • 4 Eigelb • 1 Bund Kerbel

• Die Butter oder Margarine erhitzen und die fein gehackte Zwiebel darin glasig schwitzen.
• Die Kohlrabi schälen, in feine Streifen schneiden, zur Zwiebel geben und kurz mitschwitzen.
• Die Pfifferlinge verlesen, waschen, gut abtropfen lassen, je nach Bedarf klein schneiden. Zum Kohlrabi geben und ebenfalls kurz mitschwitzen.
• Das Ganze mit Mehl bestauben, mit Weißwein ablöschen und mit der Gemüsebrühe auffüllen.
• Die Suppe bei mäßiger Hitze 10-15 Minuten köcheln lassen, mit Salz, Pfeffer, Muskat und Cayennepfeffer kräftig abschmecken.
• Die Sahne mit den Eigelben verschlagen und die Suppe damit legieren. Vom Feuer nehmen und nicht mehr kochen lassen, den gehackten Kerbel unterziehen, anrichten, ausgarnieren und sofort servieren.

Klare Morchelsuppe

• 30 g getrocknet Morcheln • 1/4 l lauwarme Gemüsebrühe • 1-2 EL Butter • 4 Karotten • 1 kleinen Selleriekopf • 1 Stange Lauch • 3/8 l Gemüse- oder Hefebrühe • 1 Prise Meersalz • weißen Pfeffer aus der Mühle • 1 Prise Muskat • 1 Prise Cayennepfeffer • Kräuterzweige zum Garnieren

• Die getrockneten Morcheln mit der Brühe angießen und die Pilze eine halbe Stunde ausquellen lassen.
• Die Butter in einem Topf erhitzen und die geschälten und in feine Streifen geschnittenen Karotten darin anschwitzen.
• Den Knollensellerie und den Lauch putzen, ebenfalls in Streifen schneiden, zu den Karotten geben und mitschwitzen.
• Die Gemüse- oder Hefebrühe angießen und bei mäßiger Hitze das Gemüse in 8-10 Minuten garen.
• Die Morcheln nach Bedarf klein schneiden, mit der restlichen Brühe in die Suppe geben und einmal aufkochen lassen.
• Die Suppe mit Meersalz, Pfeffer, Muskat und Cayennepfeffer kräftig abschmecken, dekorativ anrichten, mit Kräuterzweigen ausgarnieren und sofort servieren.

Steinpilzrahmsuppe

• 400 g frische Steinpilze • 1-2 EL Butter oder Margarine • 1 Zwiebel • 2 Karotten • 1 Stück Sellerie • 1 kleine Stange Lauch • 1 Schuss Weißwein • 1/2 l Gemüsebrühe • 1 Becher Sahne • Johannisbrotkernmehl zum Binden • Salz • Pfeffer aus der Mühle • 1 Prise Muskat • 1 Prise Cayennepfeffer • 1 Hand voll gemischte, gehackte Wildkräuter (Melisse, Minze, Brunnenkresse)

• Die Steinpilze in mundgerechte Stücke schneiden.
• In Butter oder Margarine, die in feine Streifen geschnittenen Zwiebel glasig anschwitzen.
• Die Karotten, den Sellerie und den Lauch in feine Streifen schneiden, zu den Zwiebeln geben und kurz mitschwitzen. Die Steinpilze dazugeben und unter ständigem Rühren kurz braten.
• Mit Weißwein ablöschen, mit der Brühe auffüllen und zum Kochen bringen.
• Die Suppe bei mäßiger Hitze 8-10 Minuten köcheln lassen und anschließend die Sahne einrühren.
• Die Suppe je nach Geschmack mit Johannisbrotkernmehl binden. Mit Salz, Pfeffer, Muskat und Cayennepfeffer abschmecken.
• Die fein gehackten Kräuter unter die Suppe ziehen, nochmals abschmecken, anrichten, ausgarnieren und sofort servieren.

Filetgulaschsuppe

• 400 g Rinderfilet • 2-3 EL Butterschmalz • 2 Knoblauchzehen • 1 TL Majoran • 1 Msp Kümmel • 2-3 EL Tomatenmark • 3-4 EL Mehl • 1/8 l Rotwein • 1/2 l Gemüse- oder Wildbrühe • 2 EL geriebene Zitronenschale • 1-2 EL Paprikapulver, edelsüß • 1 EL Curry • 400 g Mischpilze • 1 Tasse gemischte, gehackte Kräuter • 1/2 Becher Crème fraîche

• Das Filet in keine Würfel schneiden, das Butterschmalz erhitzen und das Filet darin kross braten.
• Die Knoblauchzehen fein hacken, mit dem Majoran und dem Kümmel zum Fleisch geben und kurz mitbraten. Das Tomatenmark einrühren, mit Mehl bestäuben und kurz rösten. Mit Rotwein ablöschen und mit der Gemüse- oder Wildbrühe auffüllen.
• Die Zitronenschale, das Paprikapulver edelsüß und den Curry in die Suppe rühren und bei mäßiger Hitze 40-50 Minuten köcheln lassen. Die geschnittenen Pilze dazugeben und 6-8 Minuten mitgaren.
• Die fein gehackten Kräuter unter die Suppe ziehen und einmal aufkochen lassen.
• Die Filetgulaschsuppe nochmals abschmecken, anrichten, mit je einem Klacks Crème fraîche bedecken, mit Kräutern bestreuen, ausgarnieren und sofort servieren.

Festtagssuppe mit Pfifferlingen

• 400 g gemischtes Hackfleisch • 2 Eiweiß • 1 Schuss Sahne • 1 TL Paprikapulver, edelsüß • 3-4 EL Haferflocken • 1-2 EL Butter oder Margarine • 200 g frische Pfifferlinge • 2 Bund Suppengemüse • 3/4 l Gemüse- oder Fleischbrühe • Salz • Pfeffer • 1 Prise Muskat • 1 Prise Nelkenpulver • 4 Eier • 1/4 l Milch • 1 Bund Schnittlauch

• Das Hackfleisch mit dem Eiweiß und der Sahne vermischen. Mit Paprikapulver, Salz und Pfeffer würzen und mit Haferflocken binden. Kleine Klößchen formen und in der heißen Butter oder Margarine vorsichtig durchbraten, herausnehmen und bereitstellen. Die klein geschnittenen Pfifferlinge ins verbliebene Bratfett geben und anschwitzen.
• Das in Streifen geschnittene Suppengemüse dazugeben und kurz mitschwitzen. Mit der Brühe auffüllen, mit Salz, Pfeffer, Muskat und Nelkenpulver abschmecken und 10 Minuten köcheln lassen.
• Die Eier und die Milch mischen, mit Salz, Pfeffer und Muskat würzen und einen Eierstich herstellen.
• Den Eierstich klein schneiden mit den Klößchen und den Pfifferlingen in die Suppe geben. Die Suppe nochmals erhitzen, abschmecken, anrichten, ausgarnieren und sofort servieren.

Hühnerbrühe mit Butterpilzen

• 1-2 EL Butter oder Margarine • 400 g Hähnchenbrustfilet • 1 Zwiebel • 2 Karotten • 1 Stück Sellerie • 1 l Geflügelbrühe • 1-2 EL Butter oder Margarine • 400 g Butterpilze • Saft von 1 Zitrone • 2 Tassen Pfannkuchenstreifen • Salz • Pfeffer aus der Mühle • 1 Prise Muskat • 1 Prise Cayennepfeffer • 1 Tasse gemischte, gehackte Kräuter

• Die Butter oder Margarine in einem Topf erhitzen und das in feine Würfel oder Streifen geschnittene Hähnchenbrustfilet unter ständigem Rühren darin braten.
• Das geputzte Gemüse klein schneiden, zum Fleisch geben und kurz mitschwitzen. Mit der Geflügelbrühe auffüllen und bei mäßiger Hitze 30-40 Minuten garen.
• In der Zwischenzeit die Butter oder Margarine in einer Pfanne erhitzen. Die geputzten und klein geschnittenen Butterpilze darin anschwitzen.
• Das Ganze mit Zitronensaft beträufeln, kurz dünsten und in die Suppe geben.
• Die Pfannkuchenstreifen in der Suppe erhitzen, mit Salz, Pfeffer, Muskat und Cayennepfeffer kräftig abschmecken, anrichten, ausgarnieren und servieren.

Zucchini mit Champignons

• 4 EL Olivenöl • 1 Zwiebel • 2 Knoblauchzehen • 1 TL Salz • 400 g frische Champignons • Saft von 1 Zitrone • 1 Tasse Sonnenblumenkerne • 1/4 Tasse Obstessig • 1 Tasse Gemüsebrühe • Salz • Pfeffer aus der Mühle • 1 Prise Cayennepfeffer • 1 Prise Zucker • 400 g Zucchini • 2 EL Butter Salz • Pfeffer aus der Mühle

• Das Olivenöl erhitzen und die geschälte und fein gehackte Zwiebel darin glasig schwitzen.
• Die Knoblauchzehen mit Salz zerreiben, zu den Zwiebeln geben und kurz mitschwitzen.
• Die Champignons klein schneiden, mit Zitronensaft beträufeln, zu den Knoblauchzwiebeln geben und dünsten.
• Die Sonnenblumenkerne mit dem Obstessig und der Brühe dazugeben, einmal aufkochen lassen, mit Salz, Pfeffer, Cayennepfeffer und Zucker abschmecken, vom Feuer nehmen und bereitstellen.
• Die Zucchini in Scheiben schneiden, in der Butter anschwitzen und mit Pfeffer und Salz würzen.
• Die Zucchinischeiben dekorativ anrichten, die Champignons gleichmäßig darauf verteilen, ausgarnieren und sofort servieren.

Morchelrisotto mit Gartengemüse

• 3 Tassen Langkornreis • 2 EL Butter oder Margarine • 150 g eingeweichte Morcheln • 5 Tassen Gemüsebrühe • Salz • 350 g frisches Gemüse aus dem Garten (z. B. Karotten, Lauch, Sellerie, Zucchini) • 1 Knoblauchzehe • 1-2 EL Olivenöl • 1 TL Salz • weißen Pfeffer aus der Mühle • 1 Hand voll Kerbel • 3 EL Parmesankäse • Kräuterzweige zum Garnieren

• Den Langkornreis unter fließendem Wasser waschen, gut abtropfen lassen. In Butter oder Margarine andünsten, die klein geschnittenen Morcheln zugeben, nach kurzem Dünsten mit der Gemüsebrühe ablöschen, salzen und zugedeckt 20-25 Minuten köcheln lassen.
• Das Gemüse klein schneiden und mit der zerriebenen Knoblauchzehe in Olivenöl anschwitzen, mit Salz und Pfeffer würzen und dem gehackten Kerbel mischen und warmstellen
• Das Risotto mit dem Parmesankäse mischen und abschmecken.
• Das Risotto mit dem Gartengemüse dekorativ anrichten, mit Kräuterzweigen ausgarnieren und heiß servieren.

ZUCCHINISUPPE MIT CHAMPIGNONS UND TOMATEN

• 1-2 EL Olivenöl • 2 Knoblauchzehen • 1 TL Salz • 1 Zwiebel • 100 g frische Champignons • Saft von 1 Zitrone • 400 g Zucchini • 4-5 Tomaten • 1/2 l Gemüsebrühe • 1 Becher Sahne • 4 Eigelbe • 1 Tasse geriebenen Parmesankäse • 1 Tasse gemischte, gehackte Kräuter (Oregano, Basilikum, Zitronenmelisse)

• Das Öl erhitzen und die mit Salz zerriebenen Knoblauchzehen darin anschwitzen.
• Die Zwiebel schälen, fein hacken, ins Knoblauchfett geben und kurz mitschwitzen.
• Die Champignons putzen, in Scheiben schneiden, mit Zitronensaft beträufeln. Zu den Zwiebeln geben und ebenfalls mitschwitzen.
• Die Zucchini in Scheiben schneiden, dazugeben und 2-3 Minuten dünsten.
• Die Tomaten enthäuten, entkernen, in Würfel schneiden und unter das Gemüse heben. Mit der Gemüsebrühe auffüllen und einmal aufkochen lassen.
• Die Sahne mit den Eigelben verschlagen, unter die Suppe ziehen und die Suppe damit legieren. Vom Feuer nehmen und nicht mehr kochen lassen.
• Den Parmesankäse und die Kräuter unter die Suppe ziehen. Das Ganze nochmals abschmecken, dekorativ anrichten, ausgarnieren und sofort servieren.

PILZRAGOUT MIT TOMATEN

• 400 g gemischte Waldpilze • Saft von 2 Zitronen • 1-2 EL Butter oder Margarine • 1-2 Knoblauchzehen • 1 TL Salz • 1 Zwiebel • 1 kleine Dose geschälte Tomaten • 1 Glas Weißwein • 1/4 l Gemüsebrühe• 1 Becher Crème fraîche • Salz • Pfeffer aus der Mühle • 1 Prise Cayennepfeffer • 1 TL Paprikapulver • einige Tropfen Zitronensaft • einige Tropfen Worcestersauce • 1 Bund Petersilie

• Die Waldpilze in Scheiben schneiden und sofort mit Zitronensaft beträufeln.
• Die Butter oder Margarine in einer Pfanne erhitzen und die mit Salz zerriebenen Knoblauchzehen darin glasig schwitzen.
• Die Zwiebel in feine Würfel schneiden, zu den Knoblauchzehen geben und ebenfalls kurz mitschwitzen.
• Die Waldpilze dazugeben und kurz mitbraten. Die Tomaten abtropfen lassen, mit einer Gabel etwas zerdrücken und unterrühren, mit Weißwein ablöschen und mit der Gemüsebrühe auffüllen.
• Bei mäßiger Hitze 5-6 Minuten köcheln lassen und zum Schluss die Crème fraîche einrühren. Erhitzen, aber nicht mehr kochen lassen.
• Das Pilzragout mit Salz, Pfeffer, Cayennepfeffer, Paprikapulver, Zitronensaft und Worcestersauce abschmecken, mit der gewaschenen und fein gehackten Petersilie bestreuen, ausgarnieren und servieren.

Steinpilztopf mit Goldbarsch

• 600 g Goldbarschfilet • einige Tropfen Zitronensaft • einige Tropfen Worcestersauce • Salz • Pfeffer aus der Mühle • 1-2 EL Butter • 1 Zwiebel • 500 g Kartoffeln • 3/4 l Gemüse- oder Fischbrühe • 2 Lorbeerblätter • einige Nelken • einige Pfefferkörner • einige Wacholderbeeren • 1/2 Tasse Obstessig • Zucker • 250 g frische Steinpilze oder die entsprechende Menge getrocknete und eingeweichte Pilze • 1 Tasse gemischte, gehackte Kräuter

• Das Goldbarschfilet waschen, trockentupfen, in Stücke schneiden, mit Zitronensaft und Worcestersauce beträufeln, mit Salz und Pfeffer würzen und im Kühlschrank 10-15 Minuten ziehen lassen.
• Die Butter erhitzen und die fein gehackte Zwiebel darin glasig schwitzen.
• Die Kartoffeln schälen, in feine Würfel oder Scheiben schneiden, zu den Zwiebeln geben und kurz mitschwitzen.
• Mit der Brühe auffüllen, die Gewürze in einen Gewürzbeutel geben, in die Brühe geben, aufkochen lassen und bei mäßiger Hitze in 20 Minuten gar ziehen lassen.
• Das Gemüse mit Obstessig, Salz, Pfeffer und Zucker süßsauer abschmecken und anschließend die Goldbarschwürfel im Sud 10 Minuten ziehen lassen.
• Die klein geschnittenen Steinpilze in die Suppe geben, einmal aufkochen lassen. Das Ganze nochmals abschmecken, anrichten, ausgarnieren, mit den fein gehackten Kräutern bestreuen und sofort servieren.

Pilztopf mit gebratenem Kabeljau

• 600 g Kabeljaufilet • Saft von 1 Zitrone • einige Tropfen Weißwein • 2 EL Honig • Salz • Pfeffer aus der Mühle • 1/2 Tasse Mehl • Butter • 1-2 EL Sojaöl • 1 Zwiebel • 2 Karotten • 1 Stück Sellerie • 1 Stange Lauch • 200 g Shiitake- oder andere Pilze • 1/2 Tasse Sojasauce • 3/4 l Gemüse- oder Fischbrühe • 2 EL Honig • 2-3 EL Obstessig • 1 Prise Zucker • 1 Prise Cayennepfeffer • 4 Scheiben Vollkornbrot

• Die Kabeljaufilets waschen, trockentupfen, würfeln, mit Zitronensaft und Weißwein beträufeln.
• Den Honig mit etwas Weißwein glatt rühren und die Kabeljauwürfel damit bestreichen. Mit Salz und Pfeffer würzen.
• Anschließend die Fischstücke im Mehl wenden, Butter erhitzen und die Fischstücke darin rundherum Farbe nehmen lassen. Herausnehmen und bereitstellen.
• Das Sojaöl erhitzen und die fein gehackte Zwiebel darin glasig schwitzen.
• Die Karotten, den Sellerie und den Lauch putzen, in Stücke schneiden, zu den Zwiebeln geben und kurz mitgaren.
• Die Shiitake-Pilze verlesen, waschen, klein schneiden, zum Gemüse geben und kurz mitschwitzen.
• Mit der Sojasauce ablöschen und mit der Gemüse- oder Fischbrühe auffüllen.
• Den Honig und den Obstessig einrühren, mit Salz, Pfeffer, Zucker und Cayennepfeffer abschmecken und das Ganze bei mäßiger Hitze in 8-10 Minuten garen.
• Nach Ende der Garzeit die gebratenen Kabeljaustücke unter den Pilztopf heben, das Ganze erhitzen, abschmecken, anrichten und mit Vollkornbrot servieren.

Käsegelee mit Pilzen

• 250 g frische Pilze (Steinpilze, Pfifferlinge, Maronen, oder Austernpilze) • 1-2 EL Butter • 1 Zwiebel • 1 Schuss Weißwein • einige Tropfen Zitronensaft • einige Tropfen Worcestersauce • Salz • Pfeffer aus der Mühle • 1 Prise Muskat • 1 Prise Cayennepfeffer • 1 Prise Zucker • 1 Tasse gemischte, gehackte Kräuter • 400 g Butterkäse • 1/2 l Gemüsebrühe • 1 Tasse Sherry medium • 12 Blatt weiße Gelatine • Remoulade oder Tomatensauce zum Verzieren

• Die Pilze verlesen, je nach Bedarf waschen, gut abtropfen lassen, in mundgerechte Stücke schneiden und bereitstellen.
• Die Butter erhitzen, die Zwiebel schälen, fein hacken und darin glasig schwitzen.
• Die Pilze dazugeben, mitschwitzen, mit Weißwein ablöschen. Mit Zitronensaft, Worcestersauce, Salz, Pfeffer, Muskat, Cayennepfeffer und Zucker kräftig würzen und bei mäßiger Hitze 4-5 Minuten dünsten.
• Die Pilze vom Feuer nehmen, mit den verlesenen, gewaschenen und fein gehackten Kräutern vermischen und nochmals abschmecken, erkalten lassen.
• Den Käse in mundgerechte Würfel schneiden und mit den Pilzen vermischen. In dekorative Sulzförmchen füllen.
• Die Gemüsebrühe mit dem Sherry in einen Topf geben und erhitzen.
• Die Blattgelatine in kaltem Wasser einweichen, gut ausdrücken und in der Brühe auflösen lassen.
• Den Käse und die Pilze mit der Brühe übergießen und im Kühlschrank vollständig fest werden lassen.
• Die Sülze aus den Formen stürzen, dekorativ anrichten, mit Remoulade oder Tomatensauce überziehen, ausgarnieren und sofort servieren.

Grüne Nudeln mit Pfifferlingen

• 300 g Vollkornnudeln • 1 Prise Salz • 1-2 EL Olivenöl • 1-2 EL Margarine • 50 g gekochten Schinken • 1 Bund Frühlingszwiebeln • 400 g frische Pfifferlinge • 1/8 l Gemüsebrühe • 1 Becher Sahne, 10 % Fett • etwas Speisestärke • 4 EL geriebenen Parmesankäse • je 1/2 Bund Schnittlauch und Basilikum 2 Tomaten • Salz • Pfeffer aus der Mühle • 1 Prise Cayennepfeffer • 1 Prise Muskat

• Die Nudeln im Salzwasser mit dem Öl bissfest garen, kurz abschrecken und bereitstellen. Das Fett erhitzen und den fein gewürfelten Schinken darin auslassen.
• Die fein gehackten Frühlingszwiebeln dazugeben, mitschwitzen. Die geputzten Pfifferlinge klein schneiden, zu den Schinkenzwiebeln geben und glasig schwitzen.
• Die Brühe und die Sahne angießen und einmal kräftig durchkochen lassen. Mit etwas angerührter Speisestärke binden und mit Parmesankäse verfeinern. Die fein gehackten Kräuter untermischen, die enthäuteten, entkernten und in Würfel geschnittenen Tomaten dazugeben.
• Die Sauce nochmals erhitzen und mit Salz, Pfeffer, Cayennepfeffer und Muskat kräftig abschmecken. Die heißen Vollkornnudeln auf Tellern anrichten, mit den Kräuter-Pfifferlingen überziehen, ausgarnieren und servieren.

Käsenudeln mit Pilzen

• 300 g Rigatoni • Salzwasser • 1-2 EL Olivenöl • 1-2 EL Butterschmalz • 100 g durchwachsenen, geräucherten Speck • 1 Bund Frühlingszwiebeln • 400 g Mischpilze • 4 Tomaten • 1/4 l gebundene Bratensauce • 1 Becher Sahne • Salz • Pfeffer aus der Mühle • 1 Prise Muskat • 1 Prise Cayennepfeffer • 1 Tasse gemischte, gehackte Kräuter • 200 g Mozzarella oder Fetakäse • Kräuterzweige zum Garnieren

• Die Rigatoni im Salzwasser mit dem Olivenöl bissfest garen, abgießen, abschrecken, gut abtropfen lassen und bereitstellen.
• Das Schmalz erhitzen und den in Würfel geschnittenen Speck darin auslassen.
• Die Frühlingszwiebeln in mundgerechte Stücke schneiden, zum Speck geben und glasig schwitzen.
• Die Mischpilze gut abtropfen lassen, klein schneiden, zu den Speckzwiebeln geben und kurz mitschwitzen.
• Die Tomaten enthäuten, entkernen, in Würfel schneiden, mit der Bratensauce und der Sahne unter die Pilze mischen und 4-5 Minuten köcheln lassen.
• Die gegarten Nudeln unterheben, kurz durchschwenken, nochmals erhitzen. Mit Salz, Pfeffer, Muskat und Cayennepfeffer kräftig abschmecken und die fein gehackten Kräuter dazugeben.
• Die Nudeln in eine feuerfeste Form geben. Den in Scheiben geschnittenen Käse darauf verteilen, bei starker Oberhitze goldgelb überbacken, dekorativ anrichten, mit Kräuterzweigen ausgarnieren und sofort servieren.

Gefüllte Champignons auf Nudeln

• 600 g frische Champignons • Saft von 1 Zitrone • 1 EL Margarine • 1 Zwiebel • 100 g gekochten Schinken • 1 rote und 1 grüne Paprikaschote (150 g) • 50 g Grünkern • 1/4 l Gemüsebrühe • 1/2 Bund Schnittlauch • 1 Prise Salz • schwarzen Pfeffer • 1 Prise Cayennepfeffer • 1 Prise Muskat • 1/2 Becher Saure Sahne • 1 Schuss Weißwein • 100 g geriebenen Emmentaler • 500 g bissfest gegarte Nudeln

• Die Champignons waschen, abtropfen lassen, die Stiele herausschneiden und klein schneiden. Die Stiele und die Champignonköpfe mit Zitronensaft beträufeln.
• Die Margarine erhitzen und die fein gehackte Zwiebel darin glasig schwitzen. Den Schinken fein würfeln, mit den in Würfel geschnittenen Paprikaschoten zu der Zwiebel geben und mitschwitzen. Den gewaschenen Grünkern dazugeben und kurz mitbraten.
• Die Gemüsebrühe angießen und bei mäßiger Hitze 10-15 Minuten ausquellen lassen. Mit Salz, Pfeffer, Cayennepfeffer und Muskat würzen.
• Die gehackten Champignons mit der sauren Sahne unter die Masse ziehen, vom Feuer nehmen, leicht erkalten lassen, in die Champignonköpfe füllen und in eine feuerfeste Form setzen. Mit Weißwein beträufeln, mit Emmentaler bestreuen und im auf 180-200 °C vorgeheizten Backofen überbacken. Herausnehmen, die erhitzten Nudeln anrichten, die Champignons darauflegen, mit dem Bratenfond überziehen, ausgarnieren und servieren.

Nudel-Pilz-Teller

• 1-2 EL Olivenöl • 1 Zwiebel • 1 rote Paprikaschote • 1 grüne Paprikaschote • 1 gelbe Paprikaschote • 250 g gemischte Pilze • Saft von 1 Zitrone • 1 Glas Weißwein • 1/4 l gebundene, Helle Sauce • 1 Becher Sahne • Salz • Pfeffer aus der Mühle • 1 Prise Muskat • 1 Prise Cayennepfeffer • 1 Prise Zucker • einige Tropfen Zitronensaft • einige Tropfen Worcestersauce • 4 Portionen bissfest gegarte Bandnudeln • 1 Tasse geriebenen Parmesankäse

• Das Olivenöl in einer Pfanne erhitzen und die geschälte und fein gehackte Zwiebel darin glasig schwitzen.
• Die Paprikaschoten putzen, halbieren, entkernen, waschen, gut abtropfen lassen, zu den Zwiebeln geben und kurz mitschwitzen.
• Die Pilze verlesen, klein schneiden, mit Zitronensaft beträufeln, zum Paprika geben und ebenfalls mitschwitzen.
• Mit Weißwein ablöschen, mit der gebundenen Hellen Sauce auffüllen und bei mäßiger Hitze 6-8 Minuten köcheln lassen.
• Die Sahne untermischen und aufkochen lassen. Mit Salz, Pfeffer, Muskat, Cayennepfeffer und Zucker sowie Zitronensaft und Worcestersauce abschmecken.
• Die Nudeln dazugeben, kurz durchschwenken, erhitzen, abschmecken, dekorativ anrichten, mit gehackten Kräutern bestreuen, ausgarnieren und sofort servieren.

Pilz-Nudel-Topf

• 4 Hähnchenbrustfilets • Salz • Pfeffer aus der Mühle • 1 EL Paprikapulver, edelsüß • 1/2 Tasse Sojasauce • 2-3 EL Olivenöl • 1 rote Paprikaschote • 1 gelbe Paprikaschote • 1 Stange Lauch • 250 g Champignons • Saft von 1 Zitrone • 3/8 l Gemüse- oder Hühnerbrühe • 4 Portionen bissfest gegarte Nudeln • 1 Bund Schnittlauch

• Die Hähnchenbrustfilets unter fließendem Wasser waschen, trockentupfen, in Würfel oder Streifen schneiden und in eine Schüssel geben.
• Das Fleisch mit Salz, Pfeffer und Paprika kräftig würzen, die Sojasauce darüber geben und das Ganze im Kühlschrank 10-15 Minuten ziehen lassen.
• Das Olivenöl in einer Pfanne erhitzen und darin das Fleisch unter ständigem Rühren braten.
• Die Paprikaschoten putzen, halbieren, entkernen, waschen und in Streifen schneiden, zum Hähnchen geben und kurz mitbraten.
• Den Lauch putzen, waschen, in Scheiben schneiden, zum Fleisch geben und ebenfalls kurz mitbraten.
• Die Champignons putzen, waschen, je nach Bedarf halbieren, würfeln oder in Scheiben schneiden, mit Zitronensaft beträufeln, zum Gemüse geben und mitbraten.
• Die Brühe angießen und bei mäßiger Hitze 10-15 Minuten köcheln lassen.
• Nach Ende der Garzeit die Nudeln untermischen, das Ganze mit Salz, Pfeffer und Paprikapulver sowie Sojasauce kräftig abschmecken, dekorativ anrichten, mit frisch geschnittenem Schnittlauch bestreuen, ausgarnieren und sofort servieren.

Lammgeschnetzeltes mit Pfifferlingen

• 600 g Lammfilet • 1 EL Kräuter der Provence • 1-2 EL Butterschmalz • Salz • Pfeffer aus der Mühle • 1 Knoblauchzehe • 1 Zwiebel • 250 g Pfifferlinge • einige Tropfen Zitronensaft • 1 Schuss Rotwein • 1/4 l Fleischbrühe • 1 Prise Cayennepfeffer • 2 EL Johannisbeergelee • einige Tropfen Obstessig • Johannisbrotkernmehl zum Binden • 1 Bund Kerbel

• Das küchenfertige Filets unter fließendem Wasser waschen, trockentupfen und in mundgerechte Streifen oder Würfel schneiden.
• Die Fleischwürfel mit Kräutern der Provence kräftig würzen.
• Das Butterschmalz erhitzen und die Filetwürfel darin unter ständigem Rühren braten, herausnehmen. Mit Salz und Pfeffer würzen und warmstellen.
• Die Zwiebel schälen, fein hacken und im verbliebenen Bratfett glasig schwitzen.
• Die Knoblauchzehe fein hacken, zu den Zwiebeln geben und kurz mitschwitzen.
• Die Pfifferlinge verlesen, je nach Bedarf waschen, in mundgerechte Stücke schneiden. Zu den Zwiebeln geben und ebenfalls kurz mitbraten.
• Mit Rotwein ablöschen und mit der Fleischbrühe auffüllen.
Bei mäßiger Hitze 6-8 Minuten köcheln lassen.
• Die Pilze mit Salz, Pfeffer und Cayennepfeffer kräftig abschmecken und das Johannisbeergelee einrühren. Mit Obstessig süßsauer abrunden.
• Die Pilze mit Johannisbrotkernmehl leicht binden. Das Fleisch unterheben, nochmals erhitzen aber nicht mehr kochen lassen.
• Den verlesenen, gewaschenen und fein gehackten Kerbel untermischen. Das Lammgeschnetzeltes mit Pfifferlingen anrichten, ausgarnieren und sofort servieren.

Rigatoni mit Maronen

• 300 g Rigatoni • Salzwasser • 1-2 EL Olivenöl • 600 g frische Maronen • Saft von 2 Zitronen • 1 Tasse Olivenöl • 2-3 Knoblauchzehen • 1 Schuss Weißwein • 2-3 EL Tomatenmark • 1 Tasse Gemüsebrühe • 1 Tasse gemischte, gehackte Kräuter (Oregano, Basilikum, Petersilie) • Salz • Pfeffer aus der Mühle • 1 Prise Cayennepfeffer • 1 Becher saure Sahne • 1-2 Tassen geriebenen Parmesankäse

• Die Rigatoni im Salzwasser mit dem Olivenöl bissfest garen, abgießen, abschrecken, gut abtropfen lassen und bereitstellen.
• Die Pilze klein schneiden und mit Zitronensaft beträufeln.
• Das Olivenöl in einer Pfanne erhitzen und die geschälten und fein gehackten Knoblauchzehen darin anschwitzen. Mit Weißwein ablöschen, das Tomatenmark unterrühren, die Pilze dazugeben und 4-5 Minuten dünsten. Die Gemüsebrühe angießen und die fein gehackten Kräuter untermischen.
• Die Pilze mit Salz, Pfeffer und Cayennepfeffer abschmecken, mit saurer Sahne verfeinern, die Rigatoni dazugeben, durchschwenken, erhitzen, nochmals abschmecken, anrichten, ausgarnieren und mit dem geriebenen Parmesankäse bestreut servieren.

Ravioli mit Morchelsauce

• 400 g Ravioli mit Spinatfüllung • Salzwasser • 1-2 EL Olivenöl • 2-3 EL Butter • 1 Zwiebel • 1 rote Paprikaschote • 250 g Eiertomaten • 100 g eingeweichte Morcheln • 2 Tassen Bratensaft • 4 cl Weinbrand • Salz • Pfeffer aus der Mühle • 1 Prise Zucker • 1 Prise Cayennepfeffer • 1/2 Bund Salbei • 1-2 EL Butter • 100 g geröstete Sonnenblumenkerne

• Die Ravioli im Salzwasser mit dem Olivenöl bissfest garen, herausnehmen, gut abtropfen lassen und warm stellen.
• Die Butter erhitzen und die fein gehackte Zwiebel darin glasig schwitzen.
• Die Paprikaschote halbieren, entkernen, in Würfel schneiden, zur Zwiebel geben und kurz mitschwitzen.
• Die Eiertomaten fein würfeln, mit den gut abgetropften und klein geschnittenen Morcheln zum Gemüse geben und kurz mitschwitzen. Den Bratensaft angießen und die Sauce bei mäßiger Hitze 4-5 Minuten köcheln lassen.
• Mit Weinbrand aromatisieren, mit Salz, Pfeffer, Zucker und Cayennepfeffer würzen.
• Die Salbeiblätter in der Butter oder Margarine kurz anschmelzen.
• Die Ravioli anrichten, mit der Sauce überziehen, die Salbeiblätter darauf geben, mit den Sonnenblumenkernen bestreuen, ausgarnieren und servieren.

Vollkornnudeln mit Sahnepilzen

• 300 g Vollkornnudeln • Salzwasser • 1-2 EL Olivenöl • 500 g frische Pilze (Champignons, Pfifferlinge, Maronen oder Steinpilze) • 2-3 EL Butter • 1 Bund Frühlingszwiebeln • 1/4 l Gemüsebrühe • 1 Becher Sahne • Johannisbrotkernmehl zum Binden • 1 Prise Meersalz • weißen Pfeffer aus der Mühle • 1 Prise Cayennepfeffer • 1 Prise Muskat • 1 Tasse gemischte, gehackte Kräuter (Kresse, Zitronenmelisse, Schnittlauch, Estragon)

• Die Vollkornnudeln im Salzwasser mit dem Olivenöl bissfest garen, abgießen, abschrecken, gut abtropfen lassen und bereitstellen.
• Die Pilze verlesen, je nach Bedarf waschen, gut abtropfen lassen, in mundgerechte Stücke schneiden und bereitstellen.
• Die Butter in einer Pfanne erhitzen und die geputzten und klein geschnittenen Frühlingszwiebeln darin glasig schwitzen.
• Die Pilze dazugeben und unter ständigem Rühren braten.
• Die Gemüsebrühe angießen und einmal kräftig aufkochen lassen.
• Die Sahne dazugeben und weitere 5-6 Minuten kochen.
• Das Ganze mit Johannisbrotkernmehl binden. Mit Meersalz, Pfeffer, Cayennepfeffer und Muskat kräftig abschmecken.
• Die Pilze unterheben, nochmals nachschmecken. Die verlesenen, gewaschenen und gehackten Kräuter darüber streuen, kurz durchschwenken. Die Nudeln mit den Sahnepilzen anrichten, ausgarnieren und sofort servieren.

Kalbsfilet in Pilzrahm

• 4 Kalbsfilets à 200 g • Salz • Pfeffer aus der Mühle • Butterschmalz zum Braten • 4 cl Weinbrand • 1 Zwiebel • 500 g frische Mischpilze • 1 Schuss Weißwein • 3/8 l gebundene Bratensauce • 1 Becher Sahne • 50 g geriebenen Edelpilzkäse • 1 Hand voll Kräuter (Schnittlauch, Petersilie, Estragon)

• Die küchenfertigen Filets waschen, trockentupfen und mit Salz und Pfeffer würzen.
• Das Butterschmalz in einer Pfanne erhitzen und die Filets darin braten.
• Die Filets mit Weinbrand flambieren, herausnehmen und warm stellen.
• Die geschälte und fein gehackte Zwiebel im verbliebenen Fett glasig schwitzen. Die Pilze verlesen, waschen, je nach Bedarf klein schneiden, zu den Zwiebeln geben und kurz mitbraten.
• Die gebundene Bratensauce angießen und das Ganze bei mäßiger Hitze 4-5 Minuten köcheln lassen.
• Die Sahne mit dem geriebenen Edelpilzkäse unter die Sauce ziehen, mit Salz und Pfeffer würzen.
• Die verlesenen, gewaschenen und fein geschnittenen Kräuter unter die Sauce rühren.
• Die Filets dekorativ anrichten, mit der Pilzrahmsauce überziehen, ausgarnieren und sofort servieren.

Austernpilze in Schinkenrahm

• 600 g Austernpilze • 250 g gekochten Schinken • 3-4 EL Butter oder Margarine • 1 Zwiebel • 1 Bund Suppengrün • 1/4 l gebundene Helle Sauce • 1 Becher Sahne • Salz • Pfeffer aus der Mühle • 1 Prise Muskat • 1 Prise Cayennepfeffer • einige Tropfen Zitronensaft • einige Tropfen Worcestersauce • 3-4 EL geriebenen Parmesankäse

• Die Austernpilze putzen und in mundgerechte Stücke schneiden.
• Den Schinken in feine Würfel schneiden. Die Butter oder Margarine in einer Pfanne erhitzen und den Schinken darin unter ständigem Rühren braten.
• Die Zwiebel schälen, fein hacken, mit den Austernpilzen zum Schinken geben und 4-5 Minuten mitgaren.
• Die gebundene, Helle Sauce und die Sahne angießen und bei starker Hitze kurz einreduzieren lassen. Das Ganze mit Salz, Pfeffer, Muskat, Cayennepfeffer, Zitronensaft und Worcestersauce kräftig abschmecken.
• Den geriebenen Parmesankäse untermischen, dekorativ anrichten, ausgarnieren und sofort servieren.

Reispfanne mit Tomaten und Pilzen

• 300 g Reis • Salzwasser • 1-2 EL Butter • 2 Zwiebeln • 1 Knoblauchzehe • 300 g frische Champignons • einige Tropfen Zitronensaft • 1 Dose geschälte Tomaten • 1 Prise Meersalz • weißen Pfeffer aus der Mühle • 1 Prise Cayennepfeffer • 1 Bund Basilikum • 2 Tassen geriebenen Käse

• Den Reis in kochendem Salzwasser bissfest garen.
• Die Butter erhitzen und die fein gehackten Zwiebeln darin glasig schwitzen.
• Die Knoblauchzehe fein hacken, zu den Zwiebeln geben und kurz mitschwitzen.
• Die Champignons in Scheiben schneiden, mit Zitronensaft beträufeln, zu den Zwiebeln geben und ebenfalls mitgaren. Den Reis unterheben und alles gut vermischen.
• Die Tomaten mit einer Gabel zerdrücken. Mit dem Saft unter den Reis heben und das Ganze kräftig durchschwenken und erhitzen.
• Die Reispfanne mit Meersalz, Pfeffer und Cayennepfeffer kräftig abschmecken und das verlesene, gewaschene und fein gehackte Basilikum unterziehen.
• Die Hälfte des Käses unter die Reispfanne heben und dekorativ anrichten.
• Mit dem restlichen Käse bestreuen, mit Kräuterzweigen ausgarnieren und sofort servieren.

Spinatsalat mit Austernpilzen und Wachteleiern

• 400 g junge Spinatblätter • einige Tropfen Sherryessig • einige Tropfen Sonnenblumenöl • Salz • weißen Pfeffer aus der Mühle • 400 g Austernpilze • 1/2 Tasse Sonnenblumenöl • 2 Knoblauchzehen • 1 TL Salz • 4 Schalotten • 1/2 Tasse Sherry medium • 100 g Sonnenblumenkerne • 8-12 Wachteleier • Kräuterzweige zum Garnieren

• Die Spinatblätter verlesen, waschen, gut abtropfen lassen, je nach Bedarf zerpflücken und dekorativ anrichten.
• Mit Sherryessig und Sonnenblumenöl beträufeln, mit Salz und weißem Pfeffer würzen.
• Die Austernpilze waschen, gut abtropfen lassen, je nach Bedarf klein schneiden.
• Das Sonnenblumenöl erhitzen, die geschälten, gehackten und mit Salz zerriebenen Knoblauchzehen darin anschwitzen.
• Die Schalotten schälen, hacken, ins Knoblauchfett geben und kurz mitschwitzen.
• Die Austernpilze dazugeben und kurz dünsten.
• Den Sherry medium angießen und die Austernpilze garen.
• Die Sonnenblumenkerne in einer trockenen Pfanne rösten.
• Die Austernpilze gleichmäßig auf den Spinatblättern anrichten, mit Sonnenblumenkernen bestreuen.
• Die Wachteleier wachsweich kochen, pellen, halbieren und auf dem Salat anrichten.
• Den Salat mit Kräuterzweigen ausgarnieren und sofort servieren.

Waldpilzsalat mit mild gepökelter Wildleber

• 1 frische Wildleber • 1/2 Tasse Madeira • 1/2 Tasse Rotwein • 1 EL Pökelsalz • 1 EL Thymian • 1 Tasse Mehl • Butter oder Margarine zum Braten • Salz • Pfeffer aus der Mühle • 1/4 l Wildsauce • Madeira und Portwein • 400 g frische Pilze (Maronen, Egerlinge, Champignons, Pfifferlinge oder Steinpilze) • 2 EL Haselnuss- oder Olivenöl • 2 Schalotten • 1 Schuss Himbeeressig • 1 Tasse frische Kräuter (Schnittlauch, Petersilie, Kresse) • 1 Glas Weißwein

• Die küchenfertige Wildleber enthäuten, unter fließendem Wasser waschen, gut trockentupfen und in eine Schüssel legen. Madeira, Rotwein, Pökelsalz und Thymian miteinander vermischen, über die Leber geben und 12 Stunden einlegen, mehrmals wenden.
• Die Wildleber in Scheiben schneiden, in Mehl wenden und in der Butter oder Margarine vorsichtig braten. Salzen und pfeffern, herausnehmen und den Bratenfond mit etwas Madeira und Portwein ablöschen. Mit der Wildsauce auffüllen und einmal aufkochen lassen.
• Die Pilze verlesen, putzen und in Scheiben schneiden.
• Das Öl erhitzen, die fein gehackten Schalotten darin glasig schwitzen, mit einem Schuss Himbeeressig aromatisieren und die frischen Kräuter untermischen.
• Mit Weißwein ablöschen, einmal aufkochen lassen und bereitstellen.
• Die Pilze anrichten, die Wildleberscheiben darauf legen. Die Wildsauce darüber verteilen und sofort servieren.

Geräucherter Schinken mit marinierten Pilzen

• 100 g rohen, geräucherten Schinken • einige Salatblätter • 2 EL Butter • 1 Knoblauchzehe • 1/2 TL Salz • 4 Scheiben Toastbrot • 2 EL Olivenöl • 30 g geräucherten, durchwachsenen Speck • 1 Zwiebel • 250 g gemischte Waldpilze • 1 TL mittelscharfen Senf • 2 EL Obstessig • 1 EL Johannisbeergelee • Saft von 1/2 Zitrone • Salz • weißen Pfeffer • einige Tropfen Worcestersauce • geröstete Weißbrotwürfeln • 1/2 Tasse gehackte Kräuter (Sauerampfer, Schnittlauch, Petersilie)

• Den in dünne Scheiben geschnittenen Schinken mit den Salatblättern dekorativ auf Tellern anrichten.
• Die Butter erhitzen, die fein gehackte Knoblauchzehe mit Salz zu einer Paste zerreiben,hinein geben und glasig schwitzen.
• Das Toastbrot in Würfel schneiden und im Knoblauchfett goldgelb rösten. Herausnehmen und bereitstellen.
• Das Olivenöl in einer Pfanne erhitzen und den fein gewürfelten Speck darin auslassen. Die fein gehackte Zwiebel dazugeben und glasig schwitzen. Die Waldpilze klein schneiden, zum Speck geben und kurz mitschwitzen. Den Senf, den Obstessig, das Johannisbeergelee und den Zitronensaft miteinander vermischen und zu den Pilzen geben.
• Das Ganze mit Salz, Pfeffer und Worcestersauce kräftig würzen, vom Feuer nehmen und erkalten lassen, die gehackten Kräuter unterziehen und zum Schinken geben. Das Ganze mit den Brotwürfeln bestreuen, mit frisch gehackten Kräutern garnieren und servieren.

Blätterteigpastetchen mit Waldpilzen

• 4 Scheiben Blätterteig (TK-Produkt) • 2 Eigelbe • 400 g gemischte, frische Waldpilze • 1-2 EL Butter oder Margarine • 1 Zwiebel • 50 g durchwachsenenn geräucherten Speck • 1 Schuss Weißwein • 1 Becher Sahne • Salz • Pfeffer aus der Mühle • einige Tropfen Zitronensaft • einige Tropfen Worcestersauce • 2-3 EL gehackten Sauerampfer • 2-3 EL gehackte Brunnenkresse • 2-3 EL gehackte Minze

• Die Blätterteigscheiben auftauen lassen, halbieren und die Teigquadrate auf ein mit Wasser benetztes Backblech legen.
• Das Eigelb mit etwas Wasser glatt rühren und die Blätterteigquadrate damit bestreichen. Im auf 180-200 °C vorgeheizten Backofen 15-20 Minuten backen.
• In der Zwischenzeit die Waldpilze klein schneiden, die Butter oder Margarine in einer Pfanne erhitzen, die fein gehackte Zwiebel und den gewürfelten Speck darin glasig schwitzen.
• Die Pilze dazugeben und kurz mitschwitzen. Mit Weißwein ablöschen, mit der Sahne auffüllen und das Ganze kurz einreduzieren lassen. Die Pilze mit Salz, Pfeffer, Zitronensaft und Worcestersauce kräftig abschmecken. Vom Feuer nehmen. Den Sauerampfer, die Brunnenkresse und die Minze unterrühren.
• Die Blätterteigstücke aus dem Ofen nehmen, eine Haube abschneiden, die Pilze einfüllen, die Haube oben auf setzen, ausgarnieren und servieren.

Schwarzwälder Pilzragout

• 3 EL Butter oder Margarine • 100 g durchwachsenen, geräucherten Speck • 1 Zwiebel • 200 g Maronenröhrlinge • 200 g Steinpilze • 200 g Pfifferlinge • 200 g Wiesenchampignons • 4 EL Mehl • 1 Tasse Weißwein • 1/4 l Fleischbrühe • 1 Becher Crème fraîche • Saft von 1 Zitrone • 1 Bund Petersilie • 1 Bund Schnittlauch • Salz • Pfeffer aus der Mühle • 1 Prise Muskat

• Die Butter oder Margarine in einem Topf erhitzen und den in Würfel geschnittenen Speck darin auslassen. Die fein gehackte Zwiebel dazugeben und glasig schwitzen.
• Die geputzten Pilze in kleine Scheiben oder Würfel schneiden, zum Speck geben und kurz mitschwitzen. Mit Mehl bestäuben, mit Weißwein ablöschen, mit Fleischbrühe auffüllen.
• Die Crème fraîche unterziehen und mit Zitronensaft säuern. Die Petersilie fein hacken, den Schnittlauch fein schneiden, unter das Pilzragout heben, mit Salz, Pfeffer und Muskat abschmecken, kurz aufkochen lassen und servieren. Dazu reicht man Semmelknödel und einen Kopfsalat mit Zitronendressing.

Pilzragout mit Gorgonzola

• 1-2 EL Butter oder Margarine • 1 Zwiebel • 400 g gemischte Pilze • 1 Schuss Weißwein • 3/8 l gebundene, Helle Sauce • 1 Becher Crème fraîche • 100 g geriebenen Gorgonzola • Salz • Pfeffer aus der Mühle • 1 Prise Cayennepfeffer • 1 Prise Zucker • 1 Hand voll Kräuter (Brunnenkresse, Brennnessel, Sauerampfer, Pfefferminze)

• Die Butter oder Margarine in einer Pfanne erhitzen und die geschälte und fein gehackte Zwiebel darin glasig schwitzen.
• Die Pilze putzen, verlesen, je nach Bedarf klein schneiden, zur Zwiebel geben und kurz mitschwitzen.
• Mit Weißwein ablöschen, mit der gebundenen, Hellen Sauce und der Crème fraîche auffüllen und das Ganze bei mäßiger Hitze 4-5 Minuten köcheln lassen.
• Den Gorgonzola fein reiben und unter die Pilzsauce ziehen. Mit Salz, Pfeffer, Cayennepfeffer und Zucker kräftig abschmecken.
• Die Kräuter verlesen, waschen, fein hacken und ebenfalls unterziehen. Das Pilzragout mit Gorgonzola nochmals kräftig abschmecken, ausgarnieren und mit Reis servieren.

Kräutergeschnetzeltes

• 600 g Schweinefilet • Pfeffer aus der Mühle • Butterschmalz zum Braten • Salz • 4 cl Weinbrand • 1 Zwiebel • 500 g gemischte Pilze • Saft von 1 Zitrone • einige Tropfen Worcestersauce • 1 Schuss Weißwein • 1/4 l gebundene, Helle Sauce • 1 Becher Sahne • 1 Tasse gemischte, gehackte Kräuter (Salbei, Rosmarin, Oregano, Estragon)

• Das Schweinefilet in mundgerechte Würfel oder Streifen schneiden. Mit Pfeffer kräftig würzen.
• Das Butterschmalz in einer Pfanne erhitzen und das Fleisch darin unter ständigem Rühren braten. Salzen, mit Weinbrand flambieren, herausnehmen und bereitstellen.
• Die Zwiebel schälen, fein hacken, im verbliebenen Bratfett glasig schwitzen.
• Die Pilze in Scheiben schneiden, mit Zitronensaft beträufeln, zu den Zwiebeln geben und kurz mitbraten.
• Mit Weißwein ablöschen, mit der Hellen Sauce und der Sahne auffüllen und zur Sauce verkochen.
• Die fein gehackten Kräuter mit den Filetstreifen unter die Sauce ziehen. Das Ganze nochmals erhitzen, aber nicht kochen lassen.
• Das Geschnetzelte mit Zitronensaft, Worcestersauce, Salz und Pfeffer kräftig abschmecken, dekorativ anrichten, ausgarnieren und sofort servieren.

Grünkohlauflauf mit Maronen

• 250 g Kasseler • 1-2 EL Gänse- oder Schweineschmalz • 2 Zwiebeln • 600 g Grünkohl • 1/4 l Gemüsebrühe • Salz • Pfeffer aus der Mühle • 2 Lorbeerblätter • einige Nelken • einige Pimentkörner • Butter oder Margarine zum Ausfetten • 1 Becher Sahne • 1 Schuss Weißwein • 125 g geriebenen Käse • 250 g geschälte Maronen

• Das Kasseler in Würfel schneiden und im erhitzten Schmalz anbraten.
• Die Zwiebeln in Würfel schneiden, zum Fleisch geben und kurz mitbraten.
• Den Grünkohl in Streifen schneiden, zum Fleisch geben und kurz anbraten. Die Gemüsebrühe angießen, mit Salz und Pfeffer würzen.
• Die Lorbeerblätter, die Nelken und die Pimentkörner in einen Gewürzbeutel geben und in den Grünkohl legen. Das Ganze bei mäßiger Hitze 25-30 Minuten köcheln lassen.
• Den Grünkohl herausnehmen, gut abtropfen lassen und in eine ausgefettete Auflaufform schichten.
• Die Sahne mit dem Weißwein und dem Käse verrühren. Die Maronen unter den Grünkohl heben, das Ganze mit der Sahne-Käse-Masse überziehen und im auf 180-200 °C vorgeheizten Backofen 20-25 Minuten garen.
• Nach Ende der Garzeit den Grünkohlauflauf herausnehmen, dekorativ anrichten, ausgarnieren und sofort servieren.

Maronentopf mit Käsenocken

• 1-2 EL Butter • 1 Zwiebel • je 1 grüne und rote Paprikaschote • 1 Stange Lauch • 400 g Rosenkohlröschen • 1 Schuss Weißwein • 3/4 l Gemüsebrühe • 2 Lorbeerblätter • einige Nelken • 1 Zimtstange • Salz • Pfeffer aus der Mühle • 1 Prise Muskat • 1 Prise Cayennepfeffer • 100 g geschälte Maronen • 1 in Milch eingeweichtes, altbackenes Brötchen • 2 Eier • 100 g Semmelbrösel • 75 g fein geriebenen Emmentaler • 1 Tasse gemischte, gehackte Kräuter (Kerbel, Estragon, Basilikum)

• Die Butter erhitzen und die fein gehackte Zwiebel darin glasig schwitzen.
• Die Paprikaschoten putzen, halbieren, entkernen, waschen, abtropfen lassen. In mundgerechte Stücke schneiden, zu den Zwiebeln geben und kurz mitschwitzen.
• Den Lauch putzen, in Scheibchen schneiden. Den Rosenkohl verlesen, waschen, zum Gemüse geben und kurz mitschwitzen.
• Mit Weißwein ablöschen, mit der Gemüsebrühe auffüllen. Lorbeerblätter, Nelken und Zimtstange in einen Gewürzbeutel geben und in die Brühe legen.
• Die Suppe zum Kochen bringen, mit Salz, Pfeffer, Muskat und Cayennepfeffer abschmecken. Bei mäßiger Hitze 15-20 Minuten köcheln lassen. Zum Schluss die Maronen unterheben.
• Für die Nocken, das eingeweichte Brötchen ausdrücken, hacken, mit den Eiern und den Semmelbröseln, sowie dem geriebenen Käse zu einer Masse verrühren.
• Die verlesenen, gewaschenen und fein gehackten Kräuter untermischen. Aus der Masse Nocken formen und diese in die kochende Suppe einlegen.
• Die Hitze reduzieren und die Käsenocken in der Suppe gar ziehen lassen.
• Den Maronentopf abschmecken, anrichten, ausgarnieren und sofort servieren.

Paprika-Pilz-Topf

• 4 Hähnchenbrustfilets • Salz • Pfeffer aus der Mühle • 1 Prise Kümmelpulver • 1 EL Paprikapulver • 2-3 EL Butter oder Margarine • 1 Zwiebel • 2-3 Karotten • 2 grüne Paprikaschoten • 2 rote Paprikaschoten • 1 Schuss Weißwein • 3/8 l Gemüse- oder Geflügelbrühe • Sojasauce • 1/2 Bund Petersilie • 1-2 EL Butter oder Margarine • 400 g frische Pilze • 1-2 EL Gulaschgewürz • 1 Prise Muskat • 1 Prise Cayennepfeffer

• Die Hähnchenbrustfilets in feine Streifen schneiden, mit Salz, Pfeffer, Kümmel und Paprikapulver kräftig würzen und in der erhitzten Butter oder Margarine unter ständigem Rühren braten.
• Das Gemüse putzen, in feine Streifen oder Würfel schneiden, zum Fleisch geben und kurz mitbraten.
• Die Butter erhitzen und die klein geschnittenen Pilze darin 6-8 Minuten dünsten. Mit Weißwein ablöschen, mit der Gemüse- oder Geflügelbrühe auffüllen und bei mäßiger Hitze 15 Minuten köcheln lassen. Mit der Sojasauce ablöschen, mit Salz und Pfeffer würzen. Die fein gehackte Petersilie untermischen.
• Nach Ende der Garzeit die Pilze zum Fleisch geben, nochmals erhitzen, mit Gulaschgewürz, Salz, Pfeffer, Muskat und Cayennepfeffer kräftig abschmecken, dekorativ anrichten, ausgarnieren und sofort servieren.

Austernpilz-Terrine

• 2-3 EL Olivenöl • 2 Zwiebeln • 2 Knoblauchzehen • 500 g Austernpilze • 1 EL Kräuter der Provence • 1 Schuss Weißwein • Salz • Pfeffer • Cayennepfeffer • 500 g Kalbsbrät • 1/2 Becher Sahne • 2 Eier • 1-2 EL geriebene Zitronenschale • 4 cl Weinbrand • Butter oder Margarine zum Ausfetten • 1/4 l klaren Bratensaft • 4 cl Sherry medium • 4 Blatt weiße Gelatine • Kräuterzweige zum Garnieren

• Das Olivenöl erhitzen und die fein gehackten Zwiebeln darin glasig schwitzen. Die Knoblauchzehen fein hacken, zu den Zwiebeln geben und kurz mitschwitzen.
• Die Austernpilze in kleine Stücke schneiden, dazugeben, mit Kräutern der Provence bestreuen und 6-8 Minuten dünsten. Mit Weißwein ablöschen, mit Salz, Pfeffer und Cayennepfeffer würzen, vom Feuer nehmen und erkalten lassen.
• Das Kalbsbrät mit der Sahne, den Eiern und der Zitronenschale vermischen, das Ganze mit dem Kochlöffel kräftig durchschlagen, mit Weinbrand verfeinern, mit Salz und Pfeffer würzen. Anschließend die Austernpilze darunter arbeiten.
• Eine Terrinenform ausfetten, die Masse einfüllen, im auf 180-200 °C vorgeheizten Backofen zugedeckt im Wasserbad 70-80 Minuten garen, herausnehmen und vollständig erkalten lassen.
• Den Bratensaft mit dem Sherry medium in einen Topf geben und einmal aufkochen lassen.
•Die gewässerte und gut ausgedrückte Gelatine im Bratensaft auflösen lassen, mit Salz, Pfeffer und Cayennepfeffer abschmecken, über die Terrine gießen und gelieren lassen.
•Die Austernpilzterrine anrichten, mit Kräuterzweigen ausgarnieren und servieren.

Pilzgulasch

• 500 g frische Pilze • Saft von 2 Zitronen • 4 Paar Wiener Würstchen • 2-3 EL Butterschmalz • 2 Knoblauchzehen • 1 Zwiebel • 1 rote Paprikaschote • 1 grüne Paprikaschote • 400 g Zucchini • 3/8 l gebundene Tomatensauce • Salz • Pfeffer aus der Mühle • 1 EL Curry • 1 EL Paprikapulver, edelsüß • 4 Tomaten • 1/2 Bund Oregano • 1/2 Bund Basilikum • 1 Becher saure Sahne

• Die Pilze klein schneiden und mit Zitronensaft beträufeln. Die Wiener Würstchen in Scheiben oder Würfel schneiden.
• Das Butterschmalz erhitzen, die fein gehackten Knoblauchzehen und die fein geschnittene Zwiebel ins Fett geben und glasig schwitzen. Die Würstchen dazugeben und unter ständigem Rühren braten.
• Die Paprikaschoten in Streifen schneiden, in die Pfanne geben und ebenfalls kurz mitbraten. Die gewürfelten Zucchini zum Paprika geben und kurz mitbraten.
• Mit der Tomatensauce auffüllen, mit Salz, Pfeffer, Curry und Paprikapulver abschmecken und bei mäßiger Hitze 6-8 Minuten köcheln lassen. Die Tomaten enthäuten, entkernen, in Würfel schneiden und untermischen.
• Die fein geschnittenen Kräuter mit der sauren Sahne vermischen und mit Salz und Pfeffer würzen.
• Das Pilzragout anrichten, mit der Kräutersahne überziehen, ausgarnieren und sofort servieren.

Pilznäpfchen

• 400 g Austernpilze • 100 g gekochten Schinken • 2-3 EL Butter • 2-3 Schalotten • Salz • Pfeffer aus der Mühle • 1 Prise Muskat • einige Tropfen Zitronensaft • 1 Tasse gemischte, gehackte Kräuter (Petersilie, Schnittlauch, Dill, Basilikum) • 150 g geriebenen alten Gouda • 3 Eier • 1/2 Becher süße Sahne • 1-2 EL Butter zum Ausfetten • 100 g Lachsschinken

• Die Austernpilze klein schneiden. Den Schinken in Streifen schneiden.
• Die Butter erhitzen und die fein gehackten Schalotten darin glasig schwitzen.
• Die Pilze dazugeben und unter ständigem Rühren braten. Mit Salz, Pfeffer, Muskat und Zitronensaft kräftig abschmecken, vom Feuer nehmen und die gehackten Kräuter untermischen.
• Zwei Drittel des geriebenen Käses mit den Eiern und der Sahne in eine Schüssel geben und verrühren.
• Die Pilzmasse dazugeben, alles miteinander vermischen, nochmals abschmecken.
• Ragout-fin-Förmchen mit Butter ausfetten, die Masse einfüllen, das Ganze mit dem restlichen Käse bestreuen und im auf 180-200 °C vorgeheizten Backofen in 15-20 Minuten überbacken.
• Die Pilznäpfchen herausnehmen, mit dem in Streifen geschnittenen Schinken gitterartig belegen, mit Kräuterzweigen ausgarnieren und sofort servieren.

Grüne Bandnudeln mit Shiitake-Pilzen

• 300 g grüne Bandnudeln • Salzwasser • einige Tropfen Olivenöl • 2-3 EL Sojaöl • 2 Knoblauchzehen • 1 TL Salz • 2 Zwiebeln • 1 rote Peperoni • 1 Bund Frühlingszwiebeln • 400 g frische Shiitake-Pilze • 1 Schuss Weißwein • 1 Tasse Sojasauce • 2 EL Hoisinsauce • 2 EL Austernsauce • Salz • Pfeffer

• Die Bandnudeln in Salzwasser mit dem Öl bissfest garen, abgießen, abschrecken, gut abtropfen lassen und bereitstellen.
• Das Sojaöl erhitzen, die mit Salz zerriebenen Knoblauchzehen darin anschwitzen. Die Zwiebel hacken, die Peperoni fein würfeln, ins Fett geben und glasig schwitzen.
• Die Frühlingszwiebeln in feine Scheiben schneiden, zu den Zwiebeln geben und kurz mitschwitzen. Die Shiitake-Pilze klein schneiden, zum Gemüse geben und ebenfalls kurz mitschwitzen.
• Mit Weißwein ablöschen, die Sojasauce, die Hoisinsauce und die Austernsauce untermischen, mit Salz und Pfeffer würzen und 6-8 Minuten dünsten.
• Die Bandnudeln in wenig Sojaöl erhitzen, mit den Shiitake-Pilzen dekorativ anrichten, ausgarnieren und sofort servieren.

Toast Royal

• 4 Scheiben Toastbrot • 2-3 EL Butter oder Margarine • 100 g Frühstücksspeckscheiben • 250 g frische Champignons • 2 Eier • Salz • Pfeffer aus der Mühle • 2 Tomaten • 1 Bund Petersilie • 250 g Mozzarellakäse

• Die Toastbrotscheiben mit Butter oder Margarine bestreichen, in einer Pfanne auf beiden Seiten leicht anbräunen, herausnehmen und bereitstellen.
• Den Frühstücksspeck in der Pfanne kross braten, herausnehmen und ebenfalls bereitstellen. Die geputzten Champignons ins verbliebene Bratfett geben und unter ständigem Rühren kurz dünsten.
• Die Eier verschlagen, mit Salz und Pfeffer würzen und Rühreier herstellen.
• Die Toastbrotscheiben mit Tomatenscheiben, den Champignons und dem Speck belegen. Die Rühreier gleichmäßig darauf verteilen.
• Den Mozzarellakäse in Scheiben schneiden und darauf anrichten. Das Ganze im auf 180-200 °C vorgeheizten Backofen so lange überbacken, bis der Käse zu laufen beginnt, herausnehmen, anrichten, ausgarnieren und sofort servieren.

Schlemmertoast

• 500 g Champignons • 500 g Schweinefilet • Salz • Pfeffer aus der Mühle • 2-3 EL Olivenöl • 1 EL Butter • 2 Zwiebeln • 250 g Camembert • 4 Scheiben Toastbrot • Butter oder Margarine zum Bestreichen • 4 EL Wildpreiselbeeren

• Die Champignons in Scheiben schneiden. Das Schweinefilet mit Salz und Pfeffer kräftig würzen. Das Öl in einer Pfanne erhitzen und das Filet darin braten.
• Die Butter in einer Pfanne erhitzen und die in Scheiben geschnittenen Zwiebeln darin rundherum goldbraun braten. Die Champignons dazugeben und mitbraten. Mit Salz und Pfeffer würzen.
• Den Käse in Scheiben schneiden, das Toastbrot rösten, mit Butter bestreichen, mit Schweinefiletscheiben belegen und in eine feuerfeste Form setzen.
• Mit dem Käse abdecken und unter dem Grill goldgelb überbacken. Mit je einem Klacks Preiselbeeren überziehen, anrichten und sofort servieren.

Pilzstrudel

• 250 g Mehl • 1 Prise Salz • 1-2 EL Olivenöl • 1 Ei • 1/8 l lauwarmes Wasser • 1-2 EL Butter • 1 Zwiebel • 1 rote Paprikaschote • 400 g frische Pilze • Saft von 1 Zitrone • 1 Schuss Weißwein • 2-3 EL Semmelbrösel • 1 Hand voll Kräuter (Estragon, Dill, Kerbel, Basilikum) • Salz • Pfeffer aus der Mühle • 1 Prise Cayennepfeffer • 1 Prise Muskat • 4 Eigelbe • 1 Tasse Weißwein • einige Tropfen Zitronensaft • einige Tropfen Worcestersauce • 250 g handwarme Butter • 1 Tasse geschlagene Sahne • Kräuterzweige zum Garnieren

• Das Mehl mit dem Salz vermischen, auf eine Arbeitsfläche sieben, eine Mulde eindrücken, das Olivenöl, das Ei und das Wasser hinein geben und das Ganze mit bemehlten Händen schnell zu einem glatten, kompakten Teig verkneten.
• Den Teig mit etwas Öl bepinseln, in ein feuchtes Küchentuch wickeln und eine halbe Stunde ruhen lassen. Danach auf einem bemehlten, sauberen Küchentuch ausrollen und ausziehen.
• Die Butter erhitzen und die fein gehackte Zwiebel darin glasig schwitzen. Die in Würfel geschnittene Paprikaschote dazugeben und kurz mitschwitzen. Die Pilze je nach Bedarf klein schneiden, mit Zitronensaft beträufeln, zum Gemüse geben und ebenfalls kurz mitdünsten.
• Mit Weißwein ablöschen, vom Feuer nehmen und mit einigen Semmelbröseln binden. Die Kräuter fein hacken, unter die Masse ziehen, das Ganze mit Salz, Pfeffer, Cayennepfeffer und Muskat würzen.
• Die Füllung gleichmäßig auf dem Teig verteilen, den Strudel zusammenrollen und auf einem ausgefettetenBackblech im auf 180-200 °C vorgeheizten Backofen in 35-40 Minuten garen.
•Während der Garzeit die Eigelbe mit dem Weißwein, dem Zitronensaft und der Worcestersauce in einer feuerfesten Schüssel glatt rühren und auf dem Herd oder im Wasserbad zu einem Schaum aufschlagen. Die Butter tropfenweise einrühren, das Ganze mit Salz, Pfeffer, Zitronensaft und Worcestersauce nochmals kräftig abschmecken und die Sahne unterziehen.
•Die Sauce auf heiße Teller geben, den Strudel in Scheiben schneiden, einsetzen, mit Kräuterzweigen ausgarnieren und sofort servieren.

Überbackene Speckbrote

• 8 Scheiben Bauernbrot • 1-2 EL Butter oder Margarine • 75 g durchwachsenen, geräucherten Speck • 2 Zwiebeln• 1 Stange Lauch • 500 g frische Pilze • Saft von 1 Zitrone • 1 EL Majoran • 1 TL Thymian • Salz • Pfeffer aus der Mühle • 1 Prise Cayennepfeffer • 4 Eier • 1 Schuss Sahne • 125 g geriebenen Butterkäse • 1 Bund Schnittlauch

• Die Bauernbrote auf ein Backblech setzen.
• Die Butter oder Margarine in einer Pfanne erhitzen und den in feine Würfel geschnittenen Speck darin auslassen. Die Zwiebeln und den Lauch klein schneiden, dazugeben und glasig schwitzen.
• Die Pilze klein schneiden, mit Zitronensaft beträufeln, zu den Speckzwiebeln geben und 4-5 Minuten dünsten. Mit Majoran, Thymian, Salz, Pfeffer und Cayennepfeffer kräftig würzen.
• Die Eier mit der Sahne verschlagen, unter die Pilze heben und unter ständigem Rühren stocken lassen. Vom Feuer nehmen und auf die Brotscheiben verteilen.
• Den geriebenen Käse gleichmäßig darüber verstreuen. Das Ganze im auf 180-200 °C vorgeheizten Backofen 10-15 Minuten garen.
• Die Pilzbrote dekorativ anrichten, mit Schnittlauchröllchen bestreuen, ausgarnieren und sofort servieren.

Windbeutel mit Pilzfüllung

• 400 g Champignons • Saft von 1 Zitrone • 1-2 EL Butter oder Margarine • 300 g Quark • 1 Schuss Sahne • 1 Tasse gemischte, gehackte Kräuter (Kerbel, Estragon, Petersilie, Schnittlauch) • 2 EL grüne Pfefferkörner • einige Tropfen Worcestersauce • Salz • Pfeffer aus der Mühle • 1 Prise Muskat • 1 Prise Cayennepfeffer • 8 Windbeutel (Fertigprodukt)

• Die Champignons putzen, klein schneiden, mit Zitronensaft beträufeln und in der Butter oder Margarine glasig schwitzen.
• Die Pilze vom Feuer nehmen, erkalten lassen. Den Quark mit der Sahne glatt rühren, mit den fein gehackten Kräutern sowie den grünen Pfefferkörnern vermischen.
• Den Frischkäse mit Zitronensaft, Worcestersauce, Salz, Pfeffer, Muskat und Cayennepfeffer kräftig abschmecken. Die Pilze unterziehen.
• Die Windbeutel halbieren, je einen Klacks Pilzcreme darauf verteilen, zusammensetzen, anrichten, ausgarnieren und sofort servieren.

Champignonpuffer

• 800 g frische Champignons • Saft von 1 Zitrone • 1-2 EL Butter • 1 Zwiebel • 1-2 Knoblauchzehen • 4 Eier • 100 g Kernige Haferflocken • 50 g Blütenzarte Haferflocken • 75 g Weizenvollkornmehl • Salz • Pfeffer aus der Mühle • 1 Handvoll Kerbel • Butter zum Ausbacken• 2 Handvoll Kräuter (Petersilie, Schnittlauch, Estragon, Kerbel) • 250 g Sahnequark • 1 Becher Joghurt • Tomaten und Basilikumzweige zum Garnieren

• Die Champignons verlesen, putzen, 100 g der Champignons in Scheiben schneiden, den Rest fein raspeln. Beides mit Zitronensaft beträufeln.
• Die Butter in einer Pfanne erhitzen und die geschälte und fein gehackte Zwiebel darin glasig schwitzen.
• Die Knoblauchzehen schälen, hacken, zu den Zwiebeln geben und mitschwitzen.
• Die geraspelten Champignons mit der Zwiebel-Knoblauch-Masse, den Eiern, den Haferflocken und dem Weizenvollkornmehl in eine Schüssel geben und gut miteinander vermischen.
• Das Ganze mit Salz, Pfeffer und dem fein gehackten Kerbel würzen.
• Zum Schluss die in Scheiben geschnittenen Champignons unter die Masse heben. Die Butter erhitzen und portionsweise Champignonpuffer ausbacken.
• Die verlesenen, gewaschenen und gehackten Kräuter in eine Schüssel geben, den Sahnequark und den Joghurt dazugeben und gut miteinander verrühren.
• Den Quark mit Salz und Pfeffer würzen, die Champignonpuffer dekorativ anrichten, mit dem Kräuterquark überziehen, mit Tomaten und Basilikumzweigen ausgarnieren und sofort servieren.

Champignoncarpaccio

• 500 g frische Champignons • Saft von 2 Zitronen • 2-3 EL mittelscharfen Senf • 1 Zwiebel • 1/2 Tasse Aceto balsamico • 1 EL rote, geschrotete Pfefferkörner • 1/2 Tasse Olivenöl • Salz • Pfeffer aus der Mühle • 1 kleinen Kopf Endiviensalat • 4 Scheiben Weißbrot • 2-3 EL Butter oder Margarine • 2 Knoblauchzehen • 1/2 Tasse geröstete Mandelblättchen • Kräuterzweige zum Garnieren

• Die Champignons putzen, in Scheiben schneiden, mit Zitronensaft beträufeln und kurz ziehen lassen.
• Den Senf mit der geschälten und fein geriebenen Zwiebel und dem Aceto balsamico in eine Schüssel geben und verrühren.
• Die Pfefferkörner mit dem Olivenöl unter die Marinade ziehen, mit Salz und Pfeffer würzen.
• Den Endiviensalat verlesen, waschen, gut abtropfen lassen, die Blätter in mundgerechte Stücke zerpflücken und auf Tellern dekorativ anrichten.
• Die Champignons mit der Marinade überziehen, dekorativ auf dem Endiviensalat anrichten. Die restliche Marinade darauf geben.
• Das Weißbrot in Würfel schneiden, die Butter oder Margarine in einer Pfanne erhitzen und die geschälten und fein gehackten Knoblauchzehen darin anschwitzen.
• Die Weißbrotwürfel dazugeben und kurz rösten. Mit den Mandelblättchen gleichmäßig auf dem Champignoncarpaccio verteilen, mit Kräuterzweigen ausgarnieren und sofort servieren.

Camembertsalat mit Pfifferlingen

• 2-3 EL Olivenöl • 2 rote Zwiebeln • 100 g gekochten Schinken • 400 g Pfifferlinge • 1/2 Tasse Aceto balsamico • 1/2 Tasse Olivenöl • Salz • Pfeffer aus der Mühle • 400 g Camembert • 1 Kopf Eichblattsalat • 1 Bund Petersilie

• Das Öl in einer Pfanne erhitzen, die Zwiebeln schälen und in Ringe schneiden, den Schinken in Stücke schneiden und beides im Öl dünsten.
• Die Pfifferlinge putzen und klein schneiden, zu den Zwiebeln geben und unter ständigem Rühren kurz braten.
• Den Aceto balsamico und das Olivenöl hinzugießen, das Ganze mit Salz und Pfeffer würzen.
• Die Pilze vom Herd nehmen und auskühlen lassen.
• Den Camembert in Scheiben schneiden. Den Eichblattsalat verlesen, waschen, abtropfen lassen und in mundgerechte Stücke zerpflücken.
• Die Petersilie verlesen, waschen und fein hacken.
• Den Salat mit dem Käse und den Pilzen auf Tellern dekorativ anrichten, mit Petersilie bestreuen, ausgarnieren und servieren.

Sommerlicher Salat mit Austernpilzen

• 1 kleinen Kopf Eisbergsalat • 1 kleinen Kopf Radicciosalat • 2 Stauden Chicorée • einige Tropfen Olivenöl • einige Tropfen Aceto balsamico • Salz • Pfeffer aus der Mühle • 2-3 EL Olivenöl • 1 Zwiebel • 400 g Austernpilze • 1 Tasse Gemüsebrühe • 1 Prise Cayennepfeffer • 1 Prise Zucker • einige Tropfen Obstessig

• Die Blattsalate verlesen, waschen, gut abtropfen lassen und in mundgerechte Stücke zerpflücken.
•.Die Salatzutaten vermischen und dekorativ anrichten.
• Den Salat mit Olivenöl und Aceto balsamico beträufeln, mit Salz und Pfeffer würzen.
• Das Olivenöl in einer Pfanne erhitzen und die geschälte und fein gehackte Zwiebel darin glasig schwitzen.
• Die Austernpilze putzen, je nach Bedarf klein schneiden, zu den Zwiebeln geben und unter ständigem Rühren kurz braten.
• Die Gemüsebrühe angießen, das Ganze erhitzen und 4-5 Minuten köcheln lassen.
• Die Austernpilze mit Salz, Pfeffer, Cayennepfeffer, Zucker und Obstessig abschmecken und noch warm auf dem Salat anrichten, ausgarnieren und servieren.

Vespersalat

• 250 g Egerlinge • Saft von 1 Zitrone • 400 g kalten Braten • 250 g Butterkäse • 400 g bissfest gegarte grüne Nudeln • 1 kleinen Kopf Eisbergsalat • 1 Becher Joghurt • 1/2 Tasse Tomatenketchup • 1/2 Becher Sahne • 1 Zwiebel • 2 EL mittelscharfen Senf • 3-4 EL Obstessig • Salz • Pfeffer aus der Mühle • 1 Prise Cayennepfeffer • 1 Prise Zucker • 1 Tasse gemischte, gehackte Kräuter

• Die Egerlinge putzen, in Scheiben schneiden, mit Zitronensaft beträufeln und bereitstellen.
• Den kalten Braten und den Butterkäse in feine Streifen schneiden. Die bissfest gegarten Nudeln erkalten lassen.
• Den Eisbergsalat verlesen, waschen, gut abtropfen lassen , mit den restlichen Zutaten auf vier Teller verteilen.
• Den Joghurt mit dem Tomatenketchup und der Sahne glatt rühren. Mit der geschälten und fein geriebenen Zwiebel, dem Senf und dem Obstessig verrühren.
• Das Dressing mit Salz, Pfeffer, Cayennepfeffer und Zucker kräftig abschmecken und gleichmäßig auf dem Salat verteilen.
• Den Vespersalat ausgarnieren mit den Kräutern bestreuen und sofort servieren.

Schmetterlingssalat

• 400 g bissfest gegarte bunte Schmetterlingsnudeln • 200 g frische Steinpilze • 200 g Egerlinge • Saft von 1 Zitrone • 6 EL Olivenöl • 1 Zwiebel • 400 g Zuckerschoten • 1/8l Gemüsebrühe • 1 Tasse Obstessig • 2 Knoblauchzehen • 1 Bund Schnittlauch • 2 EL Senf • 200 g rosa gebratenes Roastbeef • Salz • Pfeffer aus der Mühle

• Die fertig gegarten Nudeln in eine Schüssel geben.
• Die Pilze putzen, in Scheiben schneiden, mit Zitronensaft beträufeln, das Öl erhitzen und die fein gehackte Zwiebel darin glasig schwitzen.
• Die Zuckerschoten putzen, klein schneiden, mit den Pilzen zu den Zwiebeln geben und kurz mitschwitzen, die Gemüsebrühe und den Essig angießen, die geschälten und fein gehackten Knoblauchzehen sowie den verlesenen, gewaschenen und feingeschnittenen Schnittlauch und den Senf einrühren.
• Den Salat damit anmachen und das in feine Streifen geschnittene Roastbeef untermischen, nach Geschmack mit Salz und Pfeffer nachwürzen, kurz ziehen lassen, anrichten, ausgarnieren und sofort servieren.

Lauwarmer Waldpilzsalat

• 600 g Wildfilet • 4 cl Weinbrand • 1 EL Kräuter der Provence • Butter oder Margarine zum Braten • Salz • Pfeffer aus der Mühle • 500 g frische Waldpilze • 1 Tasse Olivenöl • 2-3 Schalotten • 1/2 Tasse Himbeeressig • 1 Tasse Gemüsebrühe • 1 Tasse gemischte, gehackte Kräuter • 250 g gemischten Blattsalat

• Das Wildfilet waschen, trockentupfen und in feine Streifen schneiden.
• Die Streifen in eine Schüssel legen, mit Weinbrand beträufeln und mit Kräutern der Provence bestreuen, im Kühlschrank mindestens zwei Stunden ziehen lassen.
• Das Öl in einer Pfanne erhitzen und die Filetstreifen darin unter ständigem Rühren braten, mit Salz und Pfeffer würzen, herausnehmen und warm stellen.
• Die Pilze verlesen, putzen, je nach Bedarf klein schneiden. Das Olivenöl ins verbliebene Bratfett geben, erhitzen und die fein gehackten Schalotten darin glasig schwitzen, die Pilze zugeben und kurz mitbraten.
• Die Pilze mit Himbeeressig und Gemüsebrühe auffüllen, mit Salz und Pfeffer kräftig abschmecken. Die verlesenen, gewaschenen und fein gehackten Kräuter mit den Filetstreifen unterheben, aber nicht mehr kochen lassen. Auf Blattsalaten anrichten, ausgarnieren und servieren.

Pilzsalat mit Wildleber

• 500 g Wildleber • 4 cl Weinbrand • 1 EL Kräuter der Provence • 2-3 EL Butterschmalz • 2 Knoblauchzehen • Salz • Pfeffer aus der Mühle • 2 Zwiebeln • 2 säuerliche Äpfel • 200 g Blattsalat • 250 g frische Egerlinge • Saft von 1 Zitrone • 1 Kästchen Kresse • 1 Tasse Aceto balsamico • 1 Tasse Olivenöl • Kräuterzweige zum Garnieren

• Die küchenfertige Wildleber klein schneiden, mit Weinbrand beträufeln, mit Kräutern der Provence würzen und 10-15 Minuten im Kühlschrank ziehen lassen.
• Das Butterschmalz in einer Pfanne erhitzen, die geschälten und fein gehackten Knoblauchzehen darin anschwitzen und die Leber darin unter ständigem Rühren braten. Die Leber mit Salz und Pfeffer würzen, vom Feuer nehmen und bereitstellen.
• Die in Scheiben geschnittenen Zwiebeln im verbliebenen Bratfett glasig schwitzen, die in Scheiben geschnittenen Äpfel dazugeben und kurz mitbraten, mit Salz und Pfeffer würzen.
• Den Blattsalat verlesen. Die Pilze putzen, klein schneiden, mit Zitronensaft beträufeln. Die Kresse verlesen, waschen und klein schneiden.
• Den Salat vorsichtig mit der Leber, den Zwiebeln und den Pilzen vermischen und dekorativ anrichten, mit Essig und Öl beträufeln, mit Kräuterzweigen ausgarnieren und servieren.

Champignonsalat mit Sardellen

• 3-4 EL Olivenöl • 500 g frische Champignons • Saft von 2 Zitronen • Salz • Pfeffer aus der Mühle • 1 Röhrchen Kapern • 1 Gläschen Sardellenstückchen • 4 hart gekochte Eier

• Das Öl in einer Pfanne erhitzen und die geputzten und in Scheiben geschnittenen Champignons darin 5 Minuten dünsten.
• Die Champignons mit dem Zitronensaft in eine Schüssel geben, das Ganze verrühren, mit Salz und Pfeffer kräftig würzen.
• Die Kapern und die Sardellenstückchen gut abtropfen lassen und vorsichtig unter den Salat heben.
• Den Champignonsalat dekorativ anrichten, die Eier pellen, vierteln, den Salat damit belegen, ausgarnieren und servieren.

Gratinierte Champignons

• 16 große Champignonköpfe • Saft von 1 Zitrone • 1-2 EL Butter oder Margarine • 2 Knoblauchzehen • 100 g gekochten Schinken • 1 Zwiebel • 2 Scheiben Weißbrot • Salz • Pfeffer aus der Mühle • 1 TL Thymian • 1 TL Oregano • 150 g geriebenen Emmentaler • 1 Hand voll Kräuter (Basilikum, Kresse, Estragon, Kerbel) • 200 g Feldsalat • einige Tropfen Aceto balsamico • einige Tropfen Olivenöl

• Die Champignonköpfe putzen, den Strunk herauslösen, die Köpfe mit Zitronensaft beträufeln, den Strunk fein hacken und ebenfalls mit Zitronensaft beträufeln.
• Die Butter oder Margarine in einer Pfanne erhitzen und die fein gehackten Knoblauchzehen darin anschwitzen. Den Schinken und die Zwiebel in feine Würfel schneiden, beides ins Knoblauchfett geben und glasig schwitzen.
• Die gehackten Champignonstrünke dazugeben und kurz mitschwitzen. Die Weißbrotscheiben fein würfeln oder hacken, unter die Masse ziehen, mit Salz, Pfeffer, Thymian und Oregano würzen, vom Feuer nehmen, leicht erkalten lassen, den geriebenen Emmentaler und die fein gehackten Kräuter unterziehen.
• Die Masse gleichmäßig in die Champignonköpfe füllen. Die Champignonköpfe in eine ausfettete Auflaufform einsetzen und im auf 180-200 °C vorgeheizten Backofen 10-15 Minuten garen.
• Den Feldsalat auf vier Tellern dekorativ anrichten, mit Aceto balsamico und Olivenöl beträufeln, mit Salz und Pfeffer würzen, die Champignonköpfe darauf setzen, das Ganze ausgarnieren und sofort servieren.

Gurken-Pilz-Gemüse

• 1 Salatgurke • 2 Knoblauchzehen • 1 TL Salz • 2-3 EL Olivenöl • 2 Zwiebeln • 250 g Pfifferlinge oder andere Pilze • 1 EL Kräuter der Provence • 1 große Dose geschälte Tomaten • Salz • Pfeffer aus der Mühle • 1 Prise Cayennepfeffer • 1 Prise Zucker • 1 Hand voll Dill • Kräuterzweige zum Garnieren

• Die Salatgurke putzen, schälen, halbieren, mit einem Teelöffel das Kerngehäuse herausschaben und das Fruchtfleisch in mundgerechte Stücke schneiden.
• Die gehackten und mit Salz zerriebenen Knoblauchzehen im erhitzten Olivenöl und kurz anschwitzen. Die Zwiebeln schälen, fein würfeln, ins Knoblauchfett geben und dünsten.
• Die Pfifferlinge klein schneiden, mit den Gurken zu den Zwiebeln geben, mit Kräutern der Provence bestreuen und bei mäßiger Hitze 4-5 Minuten dünsten. Die geschälten Tomaten mit einer Gabel zerdrücken, unter das Gemüse heben, mit Salz, Pfeffer, Cayennepfeffer und Zucker kräftig abschmecken und bei mäßiger Hitze weitere 4-5 Minuten köcheln lassen.
• Den fein gehackten Dill unterziehen. Das Gurken-Pilz-Gemüse nochmals abschmecken, anrichten, mit Kräuterzweigen ausgarnieren, einige gebackene Sesamkartoffeln dazugeben und sofort servieren.

Pilzgeschnetzeltes

• 600 g frische Waldpilze • Saft von 2 Zitronen • 1 Tasse Olivenöl • 2 Knoblauchzehen • 2 Zwiebeln • 2 Tasse Gemüsebrühe • Salz • Pfeffer aus der Mühle • 1 EL Kräuter der Provence • 1 Becher Sahne • 1 Becher Crème fraîche • 1 Tasse gemischte, gehackte Kräuter (Schnittlauch, Petersilie, Kresse)

• Die Pilze verlesen, putzen, klein schneiden, mit Zitronensaft beträufeln und kurz ziehen lassen.
• Das Olivenöl in einer Pfanne erhitzen. Die Knoblauchzehen und die Zwiebeln schälen, beides fein hacken, ins Öl geben und unter ständigem Rühren kurz braten.
• Die Gemüsebrühe angießen und kurz dünsten, die Pilze mit Salz, Pfeffer und Kräutern der Provence abschmecken.
• Die Pilze mit der Sahne, der Creme fraîche und den Kräutern verfeinern, nochmals abschmecken, anrichten, ausgarnieren und servieren.

Gebackene Pilze

• 200 g Mehl • 1 Prise Salz • 1/4 l Weißwein • 2 Eigelbe • 1 EL Olivenöl • 2 Eiweiß • 800 g frische Pilze • Saft von 2 Zitronen • einige Tropfen Worcestersauce • Salz • Pfeffer aus der Mühle • 4 EL Mehl oder Speisestärke • Pflanzenfett zum Ausbacken

• Das Mehl mit dem Salz, dem Weißwein, den Eigelben und dem Olivenöl in eine Schüssel geben und einen glatten Teig rühren.
• Das Eiweiß zu steifem Schnee schlagen und vorsichtig unter den Teig heben.
• Die Pilze verlesen, putzen, mit Zitronensaft und Worcestersauce beträufeln, mit Salz und Pfeffer würzen und kurz ziehen lassen.
• Die Pilze mit Mehl oder Speisestärke bestäuben und in den Backteig geben.
• Das Fett erhitzen. Die Pilze aus dem Teig nehmen und goldgelb ausbacken, herausnehmen, abtropfen lassen, anrichten. Mit Remouladensauce servieren.

Pilze mit Kräuterbutter

• 600 g frische Pilze • Saft von 2 Zitronen • 2-3 EL Butter oder Margarine • 100 g rohen, geräucherten Schinken • 2 Zwiebeln • 1 Schuss Weißwein • 100 g Butter • 2 Tassen gemischte, gehackte Kräuter (Petersilie, Melisse, Brunnenkresse, Schnittlauch, Estragon) • Salz • Pfeffer aus der Mühle • 1 Prise Muskat • 1 Prise Cayennepfeffer • 1 Prise Zucker • Kräuterzweige zum Garnieren

• Die Pilze verlesen, putzen und in Stücke schneiden, mit Zitronensaft beträufeln.
• Die Butter oder Margarine in einer Pfanne erhitzen und den in feine Würfel geschnittenen Schinken darin kurz anschwitzen.
• Die Zwiebeln schälen, fein hacken, zum Schinken geben und kurz mitschwitzen.
• Die Pilze untermischen und bei mäßiger Hitze 5 Minuten dünsten.
• Mit Weißwein ablöschen. Die Butter und die fein gehackten Kräuter untermischen.
• Die Pilze mit Salz, Pfeffer, Muskat, Cayennepfeffer und Zucker abschmecken.
• Die Pilze anrichten, mit Kräuterzweigen ausgarnieren und sofort servieren.

Knoblauch-Waldpilze

• 600 g Waldpilze • 4 Schalotten • 4-6 Knoblauchzehen • 1 Tasse Olivenöl • Salz • Pfeffer • 1 Prise Zucker • einige Tropfen Zitronensaft • einige Tropfen Worcestersauce • 1 Tasse gemischte, gehackte Kräuter (Schnittlauch, Petersilie, Estragon, Kresse) • 1/4 l Tomatensauce

• Die Waldpilze verlesen, putzen und klein schneiden.
• Die Schalotten schälen, hacken. Die Knoblauchzehen in Scheiben schneiden.
• Das Öl erhitzen. Pilze, Schalotten und die Knoblauchscheibchen dazugeben und anbraten.
• Die Pilze mit Salz, Zucker, Zitronensaft und Worcestersauce abschmecken und die verlesenen, gewaschenen und fein gehackten Kräuter unterziehen.
• Die Tomatensauce angießen, erhitzen, nochmals abschmecken, dekorativ anrichten, ausgarnieren und sofort servieren.

Rosmarin-Zimt-Champignons

• 1 kg frische Champignons • 1 Tasse Zitronensaft • 8-10 Knoblauchzehen • 6-8 rote Chilischoten • 4 Zimtstangen • 1 Hand voll Rosmarin • 4 Lorbeerblätter • 1/4 l Weißwein • 1/4 l Kräuteressig • 1/2 l Gemüsebrühe • 125 g Zucker • 2 EL Salz

• Die Champignons mit Zitronensaft beträufeln und in einen Topf geben.
• Die Knoblauchzehen klein schneiden, mit den Chilischoten, den Zimtstangen, dem Rosmarin und den Lorbeerblättern zu den Champignons geben.
• Mit Weißwein, dem Kräuteressig und der Gemüsebrühe auffüllen, Zucker und Salz dazugeben und das Ganze zum Kochen bringen.
• Die Champignons bei mäßiger Hitze 6-8 Minuten kochen lassen, nochmals abschmecken, in saubere Einmachgläser füllen, diese verschließen und zum Verzehr bereitstellen.

Pilz-Beeren-Chutney

• 1 kg frische Pilze • Saft von 4 Zitronen • 1 kg gemischte Waldbeeren (Himbeeren, Brombeeren, Blaubeeren) • 500 g Zwiebeln • 4-6 Knoblauchzehen • 1/4 l Obstessig • 1 Flasche Rotwein • 4 EL geriebene Zitronenschale • 4 EL geriebene Orangenschale • 400 g Gelierzucker • Salz • Pfeffer aus der Mühle

• Die Pilze putzen und klein schneiden, mit Zitronensaft beträufeln und in eine Schüssel geben.
• Die Waldbeeren verlesen, waschen, gut abtropfen lassen, zu den Pilzen geben und mit dem restlichen Zitronensaft beträufeln.
• Die Zwiebeln schälen, in feine Würfel schneiden. Die Knoblauchzehen schälen und fein hacken.
• Den Obstessig und den Rotwein in einen Topf geben und zum Kochen bringen. Die Zwiebeln und die Knoblauchzehen dazugeben und kurz ziehen lassen.
• Anschließend die Pilze, die Beeren, die Zitronen- und Orangenschale und den Gelierzucker einrühren und bei starker Hitze 5 Minuten sprudelnd kochen lassen.
• Das Chutney vom Feuer nehmen, mit Salz und Pfeffer nachwürzen. In dekorative Gläser füllen, erkalten lassen und zum Verzehr kühl aufbewahren.

Eingemachte Kräuterpilze

• 2 kg gemischte Pilze • 500 g Zwiebeln • 4-8 Knoblauchzehen • 1 Flasche Weißwein • 3/8 l Weißweinessig • 1 Tasse Zitronensaft • 4 EL Salz • 150 g Zucker • einige Lorbeerblätter • einige Nelken • einige Wacholderbeeren • einige Pfefferkörner • 2 Tassen gemischte, gehackte Kräuter

• Die Pilze putzen, klein schneiden. Die Zwiebeln in feine Würfel schneiden. Die Knoblauchzehen schälen und fein hacken.
• Den Weißwein, den Weinessig, den Zitronensaft, das Salz, den Zucker und die Gewürze in einen Topf geben und zum Kochen bringen.
• Die Pilze, die Zwiebeln und den Knoblauch dazugeben, einmal aufkochen lassen. Die Kräuter untermischen und das Ganze nochmals nachschmecken.
• Die Pilze mit dem Sud in Einmachgläser füllen und verschließen. Bei 90 °C in 40 Minuten einwecken. Die Gläser erkalten lassen und kühl zum Verzehr bereitstellen.

Eingelegte Pilze

• 1 kg gemischte Waldpilze (Maronen, Steinpilze, Pfifferlinge, Champignons und Stockschwämmchen) • 1 Bund Lauchzwiebeln • 1/2 l Gemüsebrühe • 1/2 Flasche Weißwein • 1/8 l Obstessig • 1/2 Tasse Zitronensaft • 2 EL Zucker • 2 EL Salz • einige Lorbeerblätter • einige Pfefferkörner • einige Nelken • 1/2 Tasse Senfkörner • 1/2 Tasse gemischte Kräuter (Dill, Zitronenmelisse, Estragon und Petersilie)

• Die Waldpilze klein schneiden. Die geputzten Lauchzwiebeln in Stücke schneiden.
• Die Gemüsebrühe, den Weißwein, den Obstessig und den Zitronensaft mit den Pilzen und den Zwiebeln in einen Topf geben und zum Kochen bringen.
• Den Zucker, das Salz und die Gewürze dazugeben und das Ganze 6-8 Minuten ziehen lassen. Die Kräuter zerpflücken und in den Sud geben.
• Die Waldpilze und den Sud schichtweise in saubere Einmachgläser füllen. Die Einmachgläser verschließen und bei 70-75 °C 30-40 Minuten einwecken.
• Die Gläser herausnehmen, erkalten lassen und zum Verzehr bereitstellen.

Marinierte Pilze

• 200 g Champignons • 200 g Austernpilze • Saft von 1 Zitrone • 1-2 EL Olivenöl • 4 Frühlingszwiebeln • 75 g gekochten Schinken • 1 Schuss Weißwein • 1 Schuss Obstessig • Salz • Pfeffer aus der Mühle • 1 Prise Cayennepfeffer • 1 Prise Muskatpulver • 1/2 Bund Schnittlauch • 1/2 Bund Petersilie • 4 Brötchen

•Die Pilze waschen, abtropfen lassen und mit Zitronensaft beträufeln. Das Öl erhitzen und die geputzten, in Ringe geschnittenen Zwiebeln darin glasig schwitzen.
• Den Schinken würfeln, zu den Zwiebeln geben und mitschwitzen. Mit Weißwein und dem Essig ablöschen und bei mäßiger Hitze 6-8 Minuten dünsten lassen.
• Die Pilze mit Salz, Pfeffer, Cayennepfeffer und Muskat kräftig abschmecken und die gehackten Kräuter unterrühren. Anschließend die marinierten Pilze vom Feuer nehmen und erkalten lassen.
• Nochmals abschmecken, anrichten ausgarnieren und mit den Brötchen servieren.

Wildbeerenketchup

• 500 g Brombeeren • 500 g Himbeeren • 500 g Johannisbeeren • 1 kg Tomaten • 2 Lorbeerblätter • 2 Nelken • einige Wacholderbeeren • 1 EL schwarze Pfefferkörner • 1/2 l Weinessig • 175 g Zucker • 1 EL Curry • 1 EL Paprikapulver • 1 Prise Cayennepfeffer

• Die Früchte verlesen, waschen und in einen Topf geben. Die Tomaten enthäuten, klein schneiden und zu den Früchten geben.
• Lorbeerblätter, Nelken, Wacholderbeeren, Pfefferkörner und den Weinessig dazugeben, den Zucker unterziehen, mit Curry, Paprikapulver und Cayennepfeffer würzen.
• Zugedeckt bei mittlerer Hitze 1/2 Stunde kochen lassen. Anschließend im Mixer oder mit dem Pürierstab pürieren. Bei starker Hitzezufuhr und unter ständigem Rühren einkochen lassen. Es soll eine cremige Sauce entstehen.
• In Flaschen abfüllen, verschließen und zum weiteren Verzehr bereitstellen.

Schneller Pilzketchup

• 2 kg frische Pilze • Saft von 4 Zitronen • 1 Tasse Olivenöl • 2 Zwiebeln • 3 l fertigen Tomatenketchup • 4 EL Curry • 4 EL Paprikapulver, edelsüß • Obstessig und Zucker zum Abrunden

• Die Pilze putzen, fein hacken, mit Zitronensaft beträufeln, das Öl erhitzen und die fein gehackten Zwiebeln darin glasig schwitzen.
• Die Pilze dazugeben und unter ständigem Rühren 10 Minuten braten.
• Den Tomatenketchup einrühren. Mit Curry und Paprikapulver würzen und einmal aufkochen lassen.
• Den Pilzketchup mit Obstessig und Zucker abrunden. In Flaschen füllen, verschließen und bis zum Verzehr kühl lagern.

Pilzketchup

• 1,5 kg frische Pilze • 2 Gemüsezwiebeln • Saft von 2 Zitronen • 1/2 l Essig • 1 Tasse Weißwein • 1/2 TL Muskatpulver • 1 Msp. Nelkenpulver • 1 Msp. Kardamom • 1 TL Zimt • 100 g Zucker • 50 g Salz • 1 Bund Petersilie

• Die klein geschnittenen Pilze mit den fein gehackten Gemüsezwiebeln in einen Topf geben.
• Zitronensaft, Essig und Weißwein angießen und mit Muskat, Nelkenpulver, Kardamom und Zimt würzen. Zucker und Salz unterrühren und bei mittlerer Hitze 1/2 Stunde köcheln lassen.
• Im Mixer oder mit dem Pürierstab pürieren. Erneut zum Kochen bringen und so lange kochen, bis eine dicke, cremige Sauce entstanden ist.
• Kurz vor Garende die fein gehackte Petersilie unterziehen, in Flaschen füllen, verschließen und zum weiteren Gebrauch bereitstellen.

Honigfrischkäse auf Waldbeeren

• 500 g körnigen Frischkäse • 1 Tasse Sahne • 4-5 EL Honig • Saft von 1 Zitrone • 1 Päckchen Vanillezucker • 4 cl Orangenlikör • 2-3 EL Leinsamen • 500 g frische Waldbeeren (Erdbeeren, Himbeeren, Brombeeren, Johannisbeeren und Heidelbeeren)

• Den Frischkäse in einer Schüssel kurz durchrühren. Die Sahne mit dem Honig in einen Topf geben und leicht erhitzen. So lange rühren, bis sich der Honig vollständig aufgelöst hat.
• Die Honigsahne unter den Frischkäse geben, mit dem Zitronensaft, dem Vanillezucker und dem Orangenlikör abrunden.
• Den Leinsamen in einer trockenen Pfanne kurz rösten. Die Waldbeeren verlesen, waschen, gut abtropfen lassen und in eine Schüssel geben.
• Den Frischkäse gleichmäßig darüber verteilen, mit dem Leinsamen bestreuen, ausgarnieren und servieren.

Waldbeeren mit Orangenschaum

• 4 Eigelbe • Saft von 1 Orange • 1 Schuss Sekt • 1 Päckchen Vanillezucker • Honig nach Geschmack • 400 g Waldbeeren (Erdbeeren, Himbeeren, Brombeeren, Johannisbeeren und Heidelbeeren) • 4 cl Orangenlikör • Zucker nach Geschmack • 4 Portionen Vanilleeis • 1/2 Tasse gehackte Nüsse (Pistazien, Pinien, Mandeln)

• Die Eigelbe mit dem Orangensaft, dem Sekt und dem Vanillezucker in eine feuerfeste Schüssel geben und verrühren.
• Mit Honig nach Geschmack süßen und das Ganze im Wasserbad oder auf dem Herd zu einem Schaum aufschlagen.
• Die Waldbeeren verlesen, waschen und gut abtropfen lassen, mit Orangenlikör beträufeln und nach Geschmack mit Zucker süßen.
• Das Vanilleeis anrichten, mit den Waldbeeren bedecken und mit dem Orangenschaum überziehen. Mit den Nüssen bestreuen, ausgarnieren und servieren.

Waldbeerentraum

• 4 Eiweiß • 300 g Zucker • 1 EL Essig • 100 g Himbeeren • 100 g Brombeeren • 100 g Blaubeeren • 100 g Erdbeeren • 1 Päckchen Vanillezucker • 1 Tasse Weißwein • 4 cl Orangenlikör • 6 Blatt weiße Gelatine • 2 Blatt rote Gelatine • 1 Becher Sahne • 4 EL Zucker • Früchte zum Garnieren • Schokoraspeln

• Das Eiweiß sehr steif schlagen. Den Zucker und den Essig vorsichtig untermischen. Ein Backblech mit Pergamentpapier auslegen und die Eiweißmasse darauf spritzen. Im auf 100° C vorgeheizten Backofen etwa 3 Stunden trocknen lassen.
• In der Zwischenzeit Himbeeren, Brombeeren, Blaubeeren und Erdbeeren waschen und mit dem Vanillezucker und dem Weißwein im Mixer pürieren. Einige Beeren beiseite stellen zum Garnieren.
• Den Orangenlikör unterziehen. Die gewässerte Gelatine auflösen und das Fruchtmark damit binden. Im Kühlschrank leicht stocken lassen. Die Sahne mit dem Zucker steif schlagen und vorsichtig unter die Fruchtmasse heben.
• Die Baisers anrichten, das Fruchtpüree in einen Spritzbeutel füllen und gleichmäßig darauf verteilen. Mit Früchten ausgarnieren und mit Schokostreuseln bestreut servieren.

Spätsommertraum

• 3 Eigelb • 75 g Zucker • Saft von 1/2 Zitrone • 1 TL geriebene Zitronenschale • 1 Päckchen Vanillezucker • 250 g Mascarpone (italienischer Frischkäse) • 1 kleines Glas Waldbeerengelee • 1/2 Becher Sahne • 1/2 Päckchen Sahnesteif • 1 kleine Packung Löffelbiskuits • 400 g Waldbeeren (Himbeeren, Blaubeeren, Brombeeren) • 4-6 cl Himbeergeist • frische Früchte und Kräuterzweige zum Garnieren

• Das Eigelb mit dem Zucker in eine Schüssel geben und schaumig schlagen. Den Zitronensaft tropfenweise darunter rühren. Die Zitronenschale und den Vanillezucker dazugeben und so lange rühren, bis sich der Vanillezucker vollständig aufgelöst hat.
• Den Mascarpone mit dem Waldbeerengelee in einer Schüssel glatt rühren. Die Sahne mit dem Sahnesteif steif schlagen.
• Eigelbmasse, Mascarpone und Sahne vorsichtig miteinander vermischen. Die Löffelbiskuits in einer Form auslegen.
• Die Waldbeeren mit dem Himbeergeist beträufeln, mit Zucker nach Geschmack süßen, im Kühlschrank 10 Minuten ziehen lassen, gleichmäßig auf den Biskuits verteilen und die Creme darüber geben.
• Das Ganze im Kühlschrank mindestens eine Stunde ziehen lassen. Anschließend anrichten, mit frischen Früchten und Kräuterzweigen ausgarnieren und servieren.

Griessnockerl mit Beerenkompott

• 0,6 l Milch • 160 g Grieß • 4 Eigelb • 1 Prise Salz • Zucker nach Geschmack • 600 g gemischte, rote Beeren (Himbeeren, Brombeeren, Johannisbeeren, Erdbeeren)

• Die Milch in einen Topf geben und zum Kochen bringen. Unter ständigem Rühren den Grieß zufügen und das Ganze einmal aufkochen lassen. Bei mäßiger Hitze ausquellen lassen, dabei immer wieder umrühren. Vom Herd nehmen, leicht auskühlen lassen, das Eigelb darunter schlagen und mit Salz und Zucker abschmecken.
• Während der Grieß abkühlt, die Beeren waschen, und die Hälfte davon fein pürieren. Die restlichen Beeren unter das Mus mischen und das Ganze mit Zucker nach Geschmack süßen.
• Aus dem kalten Grießbrei Klößchen formen, mit dem Beerenpüree anrichten, ausgarnieren und sofort servieren.

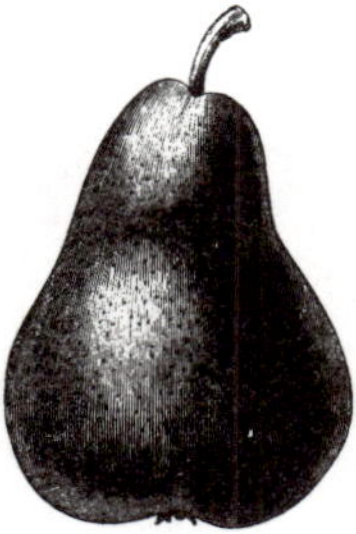

Rotweinbirnen

• 4 Williamsbirnen • Zitronensaft • 2-3 EL Zucker • 1/4 l Rotwein • 1/2 l Birnensaft • 1 Becher Sahne • 4 Portionen Walnusseis • 2 EL gehackte Pistazienkerne

• Die Williamsbirnen schälen, halbieren, das Kerngehäuse entfernen und mit Zitronensaft beträufeln.
• Den Zucker in einem Topf karamelisieren, mit dem Rotwein ablöschen, mit Birnensaft auffüllen und den Sud etwas einreduzieren lassen.
• Die Birnen in den Sud legen, bei mäßiger Hitze gar ziehen lassen und herausnehmen. In den verbliebenen Sud einen Becher Sahne einrühren und auf die Hälfte einreduzieren lassen.
• Das Karamel auf Tellern verteilen, die Rotweinbirnen darauf legen, mit 4 Portionen Walnusseis anrichten und mit den gehackten Pistazienkernen bestreut servieren.

Zabaione mit Erdbeeren

• 500 g frische Erdbeeren • 4 EL Zucker • 4 cl Orangenlikör • 1–2 EL grüne Pfefferkörner • 4 Eigelb • 1 Tasse Portwein • Zucker nach Geschmack • 2 Tassen geschlagene, gesüßte Sahne • Melissenblätter zum Garnieren

• Die Erdbeeren verlesen, waschen, abtropfen lassen, je nach Bedarf klein schneiden und in eine Schüssel geben.
• Die Erdbeeren mit Zucker bestreuen, mit Orangenlikör beträufeln und die Pfefferkörner unterheben.
• Die Erdbeeren im Kühlschrank 10–15 Minuten ziehen lassen.
• Das Eigelb mit dem Portwein verschlagen, nach Geschmack mit dem Zucker süßen.
• Das Ganze in einen feuerfesten Topf füllen und auf dem Herd oder im Wasserbad zu einer Crème aufschlagen.
• Die Erdbeeren anrichten, mit der Portweincreme und mit geschlagener, gesüßter Sahne überziehen, mit Melissenblättchen ausgarnieren und servieren.

Waldbeerencharlotte

• 400 g frische Waldbeeren (Himbeeren, Heidelbeeren, Brombeeren, Erdbeeren) • 1 Päckchen Vanillezucker • 2-3 EL Zucker • 12-15 Löffelbiskuits • 4 Eigelb • 100 g Zucker • 1/4 l Milch • 1/2 Vanilleschote • 4 Blatt weiße Gelatine • 1/4 l Sahne • Zucker nach Geschmack • 200 g frische Waldbeeren • 1 Päckchen Vanillezucker • Waldbeeren zum Dekorieren

• Die Beeren verlesen, in eine Schüssel geben, mit Vanillezucker und Zucker bestreuen und kurz ziehen lassen.
• Den Rand einer Charlotteform mit den zugeschnittenen Löffelbiskuits auslegen. Die Eigelb mit dem Zucker in eine Schüssel geben und schaumig schlagen. Die Milch mit der Vanilleschote aufkochen lassen, das Mark der Schote zur Eimasse geben und die warme Vanillemilch kräftig darunter schlagen.
• Das Ganze unter ständigem Schlagen leicht erhitzen, bis sich eine Creme bildet. Die Gelatine in Wasser einweichen, ausdrücken und in der Creme auflösen lassen.
• Die Creme in Eiswasser stellen und kaltschlagen, bis sie anfängt dickflüssig zu werden. Die Sahne steif schlagen und je nach Geschmack zuckern. Die Sahne mit den vorbereiteten Waldbeeren vorsichtig unter die Creme heben und die Masse in die Charlotteform füllen. Im Kühlschrank etwa einen halben Tag kalt stellen.
• Die Charlotte auf eine dekorative Platte stürzen. Die restlichen Waldbeeren verlesen, waschen, gut abtropfen lassen, mit Vanillezucker und Zucker aromatisieren und als Dekoration verwenden.

Malvenblütenmarmelade

• 125 g Malvenblüten • 1/2 l Wasser • 1/4 l trockenen Weißwein • 1 Zimtstange • 1 Vanilleschote • einige Nelken • 1 kg Gelierzucker • 70 ml Zitronensaft

• Die Malvenblüten mit dem Wasser, dem Weißwein, der Zimtstange, der Vanilleschote und den Nelken in einen Topf geben und einmal aufkochen lassen. Bei mäßiger Hitze 10 Minuten ziehen lassen, beiseite stellen, erkalten lassen und durch ein sauberes Küchentuch passieren.
• Den Gelierzucker und den Zitronensaft mit dem Malvenblütensaft vermischen und unter ständigem Rühren fünf Minuten sprudelnd kochen lassen.
• Das Gelee abschäumen und noch heiß in saubere Einmachgläser füllen.

Malvenblüteneis

• 4 Eier • 150 g Zucker • 1 Päckchen Vanillezucker • 1/2 l Sahne • 1 Päckchen Sahnesteif • 1 Tasse Malvenblütensirup • Zucker nach Geschmack • gehackte Pistazien zum Bestreuen • Makrönchen und frische Malvenblüten zum Verzieren

• Die Eier mit dem Zucker und dem Vanillezucker im Wasserbad zu einem Schaum aufschlagen, herausnehmen, in kaltes Wasser stellen und kaltschlagen.
• Die Sahne mit dem Sahnesteif steif schlagen, etwas zum Verzieren beiseite stellen und den Rest mit dem Malvenblütensirup unter die Eicreme ziehen.
• Nach Geschmack nochmals nachsüßen, das Ganze in eine Eisform füllen und im Gefrierschrank halb fest werden lassen, dabei in der ersten Stunde zweimal umrühren.
• Das Halbgefrorene in dekorative Schalen füllen, mit der geschlagenen Sahne ausgarnieren, mit gehackten Pistazien bestreuen und mit Makrönchen sowie frischen Malvenblüten garniert sofort servieren.

Rosmarin-Preiselbeer-Marmelade

• 250 g frische Rosmarinnadeln • 1/2 l Wasser • 1/2 l Orangensaft • Saft von 2 Zitronen • 2 Päckchen Vanillezucker • 1 kg Gelierzucker • 250 g Preiselbeermarmelade

• Die Rosmarinnadeln mit dem Wasser und dem Orangensaft zum Kochen bringen, bei mäßiger Hitze 15 Minuten ziehen lassen, vom Feuer nehmen und durch ein Sieb oder ein sauberes Küchentuch passieren.
• Den Zitronensaft und den Vanillezucker unterrühren, den Gelierzucker dazugeben und das Ganze zum Kochen bringen. Unter ständigem Rühren 6 Minuten sprudelnd kochen lassen, die Preiselbeermarmelade einrühren, nochmals aufkochen lassen, in dekorative Einmachgläser füllen, verschließen, vollständig erkalten lassen und zum Verzehr bereitstellen.

Hagebuttenmarmelade mit Zimt

• 1,5 kg küchenfertige, geputzte Hagebutten • 1/2 l Orangensaft • einige Nelken • 2-3 Zimtstangen • 2 Vanilleschoten

• Die Hagebutten auf ein Blech legen und in der Gefriertruhe oder im Gefrierfach 1-2 Tage frosten. Für die Zubereitung herausnehmen, auftauen lassen und mit dem Messer klein schneiden.
• Die Früchte und den Orangensaft mit den Nelken, den Zimtstangen und den aufgeschnittenen Vanilleschoten dazugeben. Bei mäßiger Hitze 15-20 Minuten köcheln lassen und anschließend durch ein feines Sieb passieren.
• Die Fruchtmasse in einen Topf geben und je nach Art des Geliermittels (kalorienreduziertes Agar-Agar) weiter bearbeiten.

Hagebuttenmus mit Johannisbeergelee

• 500 g küchenfertige, geputzte Hagebutten • 1/4 l Orangensaft • 200 g Johannisbeergelee • 100 g Honig • Saft von 1 Zitrone • 1 Päckchen Vanillearoma

• Die Hagebutten halbieren und in einen Topf geben. Mit dem Orangensaft auffüllen und über Nacht zugedeckt weichen lassen.
• Am nächsten Tag die Hagebutten bei mäßiger Hitze weich kochen. Anschließend durch ein Sieb streichen und erneut in einen Topf geben.
• Das Johannisbeergelee und den Honig mit dem Zitronensaft und dem Vanillearoma unter das Hagebuttenmark rühren, nochmals erhitzen und in heiß ausgespülte Einmachgläser füllen. Verschließen und zum Verzehr bereitstellen.

Vollkornküchle mit Ananas

• 200 g Vollkornmehl • 1/4 l Weißwein • 1 EL Öl • 2 Eigelb • 1 Prise Salz • 2 Eiweiß • 12 Scheiben Ananas • Ananaslikör oder Weinbrand zum Marinieren • Fett zum Ausbacken • Zimtzucker • Fruchtsaucen oder Eis

• Das Vollkornmehl, den Weißwein, das Öl, die Eigelb und das Salz zu einem glatten Teig verrühren. Das Eiweiß steif schlagen und unter den Teig heben.
• Die Ananas mit Ananaslikör oder Weinbrand beträufeln und kurz marinieren.
• Backfett erhitzen, die Ananasscheiben durch den Teig ziehen, im schwimmenden Fett goldgelb ausbacken, herausnehmen, gut abtropfen lassen, in Zimtzucker wenden, anrichten und mit Fruchtsaucen, Eis oder pur servieren.

Eispastetchen mit Waldfrüchten

• 4 Scheiben Blätterteig (TK-Produkt) • 1 Eigelb • 200 g Himbeeren • 200 g Erdbeeren • 100 g Blaubeeren • 3 EL Zucker • 1/8 l Rotwein • 1 Msp. Zimtpulver • etwas Johannisbrotkernmehl • 4 Portionen Eiscreme nach Geschmack • 1 Tasse Honig

• Den Blätterteig auftauen lassen, die Rechtecke in der Mitte halbieren und acht Kreise ausstechen.
• Vier Kreise mit Wasser bestreichen. Aus den restlichen vier Kreisen in der Mitte ein Loch ausstechen. Je einen Kreis und einen Ring übereinander legen und leicht andrücken.
• Die vier Teigringe auf ein mit Wasser benetztes Backblech setzen. Die ausgestochenen kleinen Kreise ebenfalls darauf setzen. Das Ganze im auf 180-200 °C vorgeheizten Backofen 15-20 Minuten ausbacken.
• Die Himbeeren, die Erdbeeren und die Blaubeeren verlesen, waschen und gut abtropfen lassen. Je nach Bedarf klein schneiden und bereitstellen.
• Den Zucker in einer Pfanne karamelisieren lassen, den Rotwein angießen und den Zuckerkaramel loskochen. Die Früchte in die Flüssigkeit geben, einmal aufkochen lassen, das Ganze mit Zimtpulver aromatisieren und mit Johannisbrotkernmehl leicht binden. Die ausgebackenen Blätterteigtaschen anrichten. Mit je einer Portion Eiscreme füllen. Die noch warmen Früchte gleichmäßig um die Pastetchen geben. Den Honig in einem Topf erhitzen und tropfenweise über das Eis geben. Sofort servieren.

Kastanienmousse mit Preiselbeersauce

• 100 g geschälte Maronen • 60 g Zucker • 1/8 l Weißwein • 2-3 Blatt weiße Gelatine • 1 Schuss Rum • 1/4 l süße Sahne • 1 EL Butter • 200 g frische Preiselbeeren • 40 g Zucker • Saft von 1 Orange • 1 Schuss Maraschino

• Die geschälten Maronen grob hacken und bereitstellen.
• Den Zucker in einer Pfanne karamelisieren lassen. Den Weißwein angießen und den Zuckerkaramel loskochen. Die Maronen dazugeben und so lange köcheln lassen, bis die Flüssigkeit fast verdunstet ist.
• Anschließend das Ganze im Mixer oder mit dem Pürierstab pürieren und die gewässerte und gut ausgedrückte Gelatine im noch warmen Püree auflösen. Das Püree mit Rum aromatisieren und die Butter unterziehen.
• Kurz vor dem Festwerden einen viertel Liter geschlagene, gesüßte Sahne unterheben. In dekorative Schälchen oder Gläser füllen und bereitstellen.
• Für die Preiselbeersauce die Preiselbeeren verlesen, waschen und gut abtropfen lassen. Den Zucker in einer Pfanne hellbraun karamelisieren lassen und das Ganze mit Orangensaft loskochen.
• Die Preiselbeeren hineingeben, einmal aufkochen lassen und mit Maraschino aromatisieren. Ein bis zwei Eßlöffel Preiselbeeren herausnehmen und bereitstellen. Die restlichen Preiselbeeren im Mixer pürieren, erkalten lassen und bereitstellen.
• Zum Servieren die Preiselbeersauce auf einen Teller geben. Mit den ganzen Früchten garnieren. Das Mousse anlegen und servieren.

Holunderküchle

• 8 mittelgroße Holunderdolden (Blüten) • 200 g Mehl • 1/4 l dunkles Bier • 1 EL Öl • 1 Prise Salz • 1-2 EL Zucker • 2 Eigelb • 2 Eiweiß • Fett zum Ausbacken

• Die Holunderdolden bereitstellen. Für den Teig Mehl in einer Schüssel mit dem Bier und dem Öl glatt rühren, mit Salz und Zucker würzen.
• Das Eigelb unter den Teig mischen und das sehr steif geschlagene Eiweiß vorsichtig unterheben.
• Die Holunderdolden in den Teig tauchen und im Fett schwimmend ausbacken. Herausnehmen, mit Puderzucker bestreuen und warm servieren.

Holundermarmelade mit grünen Pfefferkörnern

• 500 g säuerliche Äpfel • Saft von 4 Zitronen • 500 g Holunderbeeren • 500 g Zucker • 2 EL grüne Pfefferkörner • 1/2 Tasse Calvados • 1 Päckchen Gelierpulver

• Die Äpfel schälen, entkernen und in Würfel schneiden oder grob raspeln. Mit dem Zitronensaft in einen Topf geben.
• Die Holunderbeeren und den Zucker untermischen und alles gut miteinander verrühren. Die Pfefferkörner und den Calvados mit dem Gelierpulver untermischen.
• Das Ganze unter ständigem Rühren zum Kochen bringen und 1-2 Minuten sprudelnd kochen lassen. Abschäumen, den Topf vom Feuer nehmen und 5 Minuten ziehen lassen, dabei mehrmals umrühren.
• Die Marmelade in feuerfeste, saubere Einmachgläser füllen und verschließen.

Birnen-Mandel-Salat

• 300 g gemischter Blattsalat (Kopfsalat, Frisée, Eisberg, Lollo Rosso, Feldsalat) • 150 g frische Champignons • Saft von 1 Zitrone • 4 saftige Birnen • 100 g Mandelblättchen • 1/2 Tasse Gemüsebrühe • 1/2 Tasse Kräuter- oder Weinessig • 1/2 Tasse Distelöl • 1 kleine Zwiebel • 1/2 Tasse gemischte, gehackte Kräuter (Petersilie, Schnittlauch, Estragon, Kresse) • Salz • Pfeffer aus der Mühle • 1 Prise Zucker • Kräuterzweige zum Garnieren

• Die Blattsalate verlesen, waschen und in mundgerechte Stücke zerpflücken.
• Die Champignons putzen, waschen, in Scheiben schneiden und mit Zitronensaft beträufeln.
• Die Birnen schälen, halbieren, entkernen, in Spalten schneiden und mit den anderen Salatzutaten in eine Schüssel geben. Die Mandelblättchen darüber streuen.
• Für das Dressing die Gemüsebrühe mit dem Essig und dem Öl verrühren. Die Zwiebel schälen, fein hacken und in die Sauce geben. Die Kräuter untermischen und das Ganze mit Salz, Pfeffer und Zucker abschmecken.
• Den Salat dekorativ anrichten, mit dem Dressing überziehen, mit Kräuterzweigen ausgarnieren und sofort servieren.

Hausgemachtes Himbeereis

• 3 Eigelb • 1 Ei • 125 g Zucker • 1/4 l Milch • 250 g frische Himbeeren • 1 EL Speisestärke • 1 Becher Sahne • 1 Päckchen Vanillezucker • 1 Päckchen Sahnesteif

• Das Eigelb, das Ei, den Zucker, die Milch in einen Topf geben und unter ständigem Rühren einmal aufkochen lassen. Sofort vom Herd nehmen und - ebenfalls unter ständigem Rühren - erkalten lassen.
• Die Himbeeren pürieren, die Speisestärke unterrühren, einmal aufkochen und anschließend erkalten lassen. Das Fruchtmark unter die Eimasse ziehen. Die Sahne mit dem Vanillezucker und dem Sahnesteif steif schlagen.
• Vorsichtig unter die Frucht-Ei-Masse heben. In entsprechende Formen füllen und im Gefrierschrank frosten. Dabei während der ersten Stunde zweimal umrühren.

Pfeffriger Waldbeerensalat

• 300 g Waldbeeren (Erdbeeren, Himbeeren, Brombeeren) • 300 g Camembert • grob geschroteten, schwarzen Pfeffer • einige Tropfen Aceto balsamico • einige Tropfen Olivenöl • Salz • Pfeffer aus der Mühle • 1 Tasse gemischte, gehackte Kräuter (Petersilie, Schnittlauch, Kresse, Estragon)

• Die Waldbeeren verlesen, waschen, gut abtropfen lassen, je nach Größe halbieren oder vierteln.
• Den Camembert in etwa ein Zentimeter große Würfel schneiden und vorsichtig unter die Waldbeeren heben.
• Das Ganze mit grob geschrotetem schwarzem Pfeffer bestreuen, mit Aceto balsamico und Olivenöl beträufeln, 10 Minuten ziehen lassen, mit Salz und Pfeffer würzen, die gehackten Kräuter dazugeben, anrichten, ausgarnieren und servieren.

Waldbeerencreme

• 250 g Waldbeeren (Brombeeren, Himbeeren, Heidelbeeren, Erdbeeren) • Saft von 1 Zitrone • 3 cl Orangenlikör • 2-3 EL Honig • 1 Becher süße Sahne • 5 Blatt weiße Gelatine • 250 g Himbeeren • 250 g Brombeeren • 2-3 EL Zucker • 1 Päckchen Vanillezucker • Puderzucker zum Bestäuben

• Die Waldbeeren klein schneiden, mit Zitronensaft und Orangenlikör beträufeln, den Honig dazugeben und das Ganze pürieren.
• Die Sahne steif schlagen und vorsichtig unter das Waldbeerenpüree heben.
• Die gewässerte Gelatine in wenig heißem Wasser auflösen und tropfenweise unter die Waldbeerencreme ziehen.
• Die Creme in mit kaltem Wasser ausgespülte Förmchen füllen und im Kühlschrank vollständig fest werden lassen.
• In der Zwischenzeit die Himbeeren und die Brombeeren verlesen, waschen, gut abtropfen lassen und in eine Schüssel geben.
• Mit Zucker und Vanillezucker bestreuen und im Kühlschrank ziehen lassen.
• Die Früchte dekorativ anrichten, die Waldbeerencreme stürzen, auf die Früchte legen. Das Ganze mit Puderzucker bestäuben, ausgarnieren und sofort servieren.

Crêpes mit Nuss-Schoko-Sauce

• 125 g Mehl • 1 Prise Salz • 1 TL geriebene Zitronenschale • 1 TL geriebene Orangenschale • 1 Päckchen Vanillezucker • 1/2 Tasse Milch • 1/2 Tasse Wasser • 3 Eier • 30 g flüssige Butter oder Margarine • 2 cl Orangenlikör • 1 EL Butter oder Margarine • 25 g gehackte Mandeln • 25 g gehackte Haselnüsse • 25 g gehackte Pistazienkerne • 25 g gehackte Pinienkerne • 1/8 l Milch • 100 g Zartbitterschokolade • 1 Päckchen Vanillezucker • 4 cl Orangenlikör

• Mehl, Salz, Zitronen- und Orangenschale, Vanillezucker, Milch und Wasser sowie die Eier in eine Schüssel geben und alles zu einem glatten Teig verrühren.
• Tropfenweise die flüssige Butter oder Margarine und den Orangenlikör unterrühren. Das Ganze zugedeckt im Kühlschrank eine Stunde ruhen lassen.
• In der Zwischenzeit für die Sauce die Butter oder Margarine in einer Pfanne erhitzen und die gehackten Nüsse darin kurz anschwitzen.
• Die Milch mit der geriebenen Zartbitterschokolade und dem Vanillezucker in eine feuerfeste Schüssel geben und im Wasserbad schmelzen lassen. Mit dem Orangenlikör zu den Nüssen geben, erhitzen und bereitstellen.
• Etwas Fett in einer Pfanne erhitzen und portionsweise Crêpes ausbacken. Die Crêpes zusammenfalten und anrichten. Mit der Nuss-Schoko-Sauce überziehen und je nach Geschmack mit Eis servieren.

Haselnussschmarren

• 100 g gemahlene Haselnüsse • 1 EL Butter oder Margarine • 150 g Weizenmehl • 150 g Blütenzarte Haferflocken • 6 Eigelb • 1/2 l Milch • 6 Eiweiß • 1 Prise Salz • 75 g Zucker • Butter oder Margarine zum Ausbacken • Puderzucker zum Bestäuben

• Die Haselnüsse mit der Butter oder Margarine in eine Pfanne geben und kurz rösten. Herausnehmen und in eine Schüssel geben.
• Das Weizenmehl mit den Haferflocken dazugeben und gut miteinander vermischen.
• Die Eigelb mit der Milch und der Haferflockenmischung zu einem glatten Teig verrühren.
• Das Eiweiß mit dem Salz steif schlagen, zum Schluss den Zucker unter ständigem Schlagen einrieseln lassen und unter die Haferflockenmasse heben.
• Eine Auflaufform mit Butter oder Margarine ausfetten, die Masse einfüllen und das Ganze im auf 180-200 °C vorgeheizten Backofen in 20-25 Minuten backen.
• Anschließend den Haselnuss-Schmarren aus dem Ofen nehmen, mit einer Gabel zerpflücken, dekorativ anrichten, mit Puderzucker bestäuben, ausgarnieren und sofort servieren.

Buttermilchpfannkuchen

• 3/8 l Buttermilch • 4 Eier • 325 g Mehl • 1/2 TL Backpulver • 1 Prise Salz • 1 EL geriebene Zitronenschale • 2 gestr. EL Zucker • 3-4 EL Butter • 400 g Walderdbeeren • 4 cl Orangenlikör • 1 Päckchen Vanillezucker • Zucker nach Geschmack • 75 g Pistazienkerne • 75 g Pinienkerne • 4 Portionen Vanilleeis • geschlagene, gesüßte Sahne und Zitronenmelissezweige zum Garnieren

• Die Buttermilch mit den Eiern, dem Mehl, dem Backpulver, dem Salz, der geriebenen Zitronenschale und dem Zucker in eine Schüssel geben und zu einem glatten Teig verrühren.
• Die Butter in einer Pfanne erhitzen, portionsweise Pfannkuchen ausbacken, herausnehmen und warm stellen.
• Die Walderdbeeren in eine Schüssel geben, mit dem Orangenlikör beträufeln, den Zucker und den Vanillezucker darüber streuen und 15 Minuten ziehen lassen.
• Die Pistazienkerne und die Pinienkerne untermischen, die Pfannkuchen mit den Erdbeeren und mit je einer Portion Vanilleeis füllen.
• Mit je einer Portion geschlagener, gesüßter Sahne verzieren, mit Zitronenmelissezweigen ausgarnieren und sofort servieren.

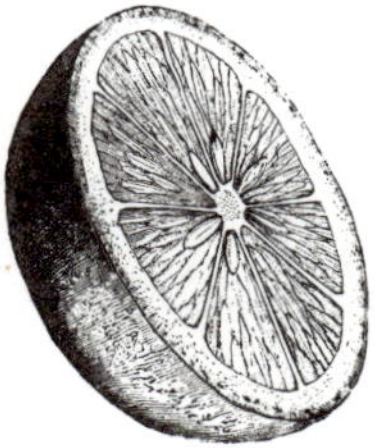

Fruchtspiesse mit Schlemmerdips

• 2 Karambolas • 4 frische Feigen • 4 Aprikosen • 2 Kiwifrüchte • 2 Nektarinen • 100 g frische Erdbeeren • 250 ml Joghurt • 2 Kiwis • Saft von 1 Zitrone • 4 cl Kiwilikör • einige Tropfen weißen Rum • 250 ml Joghurt, 3,5 % Fett • 100 g Himbeeren • 1 Prise Zimt • 1/2 TL Vanillezucker • 4 cl Himbeerlikör

• Die Früchte putzen, in mundgerechte Stücke schneiden und bereitlegen. In bunter Reihenfolge auf vier lange Spieße stecken und anrichten.
• Für den Kiwidip den Joghurt mit den geschälten und klein geschnittenen Kiwis, dem Zitronensaft und dem Kiwilikör im Mixer oder mit dem Pürierstab pürieren und mit weißem Rum aromatisieren.
• Für den Himbeerdip den Joghurt mit den verlesenen, gewaschenen Himbeeren im Mixer oder mit dem Pürierstab pürieren.
• Den Himbeerdip mit Zimtpulver und Vanillezucker aromatisieren und mit Himbeerlikör verfeinern.
• Den Kiwi- und Himbeerdip in Schälchen füllen, zu den Fruchtspießen geben, ausgarnieren und servieren.

Johannisbeer-Cocktail-Sauce

• 2 EL Johannisbeergelee • 1/2 Tasse Tomatenketchup • 1 TL Curry • Saft von 1/2 halben Orange • 2 Tassen Mayonnaise • 1 Tasse Johannisbeeren • 1 Schuss Weinbrand

• Das Johannisbeergelee mit dem Tomatenketchup, dem Curry und dem Orangensaft glatt rühren und die Mayonnaise unterziehen.
• Die Johannisbeeren verlesen, waschen, gut abtropfen lassen und unter die Sauce ziehen. Mit Weinbrand aromatisieren und nochmals abschmecken.

Sauce Cumberland

• 1 Orange • 1 Zitrone • 1 Glas Rotwein • 1/2 Tasse Johannisbeergelee • 2 EL Senf • Salz • Pfeffer aus der Mühle • 1 Msp. Cayennepfeffer • einige Tropfen Worcestersauce

• Die Orange hauchdünn schälen und die Schale in Streifen schneiden. Die Orange und die Zitrone auspressen.
• Die Orangenschalen mit dem Saft, dem Rotwein, dem Johannisbeergelee und dem Senf in einen Topf geben und einmal kräftig aufkochen lassen.
• Mit Salz, Pfeffer, Cayennepfeffer und Worcestersauce abschmecken, kalt oder warm servieren.

Englische Sauce

• 2 Tassen Apfelmus • 4 EL frisch geriebenen Meerrettich • 1 TL geriebene Zitronenschale • 1 TL geriebene Orangenschale • Saft von 1/2 Zitrone • einige Tropfen Whisky • Salz • Pfeffer aus der Mühle • 1 Prise Zucker • 1 Prise gemahlenen Zimt • 1 Bund frische Pfefferminze

• Das Apfelmus mit dem Meerrettich, der Zitronenschale, der Orangenschale, dem Zitronensaft und dem Whisky glatt rühren.
• Mit Salz, Pfeffer, Zucker, Zimt würzen und die fein gehackte Pfefferminze unterrühren. Nochmals abschmecken und zum weiteren Gebrauch bereitstellen.

Scharfe Preiselbeersauce

• 1 Zwiebel • 1 Peperoni • 250 g Preiselbeeren • 1 Tasse Rotwein • 3 EL Zucker • 3 EL Obstessig • Speisestärke • Salz • Pfeffer aus der Mühle • 1 Prise Zimt

• Die Zwiebel und die Peperoni fein hacken, mit den Preiselbeeren und dem Rotwein in einen Topf geben. Den Zucker und den Obstessig dazugeben und bei mittlerer Hitze 5-10 Minuten köcheln lassen.
• Das Ganze durch ein Sieb passieren. Es soll ein dickflüssiges Mus entstanden sein. Wenn Sie zuviel Flüssigkeit in der Sauce haben, diese nochmals aufkochen und leicht mit Speisestärke binden. Mit Salz, Pfeffer und Zimt würzen.

Hirschcarpaccio mit feinem Früchteessig

• 200 g Erdbeeren • 200 g Himbeeren • 100 g Johannisbeeren • 100 g Brombeeren • 1 l feinen Obstessig • 200 g sehr mild geräucherten Hirschschinken • 1 kleinen Kopf Eisbergsalat • 1 kleinen Kopf Radicchiosalat • einige Tropfen kalt gepresstes Olivenöl • Salz • Pfeffer aus der Mühle • einige Zweige Zitronenmelisse • einige Zweige Petersilie • einige Zweige Basilikum

• Für den Früchteessig die Beeren putzen, waschen, gut abtropfen lassen und in ein entsprechendes Glasgefäß füllen.
• Mit dem Essig auffüllen und zugedeckt an einem warmen Ort 3-4 Wochen ziehen lassen. Während dieser Zeit mehrmals umrühren oder gut durchschütteln. Anschließend den Essig durch ein sauberes Küchentuch passieren, in eine Flasche abfüllen, verschließen und kühl aufbewahren.
• Für die Rezeptzubereitung den Hirschschinken in dünne Scheiben schneiden. Den Eisberg- und Radicchiosalat in mundgerechte Stücke zerpflücken, dekorativ anrichten, mit dem Obstessig und dem Olivenöl beträufeln, mit Salz und Pfeffer würzen und mit den gehackten Kräutern bestreut servieren. Dazu reicht man geröstetes Stangenweißbrot und einen halbtrockenen Rotwein.

Fruchtiges Rindercarpaccio

• 600 g Rinderrückensteak • 4 Scheiben Ananas • 2 Pfirsiche • 1 große Zitrone • 1 Kopf Lollo rosso-Salat • 1-2 EL Olivenöl • Saft von 1/2 Zitrone • Salz • Pfeffer aus der Mühle • 1 Prise Cayennepfeffer • 1 Prise Zucker • Radieschen • Johannisbeeren • 1 rote Zwiebel und Schalotten zum Garnieren

• Das Rinderrückensteak unter fließendem Wasser waschen, trockentupfen und im Gefrierschrank anfrieren.
• Die Ananasscheiben halbieren, die Pfirsiche und die Zitrone in dünne Scheiben schneiden. Den Salat verlesen, waschen und bereitstellen.
• Vier Teller mit Olivenöl bepinseln. Den Rinderrücken noch im angefrosteten Zustand in hauchdünne Scheiben schneiden, mit den Früchten und dem Salat auf den vorbereiteten Tellern anrichten.
• Das Ganze mit etwas Olivenöl und Zitronensaft beträufeln und mit je 1 Prise Salz, Pfeffer aus der Mühle, Cayennepfeffer und Zucker kräftig würzen.
• Das Carpaccio mit Radieschen, Johannisbeeren, der in Ringe geschnittenen Zwiebel und mit Schalotten ausgarnieren und servieren.

Bowle für fröhliche Stunden – nicht nur im Mai

Die Bowle hat zwar im Mai eine große Tradition und ist in manchen Gegenden ein fester Bestandteil dieses Monats, doch können Sie mit ihr das ganze Jahr Ihre Gäste verwöhnen. Damit Ihre Bowlen gelingen, haben wir einige Besonderheiten aufgeführt, denn diese Getränke haben eine „Seele“ und müssen richtig zubereitet werden. Bowlen sind empfindlich. Für ihre Herstellung braucht man Sorgfalt und Fingerspitzengefühl. Deshalb beachten Sie folgende Regeln:

- Der Wein ist Hauptbestandteil einer Bowle. Er sollte von bester Güte, trocken und spritzig sein. Jüngere Jahrgänge sollten den Vorzug erhalten.
- Der Ansatz der Bowle ist der Extrakt, in dem sich die Zutaten und Aromageber als Obst, Gemüse, Gewürze, Kräuter und Zucker mit einem Teil des Weines verbinden. Man bereitet ihn am besten in einem Bowlengefäß oder in einer Porzellan- bzw. Glasschüssel mit gut schließendem Deckel.
- Die „Seele“ jeder Bowle ist ihr Aroma. Mit dem feinen Geschmack muss man umgehen können. Eine Bowle, in der die Fruchtstücke dicht gedrängt herumschwimmen, verrät nicht gerade den Könner, deswegen Zutaten immer sparsam verwenden.
- Da sich normaler Kristallzucker nur schwer im Alkohol löst, sollte man eine Zuckerlösung herstellen. Dazu 500 g Zucker mit 1 l Wasser aufkochen, abschäumen und erkalten lassen. Zuckerlösung, in Flaschen abgefüllt und gut verkorkt, lässt sich auf Vorrat herstellen; gewitzte Bowlenhersteller verwenden, wie Barkeeper, den sogenannten Instantzucker, der sich schnell im Getränk löst und keine Trübung verursacht.
- Die Krönung jeder Bowle ist der Sekt. Er wird immer erst ganz zuletzt, vor dem Anrichten, hinzugefügt und sollte stets eiskalt sein.
- Die Temperatur einer Bowle soll etwa 5-6 Grad betragen. Der Wein und alle anderen Flüssigkeiten werden nur vorgekühlt – wie beim Sekt erwähnt – verwendet.
- Für die Bowle sollten Sie niemals Eiswürfel nehmen, weil man das Getränk damit verwässern würde. Ideal ist es, wenn man Flüssigkeiten, die sowieso für die Bowle vorgesehen sind, wie zum Beispiel Mineralwasser oder Fruchtsaft, einfriert und diese Würfel im Sinne einer Zutat zum Kühlen verwendet. Kenner schwenken die Gläser kurz vor dem Eingießen mit Eisstückchen aus.
- Der Waldmeister, auch als Maikraut bezeichnet, sollte stets in Maßen verwendet werden. Empfindliche Menschen klagen nach dem Genuss größerer Mengen zeitweilig über Schwindelgefühl und Kopfschmerzen. Das intensive Waldmeisteraroma ist am deutlichsten wahrzunehmen, wenn das Kraut angewelkt ist.
- Grundsätzlich nur frisches Obst verwenden, das Sie das ganze Jahr hindurch in großer Auswahl auf den Ladentheken finden. Tiefkühlware würde das „optische Erscheinungsbild“ Ihrer Bowle schmälern.
- Der Waldmeister ist zwar das bekannteste Bowlenkraut, doch es gibt in Feld und Wald genügend andere und erstklassig schmeckende Kräuter, wie zum Beispiel die Melisse, die Pfefferminze oder auch den Sauerampfer. Sie sollten stets darauf achten, daß sich Kräuter und Früchte einander anpassen, damit Ihre Bowle zum Erfolg wird.

Maibowle

• 1 Bund Waldmeister • 2 Flaschen trockenen Weißwein • 4 EL Waldmeistersirup • 2 EL Zucker • 1/2 Tasse Wasser • 1 Flasche trockenen Sekt

• Den Waldmeister verlesen, waschen und die Blätter abzupfen, mit etwas Weißwein übergießen und mindestens 2 Stunden abgedeckt ziehen lassen.
• Den Waldmeister abseihen, die Flüssigkeit in ein kaltes Bowlengefäß geben und mit dem Waldmeistersirup vermischen. Den Zucker im Wasser aufkochen und nach dem Erkalten in das Bowlengefäß geben. Die Bowle mit dem restlichen gekühlten Weißwein und dem kalten Sekt auffüllen. Mit einigen Eiswürfeln aus einer Mischung Wasser-Waldmeistersirup kühlen.

Waldmeisterbowle mit Pfiff

• 2 Flaschen leichten Weißwein • 1 Hand voll Waldmeister oder Waldmeisterblüten • 2 Orangen • 2 Kiwis • 1 kleines Glas Kaiserkirschen • 4 EL Zucker • 1 Tasse Orangenlikör • 1 Flasche Sekt oder Champagner • Eiswürfel • Orangenscheiben • Waldmeisterzweige oder Waldmeisterblüten

• Den Weißwein und den Waldmeister in einem Gefäß vermischen. Zugedeckt an einem kühlen Ort mindestens 1/2 Stunde ziehen lassen.
• Die Orangen filieren, die Kiwis schälen und in Scheiben schneiden und die Kirschen abtropfen lassen, mit dem Zucker bestreuen und den Orangenlikör angießen.
• Den Waldmeisterwein durch ein Sieb gießen und die Blätter herausnehmen. Den Wein über die Früchte gießen und erneut 1/2 Stunde ziehen lassen.
• Vor dem Servieren mit Sekt oder Champagner auffüllen. Eiswürfel in hohe Longdrinkgläser füllen und die Waldmeisterbowle darauf verteilen. Mit je einer Orangenscheibe und einigen Zweigen Waldmeister garnieren und servieren.

Unser Tip:
Wer die Waldmeisterbowle etwas kräftiger haben will, der sollte anstelle der Eiswürfel Fruchteiswürfel verwenden. Dafür wird Waldmeistersirup mit etwas Wasser angerührt und anschließend in den Eiswürfelbehälter gefüllt. Diese Waldmeistereiswürfel geben der Bowle nicht nur ein schönes Aussehen, sondern verstärken auch den Geschmack. Nach dieser Methode können Sie auch Orangensaft, Kirschsaft oder Gemüsesäfte einfrieren. Sie erhalten immer eine andere Geschmacksvariante.

Waldbeerenbowle

• 250 g Himbeeren • 250 g Brombeeren • 250 g Erdbeeren • 200 g Zucker • 1/2 l Mineralwasser • 3 Flaschen trockenen Weißwein • 1 Flasche trockenen Sekt

• Die Beeren verlesen, waschen und gut abtropfen lassen. Die größeren Früchte halbieren oder vierteln und alles in ein Bowlengefäß geben.
• Den Zucker mit dem Mineralwasser aufkochen, erkalten lassen und über die Beeren gießen.
• Das Ganze vollständig erkalten lassen, mit dem Weißwein und dem kalten Sekt auffüllen. Mit einigen Eiswürfeln aus einer Wasser-Erdbeer-Sirupmischung kühlen.

Fliederbowle

• 1 Tasse Honig • Saft von 2 Zitronen • 1 Tasse Kirschlikör • 2 Tassen Orangensaft • 2 Hand voll lila und weiße Fliederblüten • 2 Flaschen Weißherbst • 1 Flasche Sekt oder Champagner • Zucker nach Geschmack

• Den Honig mit dem Zitronensaft, dem Kirschlikör und dem Orangensaft vermischen.
• Die gewaschenen Fliederblüten in ein Bowlengefäß geben und mit der vorbereiteten Flüssigkeit übergießen. Das Ganze im Kühlschrank 2-3 Stunden ziehen lassen.
• Anschließend mit dem Weißherbst auffüllen und eine weitere Stunde kühlen. Vor dem Servieren den Sekt oder Champagner unterziehen und je nach Geschmack mit Zucker süßen. Das Ganze mit einigen Eiswürfeln aus einer Wasser-Kirsch-Sirupmischung kühlen.

Holunderlikör

• 1 kg Holunderbeeren • 1/4 l Orangensaft • 350 g Zucker • 2 Zimtstangen • 2 Vanilleschoten • 2 EL geriebene Zitronenschale • 2 EL geriebene Orangenschale • 2 l Weinbrand

• Die verlesenen, gewaschenen, gut abgetropften Holunderbeeren in ein Steingutgefäß geben und mit einer Gabel zerdrücken.
• Den Orangensaft mit dem Zucker, den Zimtstangen und den klein geschnittenen Vanilleschoten in einen Topf geben. Zum Kochen bringen und zwei Minuten sprudelnd kochen lassen.
• Die geriebene Zitronen- und Orangenschale untermischen. Vom Feuer nehmen und erkalten lassen. Den Sirup mit dem Weinbrand zu den Beeren geben.
• Verschließen und an einem dunklen Ort 4 Wochen ziehen lassen. Anschließend den Likör durch ein Sieb passieren, in saubere Flaschen abfüllen und fest verschließen.

Schlehenschnaps

• 300 g Schlehen • 1 TL Nelken • 1 TL Sternanis • 1 EL geriebene Zitronenschale • 1 EL geriebene Orangenschale • 1 TL Wacholderbeeren • 1 l Obstschnaps

• Die Schlehen putzen, waschen, auf ein Backblech legen und im auf 150° C vorgeheizten Backofen antrocknen lassen.
• Anschließend herausnehmen und im Mörser grob zerstoßen, die Kerne sollen dabei aufspringen.
• Die Früchte in ein Einmachglas füllen, mit Nelken, Sternanis, der geriebenen Zitronen- und Orangenschale sowie den Wacholderbeeren bestreuen. Mit dem Obstschnaps auffüllen und verschließen.
• An einem warmen, dunklen Ort 1-2 Monate ziehen lassen. Öfter den Schnaps durchschütteln. Vor dem Gebrauch durch ein feines Sieb passieren, in saubere Flaschen füllen und bereitstellen.

Schlehenlikör

• 300 g Schlehen • 1 Tasse Kirschsaft • 1 Vanilleschote • 2 Zimtstangen • einige Nelken • 1 EL geriebene Zitronenschale • 1 EL geriebene Orangenschale • 3/4 l Obstschnaps • 150 g Kandiszucker

• Die Schlehen waschen, mit einer Küchennadel mehrmals einstechen und in ein Einmachglas füllen.
• Den Kirschsaft in einem Topf erhitzen, die Vanilleschote aufschneiden und mit den Zimtstangen, den Nelken, der geriebenen Zitronen- und Orangenschale zum Kirschsaft geben und 5 Minuten ziehen lassen. Anschließend erkalten lassen.
• Anschließend mit Obstschnaps auffüllen. Den Kandiszucker dazugeben, das Glas verschließen und an einem warmen, dunklen Ort 1-2 Monate ziehen lassen.
• Öfter den Likör durchschütteln. Vor dem Gebrauch durch ein feines Sieb passieren, in saubere Likörflaschen abfüllen und bereitstellen.

Grundrezept für Sorbet

• 150 g Zucker • etwas Wasser • 750 g Fruchtmark • Saft von 1 Zitrone • 4 EL gehackte Kräuter

• Den Zucker und das Wasser in einen Topf geben, mit dem Schneebesen durchrühren und bei starker Hitze 5-6 Minuten sprudelnd kochen lassen. Anschließend das Zuckerwasser vom Feuer nehmen und vollständig erkalten lassen.
• Das Fruchtmark mit dem Zitronensaft und je nach Geschmack mit Kräutern vermischen und das Zuckerwasser mit dem Schneebesen unterschlagen. Die Masse in eine niedrige Schale füllen und im Gefrierfach oder in der Tiefkühltruhe frosten. Wenn das Eis halbfest ist, mit dem Schneebesen noch mal schnell und kräftig durchschlagen.
• Anschließend das Sorbet in Gläser füllen, vollständig frosten, herausnehmen und servieren.

Für die Zubereitung eignen sich alle Früchte und Kräuter aus Feld und Wald. Ein Himbeersorbet mit Pfefferminze oder ein gemischtes Waldbeerensorbet mit Melisse schmeckt als Dessert ebensogut wie ein Sauerampfersorbet mit der Basis Zitroneneis als Zwischenmahlzeit. Auch mit Sanddorn, in Flaschen in Reformhäusern erhältlich, kann man ein köstliches „Halbgefrorenes", wie das Sorbet oft genannt wird, zubereiten. Lassen Sie sich einfach bei der Zusammenstellung Ihres Sorbets von der Phantasie leiten und von Ihrem persönlichen Geschmack.

Sauerampfersorbet

• 8-12 Kugeln Zitroneneis • 2 Tassen geschlagene Sahne • 1 Tasse gehackten Sauerampfer • 2 Glas Sekt • einige Tropfen Angostura

• Das Zitroneneis mit der Sahne, dem Sauerampfer und dem Sekt in eine Schüssel geben und zu einer Creme rühren, mit Angostura aromatisieren, anrichten und servieren.

Beschwipstes Sorbet

• 8-12 Kugeln Himbeereis • 4 cl Himbeergeist • 1 Tasse gehackte Zitronenmelisse • 2 Gläser Weißwein

• Das Himbeereis mit dem Himbeergeist, der Zitronenmelisse und dem Weißwein in eine Schüssel geben, zu einer Creme rühren, anrichten und servieren.

Sanddornsorbet

• 2 Eier • 4 EL Ahornsirup • 4 EL Sanddornsirup • 300 g Schlagsahne

• Die Eier werden mit dem Ahorn- und dem Sanddornsirup zu einer dicken, schaumigen Creme aufgeschlagen. Anschließend wird die Sahne steif geschlagen und darunter gezogen.
• Man gibt die Masse in eine Edelstahl- oder Porzellanschale und lässt sie im Gefriergerät etwa drei Stunden fest werden. Dabei muss das Sorbet zwischendurch immer wieder durchgerührt werden, damit sich keine Eiskristalle bilden.

Johannisbeersorbet

• 100 g Honig • 75 g Zucker • 1 Tasse Weißwein • Saft von 1 Zitrone • 750 g Johannisbeeren

• Den Honig mit dem Zucker und dem Weißwein in einen Topf geben und 5-6 Minuten sprudelnd kochen lassen. Den Zitronensaft und die Johannisbeeren in einen Mixer geben und pürieren.
• Den Fruchtsirup unter ständigem Rühren unter das Fruchtmark schlagen. In eine entsprechende Form füllen und im Gefrierschrank frosten. Dabei während der ersten Stunde 3-4 mal umrühren.

Unser Tip:
Sahneeis und Sorbets sind die beiden Eisspezialitäten, die in der modernen Küche angeboten werden. Diese beiden Rezepte sind eigentlich Grundrezepte. Mit ihnen können Sie sämtliche Beeren zu Eis verarbeiten, ob Erdbeeren, Brombeeren, Johannisbeeren oder Heidelbeeren. Auch Früchte wie Äpfel, Birnen oder Orangen lassen sich so zu phantastischen Eisspezialitäten zubereiten.

Himbeerdickmilch

• 150 g frische Himbeeren • 1/2 l Sahnedickmilch • Zucker nach Geschmack

• Die Himbeeren verlesen, waschen, gut abtropfen lassen und mit einer Gabel zerdrücken oder im Mixer pürieren.
• Die Dickmilch in einer Schüssel verschlagen, das Himbeerpüree hineingeben, durchrühren und mit Zucker nach Geschmack süßen.
• Die Himbeer-Dickmilch in dekorative Gläser füllen, ausgarnieren und servieren.

Kiwibuttermilch

• 4-6 Kiwifrüchte • einige Tropfen Zitronensaft • 3/4 l Buttermilch • Zucker oder flüssigen Süßstoff • Zitronenmelissezweige zum Garnieren

• Die Kiwifrüchte schälen und das Fruchtfleisch in kleine Würfel schneiden. Diese mit Zitronensaft beträufeln.
• Das Fruchtfleisch mit der Buttermilch verrühren und das Ganze mit Zucker oder flüssigem Süßstoff süßen.
• In dekorative Gläser füllen, mit Zitronenmelissezweigen ausgarnieren und sofort servieren.

Pfirsich-Kefir-Drink

• 4 Pfirsiche • 3/4 l Kefir • einige Tropfen Zitronensaft • Zucker nach Geschmack

• Die Pfirsiche über Kreuz einschneiden, kurz überbrühen, kalt abschrecken und die Haut abziehen.
• Die Pfirsiche halbieren, entkernen und das Fruchtfleisch in kleine Würfel schneiden oder im Mixer pürieren.
• Die Pfirsiche mit dem Kefir vermischen, mit Zitronensaft und Zucker abschmecken, in dekorative Gläser füllen, ausgarnieren und sofort servieren.

Heidelbeerdickmilch

• 150 g frische Heidelbeeren • 1/2 l Sahnedickmilch • 1-2 EL Apfeldicksaft

• Die Heidelbeeren verlesen, waschen, gut abtropfen lassen. Mit etwas Dickmilch im Mixer oder mit dem Pürierstab pürieren.
• Die restliche Dickmilch dazugeben und kräftig durchmixen.
• Das Ganze mit Apfeldicksaft je nach Geschmack süßen.
• Die Heidelbeerdickmilch in dekorative Gläser füllen, ausgarnieren und sofort servieren.

Reisbecher mit Brombeeren

• 400 g frische Brombeeren • einige Tropfen Zitronensaft • 1 TL Vanillezucker • 2-3 EL Apfel- oder Birnendicksaft • 1 EL Brombeerlikör • 1/2 Becher Sahne • 3 Becher fertigen Milchreis • Zucker • einige Brombeeren und Zitronenmelisseblättchen zum Garnieren

• Die Brombeeren verlesen, waschen und in einen Topf geben. Mit Zitronensaft, Vanillezucker und Apfel- oder Birnendicksaft abschmecken und einmal aufkochen lassen. Abkühlen lassen und mit dem Brombeerlikör aromatisieren.
• Die Brombeeren mit einer Gabel zerdrücken, die Sahne steif schlagen, die Sahne mit dem Milchreis vermischen und je nach Geschmack süßen.
• Die Brombeermasse mit dem Sahnereis schichtweise in dekorative Gläser füllen, mit Reis abschließen, mit frischen Brombeeren und Zitronenmelisseblättchen ausgarnieren und sofort servieren.

Pfefferminzmascarpone

• 400 g Mascarpone • 2 Scheiben Pumpernickel • 50 g Rumtopffrüchte • 2 EL gehackte Pfefferminze • einige Tropfen Zitronensaft • einige Tropfen Orangenlikör • Zucker nach Geschmack • Waldfrüchte nach Wahl (Brombeeren, Himbeeren, Walderdbeeren) • Löffelbiskuits zum Garnieren

• Den Mascarpone in eine Schüssel geben und glatt rühren.
• Die Pumpernickelscheiben fein reiben, die Rumtopffrüchte fein hacken und beides unter die Creme ziehen.
• Die Pfefferminze verlesen, waschen, fein hacken und zu der Mascarponemasse geben.
• Mit Zitronensaft und Orangenlikör aromatisieren und mit Zucker nach Geschmack süßen.
• Die Waldfrüchte dekorativ anrichten, mit der Creme überziehen, das Ganze ausgarnieren und mit Löffelbiskuits servieren.

Waldbeerengrütze

• 150 g frische Früchte (Himbeeren, Kirschen, Johannisbeeren und Brombeeren) • 1 Tasse Orangenlikör • 1 Tasse Orangensaft • 2 Päckchen Vanillezucker • 1/4 l Rotwein • 10-12 Blatt rote Gelatine • 3-4 EL Honig zum Süßen • 2 Becher Kefir • Apfeldicksaft zum Süßen • Kräuterzweige zum Garnieren

• Die Waldbeeren in einen Topf geben, mit dem Orangelikör, dem Orangensaft und dem Vanillezucker vermischen und 10-15 Minuten ziehen lassen.
• Den Wein angießen und das Ganze 6-8 Minuten köcheln lassen. Die Früchte vom Feuer nehmen und die gewässerte Gelatine darin auflösen.
• Die Grütze mit Honig süßen, anschließend in kalt ausgespülte Gläser füllen und im Kühlschrank erkalten lassen.
• Den Kefir mit Apfeldicksaft süßen, gleichmäßig auf der Waldbeeren-Grütze verteilen, anrichten, mit Kräuterzweigen garnieren und servieren.

Leichter Waldbeerenkuchen

• 1/4 l Milch • 1 Päckchen Hefe • 1-2 EL Zucker • 600 g Weizenmehl • 150 g Zucker • 1 Prise Salz • 125 g Butter • 2 Eier • 1 kg Waldbeeren (Himbeeren, Brombeeren, Heidelbeeren, Erdbeeren) • 2 Päckchen Vanillezucker • 4 cl Fruchtlikör • Mehl zum Ausrollen • 1/4 l Dickmilch • 2 Eier • Birnendicksaft zum Süßen

• Die Milch handwarm erhitzen, die Hefe hineinbröckeln und den Zucker einrühren, an einem warmen Ort 10-15 Minuten gehen lassen. Das Mehl mit Zucker und Salz in eine Schüssel geben und das flüssige Fett sowie die Eier dazugeben.
• Die Hefemilch einrühren und zu einem glatten Teig verarbeiten. Mit dem Kochlöffel so lange schlagen, bis der Teig Blasen wirft. Den Teig zugedeckt an einem warmen Ort 30 Minuten gehen lassen, nochmals durchschlagen und weitere 30 Minuten gehen lassen.
• Die Früchte halbieren, mit Vanillezucker und Fruchtlikör vermischen, ziehen lassen. Den Teig auf einer Arbeitsfläche durchkneten, ausrollen und auf ein ausgefettetes Backblech geben.
• Die Beeren auf dem Teig verteilen und im auf 180-200 °C vorgeheizten Backofen 40-45 Minuten backen. Die Dickmilch mit den Eiern verschlagen, mit Birnendicksaft süßen und 20 Minuten vor Backende auf die Beeren gießen. Vollständig ausbacken, herausnehmen, auskühlen lassen, anrichten, ausgarnieren und servieren.

Preiselbeersoufflé

• 250 g frische Preiselbeeren • 2 EL Rotwein • 120 g Zucker • 2 EL Kirschwasser • 6 Eiweiß • 60 g Zucker • Butter zum Ausfetten • Zucker zum Bestreuen • 2 EL Puderzucker zum Bestäuben

• Die Preiselbeeren verlesen, waschen, abtropfen lassen, mit dem Rotwein in einen Topf geben und 5 Minuten dünsten.
• Anschließend das Ganze durch ein Sieb streichen und das Mus mit 120 g Zucker glatt rühren. Mit Kirschwasser aromatisieren.
• Das Eiweiß zu Schnee schlagen und den Zucker anschließend unter ständigem Rühren darunter schlagen.
• Den Eischnee vorsichtig unter die Preiselbeermasse heben.
• Soufflèförmchen mit Butter ausfetten, mit Zucker bestreuen und die Masse einfüllen.
• Das Preiselbeer-Soufflé sofort in den auf 180-200 °C vorgeheizten Backofen schieben und in 30 Minuten backen. Das Soufflé soll schön aufgehen und eine braune Haube bekommen.
• Das Soufflé herausnehmen, mit Puderzucker bestäuben und servieren.

Heidelbeerauflauf

• 750 g frische Heidelbeeren • 4 EL Zucker • 6 cl Heidelbeerlikör • 75 g Mandelblättchen • 75 g Butter • 100 g Zucker • 2 EL geriebene Zitronenschale • 4 Eigelb • 1 Tasse Mehl • 1 1/2 TL Backpulver • 1/8 l Milch • 4 Eiweiß • 1 Prise Salz • Butter zum Ausfetten

• Die Heidelbeeren in eine Schüssel geben, mit Zucker bestreuen, mit Heidelbeerlikör beträufeln und 10 Minuten ziehen lassen.
• Die Butter mit dem Zucker, der Zitronenschale und das Eigelb schaumig schlagen.
• Das Mehl mit dem Backpulver vermischen und mit der Milch abwechselnd unter den Eischaum ziehen. Das Eiweiß mit dem Salz steif schlagen und zum Schluss unter die Masse heben.
• Eine Auflaufform ausfetten, 2/3 der Heidelbeeren einfüllen, mit der Masse bedecken, mit den restlichen Heidelbeeren und den Mandeln bestreuen und im auf 180-200 °C vorgeheizten Backofen in 40-45 Minuten backen.• Anschließend den Auflauf herausnehmen, anrichten, ausgarnieren und servieren.

Waldmeister-Sago-Auflauf

• 1 l Milch • 1 Prise Salz • 2 Vanilleschoten • 1 Päckchen Vanillezucker • 250 g Sago • 1/2 Tasse Waldmeistersirup • 75 g Butter • 50 g Zucker • 4 Eigelb • 1 EL geriebene Zitronenschale • 1 EL geriebene Orangenschale • 4 Eiweiß • 1 Prise Salz • 2 EL Zucker • 2-3 EL Butter • 2-3 EL Semmelbrösel • Butterflöckchen zum Belegen • Erdbeermark oder -sauce • frische Früchte nach Wahl

• Die Milch mit dem Salz und dem ausgeschabten Vanillemark sowie dem Vanillezucker in einen Topf geben und erhitzen.
• Den Sago einrühren und unter ständigem Rühren garen. Vom Feuer nehmen und leicht erkalten lassen, den Waldmeistersirup untermischen.
• Die Butter mit dem Zucker und dem Eigelb in eine Schüssel geben und schaumig schlagen. Die Zitronenschale und die Orangenschale untermischen.
• Das Eiweiß mit dem Salz zu steifem Schnee schlagen und anschließend den Zucker unter kräftigem Schlagen einrieseln lassen. Den Sagobrei mit dem Eigelbschaum und dem steif geschlagenen Eiweiß vermischen.
• Eine Auflaufform ausfetten und mit Semmelbröseln bestreuen. Die Masse einfüllen, mit Butterflöckchen belegen und im auf 200 °C vorgeheizten Backofen 60 Minuten garen. Herausnehmen, in Scheiben schneiden und anrichten. Mit Erdbeermark oder -sauce überziehen. Mit frischen Früchten ausgarnieren und servieren.

Basilikumnudeln

• 1-2 EL Butter • 1 kleine Zwiebel • 600 g bissfest gegarte Nudeln • Salz • Pfeffer aus der Mühle • 1 Prise Muskat • 1 Bund fein geschnittenen Basilikum

• Die Butter in einer Pfanne erhitzen und die fein gehackte Zwiebel glasig schwitzen.
• Die fertig gegarten Nudeln dazugeben, kurz durchschwenken, erhitzen und mit Salz, Pfeffer und Muskat abschmecken.
• Das Basilikum untermischen, abschmecken, anrichten, ausgarnieren und servieren.

Pilzauflauf

• 1-2 EL Butter • 150 g gekochten Schinken • 1 Zwiebel • 1 Bund Frühlingszwiebeln • 400 g frische Pilze • Saft von 1 Zitrone • 1 Schuss Weißwein • 1 Becher Sahne • Salz • Pfeffer aus der Mühle • 1 Prise Muskat • 1 Prise Cayennepfeffer • 250 g geriebenen Butterkäse • 6-8 Tomaten • Butter zum Ausfetten • 1 Hand voll Kräuter (Basilikum, Oregano, Estragon, Minze)

• Die Butter in einer Pfanne erhitzen und den in kleine Würfel oder Streifen geschnittenen Schinken anschwitzen.
• Die Zwiebel fein würfeln, die Frühlingszwiebeln in Scheiben schneiden, beides zum Schinken geben und kurz mitschwitzen.Die Pilze klein schneiden, mit Zitronensaft beträufeln, zu den Schinkenzwiebeln geben und kurz mitschwitzen.
• Mit Weißwein ablöschen, die Sahne angießen, mit Salz, Pfeffer, Muskat und Cayennepfeffer abschmecken, vom Feuer nehmen und erkalten lassen.
• 75 g Butterkäse mit den enthäuteten, entkernten und in Stücke geschnittenen Tomaten unter die Pilze heben.
• Eine Auflaufform mit Butter ausfetten, die Masse einfüllen, mit dem restlichen Butterkäse überziehen und im auf 200 °C vorgeheizten Backofen 30 Minuten garen.
• Nach Ende der Garzeit den Pilzauflauf herausnehmen, dekorativ anrichten, mit den fein gehackten Kräutern bestreuen, ausgarnieren und sofort servieren.

Quarkkuchen mit Petersilie

• 500 g Blätterteig (TK-Produkt) • Fett zum Ausfetten • Semmelbrösel zum Bestreuen • Mehl zum Ausrollen • 500 g Speisequark • 1 Schuss Sahne • 1 Schuss Weißwein • 4 Eier • Salz • Pfeffer aus der Mühle • 1 Prise Cayennepfeffer •1 Prise Muskat • einige Tropfen Zitronensaft • einige Tropfen Worcestersauce • 2 Bund Petersilie • 200 g geriebenen Butterkäse

• Den Blätterteig auf einer bemehlten Arbeitsfläche auftauen lassen.
• Eine Springform ausfetten, mit Semmelbröseln bestäuben. Den Blätterteig in der Größe der Springform ausrollen, einen 3-4 Zentimeter hohen Rand formen.
• Den Quark mit der Sahne und dem Weißwein sowie den Eiern in eine Schüssel geben und glatt rühren.
• Die Masse mit Salz, Pfeffer, Cayennepfeffer, Muskat, Zitronensaft und Worcestersauce abschmecken und die fein gehackte Petersilie untermischen.
• Die Hälfte des Butterkäses unter die Quarkmasse rühren, die Masse auf den Teig geben und glatt streichen.
• Zum Schluss das Ganze mit dem restlichen Käse bestreuen und im auf 180- 200 °C vorgeheizten Backofen in 40-50 Minuten ausbacken.
• Den Quarkkuchen herausnehmen, anrichten, mit fein gehackter Petersilie bestreuen und warm oder kalt servieren.

Gekräuterte Schollenröllchen

• 8 Schollenfilets • Saft von 1 Zitrone • einige Tropfen Weißwein • Salz • Pfeffer aus der Mühle • Butter zum Ausfetten • 1 Tasse gemischte, gehackte Kräuter (Löwenzahn, Brunnenkresse, Brennnessel, Minze) • 75 g Blattspinat (TK-Produkt) • 1 Prise Cayennepfeffer • 1 Prise Muskat • 1/2 Tasse Parmesankäse • 3-4 EL Butter oder Margarine • 1 Zwiebel • 1 rote Paprikaschote • 1 grüne Paprikaschote • 2 Karotten • 1 Bund Frühlingszwiebeln • 1 Tasse Gemüsebrühe • 1 Prise Zucker • Kräuterzweige zum Garnieren

• Die Schollenfilets waschen, trockentupfen, mit Zitronensaft und Weißwein beträufeln, mit Salz und Pfeffer würzen, im Kühlschrank 15 Minuten ziehen lassen.
• Acht entsprechend große Stücke Alufolie auf eine Arbeitsfläche legen und mit Butter oder Margarine ausfetten. Die Schollenfilets darauf legen.
• Die fein gehackten Kräuter mit dem gehackten Blattspinat vermischen, mit Zitronensaft, Weißwein, Salz, Pfeffer, Cayennepfeffer und Muskat kräftig würzen.
• Den Parmesankäse unter die Kräutermischung rühren, auf den Schollenröllchen verteilen, zusammenrollen, in die Alufolie einwickeln, auf ein Backblech setzen und im auf 180-200 °C vorgeheizten Backofen in 20 Minuten garen.
• Die Butter oder Margarine in einem Topf erhitzen und die fein gehackte Zwiebel darin glasig schwitzen. Die Paprikaschoten in mundgerechte Würfel schneiden, zur Zwiebel geben und kurz mitschwitzen.
• Die Karotten fein würfeln, zum Gemüse geben und kurz mitdünsten. Die Frühlingszwiebeln in feine Scheiben schneiden, zum Gemüse geben, die Gemüsebrühe angießen, das Ganze bei mäßiger Hitze 8-10 Minuten köcheln lassen, mit Salz, Pfeffer, Zitronensaft, Weißwein und Zucker kräftig abschmecken.
• Das Gemüse anrichten, die Schollenröllchen aus der Folie nehmen und auf das Gemüse setzen. Mit Kräuterzweigen ausgarnieren und mit Safranreis servieren.

Hechtfilets auf Sauerampfer-Sauce

• 4 Hechtfilets à 250 g • einige Tropfen Zitronensaft • einige Tropfen Worcestersauce • Salz • Pfeffer aus der Mühle • 4 EL Butter • 1 Zwiebel • 2 EL Mehl • 1 Glas Weißwein • 2 Tassen Fischbrühe • 1 Hand voll Sauerampfer • 1 Prise Cayennepfeffer • 1 Prise Zucker • Zitronenscheiben zum Garnieren

• Die küchenfertigen Hechtfilets waschen, trockentupfen, mit Zitronensaft und Worcestersauce beträufeln, mit Salz und Pfeffer würzen und im Kühlschrank 10-15 Minuten ziehen lassen.
• Die Butter erhitzen und die fein gehackte Zwiebel darin glasig schwitzen.
• Mit Mehl bestäuben, mit Weißwein ablöschen und mit der Brühe auffüllen.
• Die Sauce einreduzieren lassen und die Hechtfilets darin in 12 Minuten gar ziehen lassen. Anschließend die Hechtfilets aus der Sauce nehmen und warm stellen.
• Die verlesenen, gewaschenen, abgetropften Sauerampferblätter in die Sauce geben und erhitzen. Die Sauce im Mixer pürieren. Mit Salz, Pfeffer, Cayennepfeffer, Zucker, Zitronensaft und Worcestersauce kräftig abschmecken.
• Die Sauce auf Teller geben, die Hechtfilets darauf legen, mit Zitronenscheiben ausgarnieren und servieren.

Karpfen mit Sahnemeerrettich

• 4 Karpfenfilets á 250 g • Saft von 1 Zitrone • einige Tropfen Worcestersauce • Salz • Pfeffer aus der Mühle • 1/4 l Rotwein • 1/4 l Gemüse- oder Fischbrühe • 1 Bund Suppengemüse • 1 gespickte Zwiebel • 2 Lorbeerblätter • einige Nelken • einige Pfefferkörner • einige Senfkörner • 1/2 Becher Sahne • 1 TL Sahnefestiger • 2–3 EL frisch geriebenen Meerrettich • 1 Prise Cayennepfeffer • 1 Prise Zucker • Zitronenscheiben, Kirschtomaten und Dillzweige zum Garnieren

• Die küchenfertigen Karpfenfilets unter fließendem Wasser waschen, trockentupfen, mit Zitronensaft und Worcestersauce beträufeln, mit Salz und Pfeffer würzen und im Kühlschrank 10–15 Minuten ziehen lassen.
• Den Rotwein mit der Gemüse- oder Fischbrühe in einen Topf geben und zum Kochen bringen.
• Das Suppengemüse putzen, klein schneiden, mit der gespickten Zwiebel, den Lorbeerblättern, den Nelken, den Pfefferkörnern und den Senfkörnern in den Sud legen und 6 Minuten köcheln lassen.
• Die Karpfenfilets in den Sud legen und 15–20 Minuten gar ziehen lassen.
• Für die Sauce die Sahne mit dem Sahnefestiger steif schlagen und den frisch geriebenen Meerrettich unterziehen.
• Die Sauce mit Zitronensaft, Worcestersauce, Salz, Pfeffer, Cayennepfeffer und Zucker abschmecken.
• Die Karpfenfilets aus dem Sud nehmen, gut abtropfen lassen, anrichten, mit der Meerrettichsahne überziehen, mit Zitronenscheiben und Kirschtomaten sowie Dillzweigen ausgarnieren und mit Kräuterkartoffeln servieren.

Schollen auf Blaubeersauce

• 4 Schollenfilets à 200 g • einige Tropfen Zitronensaft • einige Tropfen Worcestersauce • 1 Prise Meersalz • weißen Pfeffer aus der Mühle • 1-2 EL Olivenöl • 1 Zwiebel • 1 Tasse ungesüßten Blaubeersaft • 1/4 l gebundene, dunkle Fischsauce • 1/2 Becher Sahne • 100 g frische Blaubeeren • 1-2 EL grüne Pfefferkörner • 1 Bund Dill

• Die Schollenfilets waschen, trockentupfen, mit Zitronensaft und Worcestersauce beträufeln. Mit Salz und Pfeffer würzen und im Kühlschrank 10 Minuten ziehen lassen.
• Das Olivenöl in einem Topf erhitzen und die geschälte und fein gehackte Zwiebel darin glasig schwitzen. Den Blaubeersaft mit der Sauce angießen und zum Kochen bringen.
• Die Schollenfilets in die Sauce legen und bei mäßiger Hitze gar ziehen lassen, herausnehmen, gut abtropfen lassen und warm stellen.
• Die Sahne angießen, die Sauce mit Salz, Pfeffer, Zitronensaft und Worcestersauce abschmecken. Die verlesenen, gewaschenen Blaubeeren unterziehen.
• Die Sauce auf heiße Teller geben, die Fischfilets darauf anrichten. Mit einigen Pfefferkörnern bestreuen, mit Dillzweigen ausgarnieren und servieren.

Marinierter Lachs

• 300 g Lachsfilet • einige Tropfen Zitronensaft • einige Tropfen Worcestersauce • Salz • Pfeffer aus der Mühle • 1 Bund Dill

• Das Lachsfilet mit Zitronensaft und Worcestersauce beträufeln und mit Salz und Pfeffer würzen.
• Den Dill verlesen, waschen, fein schneiden und auf dem Lachs verteilen.
• Das Ganze in Frischhaltefolie verpacken und im Kühlschrank mindestens einen Tag marinieren lassen.

Dillsauce

• 1 Becher Sahnedickmilch • 1-2 EL mittelscharfen Senf • 1 kleine Zwiebel • Salz • Pfeffer • 1 Prise Cayennepfeffer • einige Tropfen Zitronensaft • 1 Bund Dill

• Die Sahnedickmilch mit dem Senf glatt rühren und die geschälte, fein gehackte Zwiebel untermischen.
• Mit Salz, Pfeffer, Cayennepfeffer und Zitronensaft kräftig abschmecken.
• Den Dill verlesen, waschen, fein hacken und unter die Sauce mischen.
• Mit Dillzweigen ausgarnieren und servieren.

Dillcreme

• 1 Becher Joghurt • 1 Tasse Mayonnaise • einige Tropfen Zitronensaft • einige Tropfen Worcestersauce • Salz • Pfeffer • 1 Prise Zucker • 1 Bund Dill

• Den Joghurt mit der Mayonnaise in eine Schüssel geben und glatt rühren, mit Zitronensaft, Worcestersauce, Salz, Pfeffer und Zucker abschmecken.
• Den Dill verlesen, waschen, fein hacken und unter die Creme mischen.
• Mit Dillzweigen ausgarnieren und servieren.

Kräuter-Knoblauch-Brot

• 8 kleine Scheiben französisches Weißbrot oder Toastbrot • 100 g Butter • 1 Zwiebel • 2 Knoblauchzehen • Salz • 1/2 Tasse Wildkräuter • Salz • Pfeffer aus der Mühle • Cayennepfeffer • einige Tropfen Zitronensaft • einige Tropfen Worcestersauce • 1 TL mittelscharfen Senf

• Die Weißbrot- oder Toastbrotscheiben bereitstellen.
• Die Butter in eine Schüssel geben und schaumig schlagen.
• Die fein gehackte Zwiebel und die mit Salz zerriebenen Knoblauchzehen unter die Butter rühren.
• Die gehackten Wildkräuter unter die Butter ziehen, mit Salz, Pfeffer, Cayennepfeffer, Zitronensaft und Worcestersauce sowie Senf abschmecken.
• Die Knoblauch-Kräuter-Butter auf das Brot streichen und im Backofen kurz rösten.
• Das Kräuter-Knoblauch-Brot sofort servieren.

Kräuterzopf

• 100 g Haferflocken • 1/4 l Buttermilch • 250 g Weizenvollkornmehl • 1/2 Päckchen Trockenhefe • Salz • Pfeffer aus der Mühle • 1 Tasse gemischte, gehackte Kräuter • 2 Eigelb • Sesam, Koriander, Kümmel, Anis, Sonnenblumenkerne oder grobes Salz zum Bestreuen

• Die Haferflocken in der Buttermilch eine Stunde ausquellen lassen.
• Das Mehl mit der Hefe vermischen. Mit den Haferflocken zu einem glatten Teig verarbeiten. Mit Salz, Pfeffer und den gehackten Kräutern verfeinern und 1/2 Stunde ruhen lassen. Durchschlagen und eine weitere halbe Stunde gehen lassen.
• Zu drei Strängen ausrollen. Einen Zopf flechten und diesen auf ein Backblech legen. Im auf 180-200 °C vorgeheizten Backofen ausbacken.
• Die Eigelb mit etwas Wasser glatt rühren. Kurz vor Garende den Zopf damit bestreichen. Mit Sesam, Koriander, Kümmel, Anis, Sonnenblumenkernen oder grobem Salz bestreuen und fertig garen.

Kräuterbrötchen

• 350 g Weizenvollkornmehl • 250 ml Buttermilch • 1 Päckchen Frischhefe • 1 EL Zucker • 1 EL Salz • 25 g flüssige Butter • 1 Bund Schnittlauch • 1 Bund Dill • 1 Bund Petersilie • 1/2 Bund Zitronenmelisse • Mehl • Fett zum Ausfetten

• Das Mehl mit der handwarmen Buttermilch, der zerbröckelten Hefe und dem Zucker vermischen und 10-15 Minuten gehen lassen.
• Das Salz, das flüssige Fett und die gehackten Kräuter dazugeben und alles zu einem glatten Teig verarbeiten, mit dem Kochlöffel durchschlagen und 30 Minuten gehen lassen. Den Teig nochmals durcharbeiten, zu Brötchen formen und weitere 30 Minuten gehen lassen, auf ein Blech setzen, mit Wasser bestreichen, und nochmals gehen lassen und im auf 200° C vorgeheizten Backofen 25 Minuten ausbacken, herausnehmen und auskühlen lassen.

Sesambrötchen

• 1 Päckchen Hefe • 400 ml lauwarmes Wasser • 150 g Sesam • 150 g feines Roggenvollkornmehl • 450 g feines Weizenvollkornmehl • 1 EL Meersalz • 1 TL gemahlenen Kümmel • 1 TL gemahlener Anis • 1 Prise Muskatpulver • 1 Eigelb • Kümmel, Sesam, Sonnenblumenkerne oder grobes Salz

• Die Hefe zerbröckeln und das lauwarme Wasser angießen. An einem warmen Ort mindestens 1/2 Stunde gehen lassen.
• Den Sesam, das Mehl, das Meersalz, den Kümmel, den Anis und das Muskatpulver miteinander vermischen, das Hefewasser dazugeben und zu einem glatten Teig verkneten. Den Teig zugedeckt an einem warmen Ort ruhen lassen. Erneut durchkneten und nochmals gehen lassen. Den Teig ausrollen, Brötchen ausstechen, auf ein Blech setzen, mit etwas warmer Milch bestreichen, kurz gehen lassen und im auf 180-200 °C vorgeheizten Backofen 15-20 Minuten backen.
• Die Brötchen kurz vor Garende mit dem Eigelb bestreichen, mit Kümmel, Sesam, Sonnenblumenkernen oder grobem Salz bestreuen und fertig backen.

Kräuter-Hefe-Brötchen

• 300 g feines Weizenvollkornmehl • 1 TL Salz • 1 TL Majoran • 1 TL Thymian • 25 g Hefe • 150 ml lauwarmes Wasser • 1-2 EL Olivenöl • Eigelb zum Bestreichen • Kümmel, Korianderkörner und grobes Salz zum Bestreuen

• Das Weizenvollkornmehl mit Salz, Majoran und Thymian vermischen, in eine Schüssel geben und eine Mulde eindrücken.
• Die Hefe in das lauwarme Wasser bröckeln und 10 Minuten an einem warmen Ort gehen lassen.
• Die Hefe mit dem Olivenöl zum Mehl geben und alles zu einem kompakten Teig verarbeiten, mit einem Kochlöffel den Teig so lange schlagen, bis er Blasen wirft. Mit einem Tuch abdecken und an einem warmen Ort 1/2 Stunde gehen lassen.
• Den Teig nochmals durcharbeiten, auf einer Arbeitsfläche ausrollen, Brötchen ausstechen und diese auf ein bemehltes Backblech legen. Mit etwas verquirltem Eigelb bestreichen, mit Kümmel, Korianderkörnern und grobem Salz bestreuen.
• Die Brötchen an einem warmen Ort 15 Minuten gehen lassen und anschließend im auf 180-200 °C vorgeheizten Backofen je nach Größe 15-25 Minuten backen.

Korianderbrötchen mit Käsefüllung

• 500 g Weizenmehl • 1 Päckchen Trockenhefe • 2 EL Zucker • 1/4 l handwarme Milch • 1 EL Salz • 2 Tassen gehackten Koriander • Mehl zum Bestäuben • Butterschmalz zum Bestreichen • 1-2 EL Butter • 2 Knoblauchzehen • 2 Zwiebeln • 1 Stange Lauch • 200 g Tilsiter • Salz • Pfeffer aus der Mühle • 1 Prise Cayennepfeffer • 1 Bund Schnittlauch • 2 EL Koriander, 2-3 EL grobes Salz zum Bestreuen

• Das Mehl mit der Hefe und dem Zucker vermischen und in eine Schüssel geben.
• Die handwarme Milch dazugeben und alles zu einem glatten, kompakten Teig solange verarbeiten bis der Teig Blasen wirft. Zugedeckt an einem warmen Ort zur doppelten Menge aufgehen lassen.
• Das Salz und den Koriander untermischen und nochmals kurz gehen lassen.
• Die Butter erhitzen und die fein gehackten Knoblauchzehen darin anschwitzen.
• Die Zwiebeln und den Lauch in Scheiben schneiden dazugeben, glasig schwitzen und erkalten lassen.
• Den Tilsiter in Würfel schneiden und unter das Gemüse heben. Mit Salz, Pfeffer und Cayennepfeffer würzen und den fein geschnittenen Schnittlauch unterziehen.
• Den Teig nochmals kräftig durchkneten. 2-3 Zentimeter dick ausrollen und mit Hilfe von Ausstechformen 10 Zentimeter große Kreise ausstechen, mit etwas Käsefüllung belegen und zu einem Brötchen abdrehen.
• Die Brötchen auf ein ausgefettetes Backblech setzen, mit etwas flüssigem Butterschmalz bestreichen, mit Koriander und grobem Salz bestreuen. Nochmals kurz gehen lassen und im auf 180-200 °C vorgeheizten Backofen 10-15 Minuten backen. Die Brötchen warm oder kalt servieren.

Huflattichsalat

• 1 Hand voll junge Huflattichblätter • einige gemischte Salatblätter (Lollo Rosso, Eisbergsalat) • je 1/2 rote, grüne und gelbe Paprikaschote • 1 Tasse gemischte Sprossen • einige Tropfen Olivenöl • einige Tropfen Aceto balsamico • Joghurtdressing

• Die Huflattichblätter und die in mundgerechte Stücke zerpflückten Salatblätter in eine Schüssel geben.
• Die Paprikaschoten waschen, entkernen, in Streifen schneiden und unter den Salat mischen.
• Eine Tasse Sprossen dazugeben, mit Olivenöl und Aceto balsamico beträufeln und mit einem Joghurtdressing servieren.

Kamillenblütensalat

• 2 kleine Kohlrabi • 1 Karotte • 1 Apfel • 1 EL Zitronensaft • 1 Tasse saure Sahne • 2 EL fein gehackte Kamillenblüten • 50 g Korinthen • 1 Prise Kräutersalz • 50 g Spinatblätter • ganze Kamillenblüten zum Garnieren

• Das Kohlrabigrün abschneiden und beiseite legen. Die Kohlrabi, die Karotte und den Apfel grob reiben. Alle Zutaten in einer Schüssel mischen und mit Zitronensaft beträufeln.
• Die saure Sahne, die gehackten Kamilleblüten, das fein gehackte Kohlrabigrün und die Korinthen mischen, mit Kräutersalz abschmecken und unter das Gemüse heben.
• Die Spinatblätter dekorativ auf vier Tellern anrichten. Die Salatzutaten darauf verteilen, mit den ganzen Kamillenblüten ausgarnieren und sofort servieren.

Herzhafter Wildkräutersalat

• je 50 g Löwenzahnblätter, Sauerampferblätter, Brennnesselblätter, Brunnenkresse • 100 g gemischte Blattsalate • 1 Bund Radieschen • 100 g Waldbeeren • 1 Zwiebel • 1 Tasse Gemüsebrühe • 1/2 Tasse Obstessig • Saft von 1 Zitrone • 1-2 EL mittelscharfen Senf • einige Tropfen Apfeldicksaft • Salz • Pfeffer • 1 Prise Cayennepfeffer • 4 EL Olivenöl • 8 Scheiben Knäckebrot • 100 g Magerquark

• Die Blattsalate in Stücke zerpflücken. Die Radieschen in Scheiben schneiden.
• Die Salatzutaten vorsichtig miteinander vermischen und mit der Hälfte der Beeren dekorativ anrichten.
• Die restlichen Waldbeeren mit der geschälten und fein gehackten Zwiebel in eine Schüssel geben. Die Gemüsebrühe angießen und das Ganze im Mixer oder mit dem Pürierstab pürieren.
• Den Obstessig, den Zitronensaft sowie den Senf unter das Dressing rühren. Mit Apfeldicksaft süßen und mit Salz, Pfeffer und Cayennepfeffer abschmecken.
• Das Olivenöl einrühren und das Dressing über den Salat verteilen. Den Salat anrichten, ausgarnieren und mit den mit Quark bestrichenen Knäckebroten servieren.

Löwenzahnsalat

• 200 g junge Löwenzahnblätter • 4 Tomaten • 200 g Mandarinenfilets (aus der Dose) • 1 Zwiebel • 1 Becher Sahne • 1/2 Tasse Kräuteressig • einige Tropfen Distelöl • 1 Bund Schnittlauch • Salz • Pfeffer aus der Mühle • 1 Prise Cayennepfeffer • 1 Prise Zucker • Kräuterzweige zum Garnieren

• Die Löwenzahnblätter waschen in Stücke zerpflücken und in eine Schüssel geben.
• Die Tomaten enthäuten, in Würfel schneiden und unter die Blätter heben.
• Die Zwiebel schälen, fein reiben und in eine Schüssel geben.
• Die Sahne cremig schlagen, zu den Zwiebeln geben. Den Essig und das Distelöl darunter schlagen. Den Schnittlauch in feine Röllchen schneiden, unter das Dressing ziehen, mit Salz, Pfeffer, Cayennepfeffer und Zucker abschmecken und den Löwenzahnsalat damit anmachen.
• Den Salat dekorativ anrichten, mit Kräuterzweigen ausgarnieren und servieren.

Löwenzahnsalat mit Roastbeef

•200 g junge Löwenzahnblätter • 100 g Sojabohnenkeimlinge •100 g Staudensellerie • 1 Zwiebel • 1/2 Tasse Gourmet-Remoulade • 2 EL Sahnemeerrettich • Saft von 1 Orange • Salz • Pfeffer aus der Mühle • 200 g rosa gebratenes Roastbeef • 1 Kästchen Kresse

• Die Löwenzahnblätter waschen und in mundgerechte Stücke zerpflücken.
• Die Sojabohnenkeimlinge waschen, abtropfen lassen, mit dem geputzten und in Streifen geschnittenen Staudensellerie in eine Schüssel geben und vermischen.
• Die Zwiebel schälen und fein hacken, mit der Gourmet-Remoulade, dem Meerrettich und dem Orangensaft in eine Schüssel geben und glatt rühren.
• Das Ganze mit Salz und Pfeffer abschmecken und den Salat damit anmachen.
• Den Salat anrichten, das Roastbeef in Streifen schneiden und mit der klein geschnittenen Kresse über den Salat streuen, ausgarnieren und servieren.

Wildkräutersalat mit Wachteleiern

• 75 g Feldsalat • 75 g Löwenzahnblätter • 75 g junge Sauerampferblätter • 2 Karotten • 2 rote Zwiebeln • 2 Frühlingszwiebeln • 75 g Austern- oder Butterpilze • Zitronensaft • 300 g gekochtes oder gebratenes Wildgeflügel • 1/2 Tasse Gemüsebrühe • 2-3 EL Weißweinessig • 2-3 EL Knoblauchöl • 3-4 EL Estragonöl • Salz • Pfeffer aus der Mühle • Zucker • 8-12 gekochte Wachteleier • 1-2 EL leicht geröstete Sonnenblumenkerne • Kräuterzweige

• Die Salate in Stücke zerpflücken. Die Karotten in Streifen schneiden und zum Salat geben. Die Zwiebeln und die Frühlingszwiebeln in feine Scheiben schneiden. Die Pilze in Scheiben schneiden und mit Zitronensaft beträufeln. Das Wildgeflügel in Würfel schneiden, mit allen Salatzutaten vermischen und dekorativ anrichten.
• Die Gemüsebrühe mit dem Weißweinessig und den Ölen verrühren. Mit Salz, Pfeffer und Zucker abschmecken. Den Salat damit beträufeln.
• Die Wachteleier pellen, halbieren und den Salat damit ausgarnieren. Mit den Sonnenblumenkernen bestreuen, mit Kräuterzweigen verzieren und servieren.

Feiner Salat mit Vogelmiere

• 2 Zwiebeln • je 1 rote und grüne Paprikaschote • 4 Tomaten • 1 Glas Oliven • 1 kleiner Kopf Eisbergsalat • 100 g Schafskäse • 4 EL Rotweinessig • Saft von 1 Zitrone • 4 EL Rotwein • Salz • Pfeffer aus der Mühle • 1 Prise Zucker • je 1 TL Basilikum und Oregano • 6 EL Olivenöl • 1 Hand voll Vogelmiere

• Die Zwiebeln und die Paprikaschoten in feine Würfel schneiden, die Tomaten enthäuten, entkernen und in Würfel schneiden. Die Oliven gut abtropfen lassen und entkernen.
• Den Eisbergsalat in Stücke zerpflücken. Den Schafskäse würfeln, mit den übrigen Zutaten in eine Schüssel geben und alles miteinander vermischen.
• Den Rotweinessig, den Zitronensaft und den Rotwein verrühren, mit Salz, Pfeffer, Zucker, Basilikum und Oregano würzen und anschließend das Öl unterheben.
• Den Salat anmachen und mindestens 15-20 Minuten ziehen lassen.
• Die Vogelmiere verlesen, waschen, gut abtropfen lassen und grob hacken.
• Die Vogelmiere unter den Salat heben, nochmals abschmecken, anrichten und sofort servieren.
• Besonders gut dazu passen in Knoblauchbutter geröstete Weißbrotwürfel, die kurz vor dem Servieren über den Salat gestreut werden.

Sommersalat mit Taubnesseldressing

• 1 Bund Frühlingszwiebeln • 2 Karotten • 100 g Spargel • 100 g Spinat • 100 g Kopfsalat • 1 Apfel • 1 Tasse rote Johannisbeeren • 1 Tasse Himbeeren • 1 Tasse Erdbeeren • 1 Tasse gehackte Kräuter (Kresse, Petersilie, Schnittlauch, Taubnesseln) • 1 Tasse Weißwein • 1/2 Tasse Obstessig • 1 Tasse Traubenkernöl • einige Tropfen Worcestersauce • einige Tropfen Zitronensaft • Salz • Pfeffer aus der Mühle • 1 Prise Cayennepfeffer • 1 Prise Zucker

• Die Frühlingszwiebeln putzen, waschen, gut abtropfen lassen und klein schneiden. Die Karotten und den Spargel dünn schälen und ebenfalls kleinschneiden.
• Den Spinat und den Kopfsalat verlesen, waschen, gut abtropfen lassen und in mundgerechte Stücke zerpflücken. Den Apfel schälen, entkernen und ebenfalls klein schneiden.
• Die Johannisbeeren, Himbeeren und Erdbeeren verlesen, waschen, gut abtropfen lassen und die Erdbeeren je nach Bedarf klein schneiden.
• Die Kräuter, den Weißwein und den Obstessig in eine Schüssel geben und verrühren. Das Traubenkernöl tropfenweise unterrühren, das Ganze mit Worcestersauce, Zitronensaft, Salz, Pfeffer, Cayennepfeffer und Zucker kräftig abschmecken und den Salat damit anmachen.

Herbstlicher Salat

• 100 g Eisbergsalat • 100 g Endiviensalat • 100 g Radicchiosalat • 100 g junge Löwenzahnblätter • 1 rote Paprikaschote • 2 Tomaten • 1 Zwiebel • 1/2 Tasse Rotweinessig • 1/2 Tasse Gemüsebrühe • 1 Knoblauchzehe • 1/2 Tasse Sonnenblumenöl • Salz • Pfeffer • Cayennepfeffer • 1-2 TL Birnendicksaft • 1 Tasse gehackte Wildkräuter • 2-3 EL Cashewkerne zum Bestreuen

• Die Blattsalate in mundgerechte Stücke zerpflücken und in eine Schüssel geben.
• Die halbierte, entkernte, gewaschene und in Streifen geschnittene Paprikaschote, die gewürfelten Tomaten und die fein gehackte Zwiebel unter den Salat heben.
• Den Rotweinessig und die Gemüsebrühe miteinander verrühren. Die geschälte und fein gehackte Knoblauchzehe und das Sonnenblumenöl unterrühren.
• Das Ganze mit Salz, Pfeffer, Cayennepfeffer und Birnendicksaft abschmecken. Die gehackten Wildkräuter mit dem Dressing unter den Salat heben, kurz durchziehen lassen. Den Salat anrichten, mit Cashewkernen bestreuen und servieren.

Feiner Kräutersalat

• 100 g Lollo Rosso • 100 g Friséesalat • 1 kleine Stange Lauch • 100 g Sojasprossenkeime • 2 Kästchen Kresse • 4 EL Obstessig • Saft von 1 Zitrone • 1 Schuss Weißwein • 1 Zwiebel • 1-2 EL Honig • 5-6 EL Sonnenblumenöl

• Die Blattsalate in mundgerechte Stücke zerpflücken.
• Den Lauch in dünne Streifen schneiden. Die Sojasprossenkeime waschen und abtropfen lassen. Die Kresse verlesen, waschen und ebenfalls gut abtropfen lassen.
• Die Zutaten in eine Schüssel geben und alles vorsichtig miteinander vermischen.
• Den Essig, den Zitronensaft und den Weißwein verrühren. Die Zwiebel fein reiben, mit dem Honig in das Dressing rühren. Das Öl dazugeben und das Dressing zum Salat geben, vermischen, im Kühlschrank ziehen lassen und servieren.

Löwenzahnsalat mit Krabben

• 150 g Löwenzahnblätter • 1 Salatgurke • 200 g Kirschtomaten • 150 g Krabben • Saft von 1 Zitrone • einige Tropfen Aceto balsamico • einige Tropfen Olivenöl • Salz • Pfeffer aus der Mühle • 2 Becher Joghurt • 1-2 EL Sahnemeerrettich • 1-2 EL Tomatenketchup • Saft von 1 Zitrone • 1/2 Bund Zitronenmelisse • 1/2 Bund Kerbel und Dill • 1 Prise Zucker • 1 Prise Cayennepfeffer

• Die Löwenzahnblätter in mundgerechte Stücke zerpflücken und auf den Tellern anrichten. Die Gurke halbieren, das Kerngehäuse entfernen und in 1/2 Zentimeter dicke Scheiben schneiden. Die Tomaten halbieren.
• Die Krabben mit den übrigen Salatzutaten vermischen, mit Zitronensaft, Aceto balsamico und Olivenöl beträufeln, mit Salz und Pfeffer würzen.
• Den Joghurt mit dem Meerrettich, dem Ketchup und dem Zitronensaft glatt rühren.
• Die gehackten Kräuter dazugeben, mit Aceto balsamico, Salz, Pfeffer, Zucker und Cayennepfeffer abschmecken.
• Die Krabben auf dem Löwenzahn anrichten, das Dressing auf dem Salat verteilen, ausgarnieren und servieren.

Bärlauchsalat „St. Hubertus“

• 1 kleinen Kopf Endiviensalat • 1 kleinen Kopf Radicchiosalat • 2 Tomaten • 1 rote Paprikaschote • 100 g Bärlauchblätter • 1 frische Rehleber • 2 Rehnierchen • 1 Rehherz • 1/2 Tasse Olivenöl • 1 Bund Frühlingszwiebeln • 1 Tasse Rotwein • 2 EL Johannisbeergelee • 1/2 Tasse Obstessig • Saft von 1 Orange • 1 EL mittelscharfen Senf • Salz • Pfeffer aus der Mühle • 1 Prise Zucker • 1 Prise Cayennepfeffer

• Endivien- und Radicchiosalat in mundgerechte Stücke zerpflücken.
• Die Tomaten enthäuten, entkernen und in Würfel schneiden. Die Paprikaschote ebenfalls würfeln.
• Die Bärlauchblätter in dünne Streifen schneiden. Die Salatzutaten vorsichtig miteinander vermischen.
• Die Rehleber, Rehnierchen und das Rehherz in kleine Würfel schneiden und im Olivenöl braten. Das Fleisch herausnehmen und warm stellen.
• Die in Streifen geschnittenen Frühlingszwiebeln im verbliebenen Bratfett glasig schwitzen. Mit Rotwein ablöschen, das Johannisbeergelee unterrühren, mit Obstessig und Orangensaft auffüllen.
• Mit Senf, Salz, Pfeffer, Zucker und Cayennepfeffer kräftig abschmecken. Das Fleisch in das Dressing geben, alles erwärmen, aber nicht mehr kochen lassen. Das Dressing noch mal abschmecken, warm über dem Salat verteilen, gut durchmischen und sofort servieren.

Matjessalat mit Kräuterdressing

• 12 Matjesfilets • 1 Glas Mineralwasser • 2 Stauden Chicorée • 200 g frische Champignons • Saft von 1 Zitrone • 200 g Kirschtomaten • 2 Zwiebeln • 2 säuerliche Äpfel • 1 Tasse Mayonnaise • 1 Becher Joghurt • 1 Schuss Sahne • 2-3 EL mittelscharfen Senf • 1 Hand voll Kräuter (Estragon, Dill, Petersilie, Schnittlauch) • Salz • Pfeffer aus der Mühle • 1 Prise Cayennepfeffer • 1 Prise Zucker • Limettenscheiben und Dillzweige zum Garnieren

• Die Matjesfilets mit dem Mineralwasser angießen und darin 15-20 Minuten wässern.
• Die Chicoréeblätter dekorativ auf Tellern anrichten. Die Champignons in Scheiben schneiden und mit Zitronensaft beträufeln. Die Kirschtomaten klein schneiden und mit den Champignons vermischen. Die Zwiebeln in feine Scheiben schneiden, die Äpfel in Stücke schneiden, mit Zitronensaft beträufeln.
• Die gut abgetropften Matjesfilets mit den Champignons, den Kirschtomaten, den Zwiebeln und den Äpfeln vermischen und dekorativ auf den Chicoréeblättern anrichten.
• Die Mayonnaise mit dem Joghurt und der Sahne sowie dem Senf glatt rühren. Die fein gehackten Kräuter untermischen, mit Salz, Pfeffer, Cayennepfeffer und Zucker kräftig würzen.
• Das Dressing auf dem Salat verteilen, mit Limettenscheiben und Dillzweigen ausgarnieren und sofort servieren.

Glacierte Knoblauchschalotten

• 600 g Schalotten • 4 Knoblauchzehen • 50 g Butter • 1 Schuss Weißwein • Salz • Pfeffer aus der Mühle • 1 Prise Cayennepfeffer • 1 EL Zucker • 1 Hand voll Rosmarin • Kräuterzweige zum Garnieren

• Die Schalotten schälen und in feine Schnitze schneiden. Die Knoblauchzehen schälen und in feine Scheiben oder Würfel schneiden.
• Die Butter erhitzen, die Schalotten und den Knoblauch darin glasig schwitzen.
• Mit Weißwein ablöschen, mit Salz, Pfeffer und Cayennepfeffer würzen und bei mäßiger Hitze 8-10 Minuten dünsten.
• Nach Ende der Garzeit mit Zucker bestreuen, den verlesenen, gewaschenen und fein gehackten Rosmarin untermischen und die Schalotten kurz glacieren.
• Die Knoblauchschalotten dekorativ anrichten, mit Kräuterzweigen ausgarnieren und sofort servieren. Dazu reicht man ein gegrilltes oder gebratenes Schweinemedaillon mit Burgundersauce und einen Rauke-Champignon-Salat.

Gemüseplatte mit Raukenpesto

• 400 g gekochten Spargel • 1 rote Paprikaschote • 1 grüne Paprikaschote • 1 Bund Frühlingszwiebeln • 4 Karotten • 1 kleine Salatgurke • 4 Tomaten • 1 Bund Radieschen • 1 Hand voll Raukeblätter • 1 Glas Sardellenfilets • 1 Zwiebel • 2-3 Knoblauchzehen • 1/2 Tasse Gemüsebrühe • 3-4 EL mittelscharfen Senf • 1/2 Tasse Olivenöl • Salz • Pfeffer aus der Mühle • 1 Prise Cayennepfeffer • 1 Prise Zucker

• Den Spargel halbieren, die Paprikaschoten und die Frühlingszwiebeln in Streifen schneiden, die Karotten und die Salatgurke in Stifte schneiden, die Tomaten vierteln.
• Die Radieschen mit dem restlichen Gemüse dekorativ auf einer Platte anrichten.
• Die Raukeblätter und die Sardellenfilets fein hacken, die Zwiebel fein reiben, die fein gehackten Knoblauchzehen mit den Sardellenfilets, den Zwiebeln und den Raukeblättern in eine Schüssel geben.
• Die Gemüsebrühe angießen, den Senf einrühren und das Olivenöl untermischen.
• Das Pesto mit Salz, Pfeffer, Cayennepfeffer und Zucker abschmecken, portionsweise in Schälchen füllen, zum Gemüse geben, ausgarnieren und sofort servieren.

Kartoffelsuppe mit Ysop

• 1-2 EL Butter • 1 Zwiebel • 4 große Kartoffeln • 1 Schuss Weißwein • 3/8 l Gemüsebrühe • Salz • Pfeffer aus der Mühle • 1 Prise Cayennepfeffer • 1 TL getrockneten Ysop • 1/2 Becher Sahne

• Die Butter erhitzen und die fein gehackte Zwiebel darin glasig schwitzen.
• Die Kartoffeln schälen, würfeln, zu den Zwiebeln geben und kurz mitschwitzen.
• Mit Weißwein ablöschen und mit der Gemüsebrühe auffüllen. Bei mäßiger Hitze 10 Minuten leicht köcheln lassen.
• Die Suppe mit Salz, Pfeffer, Cayennepfeffer und Ysop kräftig abschmecken.
• Die Kartoffelsuppe im Mixer oder mit dem Pürierstab pürieren, die Sahne einrühren, nochmals abschmecken, anrichten, ausgarnieren und servieren.

Tomatensuppe mit Wildkräutern

• 1 Zwiebel • 1-2 EL Butter oder Margarine • 2 Karotten • 500 g Tomaten • 2-3 EL Tomatenmark • 1 Schuss Weißwein • 1/2 l Gemüsebrühe • Salz • Pfeffer aus der Mühle • 1 Prise Cayennepfeffer • 1 Prise Zucker • Speisestärke zum Binden • 1 Becher Sahne • 1 Tasse verlesene und fein gehackte Wildkräuter (Gänseblümchen, Löwenzahnblätter, Sauerampferblätter, Brennnesselblätter, Brunnenkresse) • Kräuterzweige zum Garnieren

• Die fein gehackte Zwiebel in Butter oder Margarine glasig schwitzen.
• Die Karotten schälen, grob raspeln, zur Zwiebel geben und kurz mitschwitzen.
• Die Tomaten enthäuten, entkernen, in Würfel schneiden, zum Gemüse geben und ebenfalls kurz mitschwitzen.
• Das Tomatenmark einrühren, mit Weißwein ablöschen und mit der Gemüsebrühe auffüllen.
• Die Suppe bei mäßiger Hitze 8-10 Minuten köcheln lassen und anschließend mit Salz, Pfeffer, Cayennepfeffer und Zucker kräftig abschmecken.
• Die Suppe mit Speisestärke binden und die Sahne steif schlagen die fein gehackten Wildkräuter unter die Sahne ziehen.
• Die Suppe nochmals kräftig abschmecken, anrichten, mit der Kräutersahne garnieren und sofort servieren.

Raukesuppe mit Kaviartalern

• 2-3 EL Butter oder Margarine • 1 Zwiebel • 3-4 EL Haferflocken • 250 g frischen Raukesalat • Saft von 1/2 Orange • 1/2 l Gemüse- oder Fischbrühe • Salz • Pfeffer aus der Mühle • 1 Prise Muskat • 1 Prise Cayennepfeffer • 1 Prise Zucker • Sahne oder Crème fraîche zum Verfeinern • 12 kleine Scheiben Weißbrot • Butter oder Margarine zum Bestreichen • 2 Gläser Keta-Kaviar

• Die Butter oder Margarine erhitzen und die fein gehackte Zwiebel darin glasig schwitzen.
• Die Haferflocken darüberstreuen und kurz rösten.
• Den Raukesalat klein schneiden, in den Topf geben und kurz mitschwitzen.
• Mit Orangensaft ablöschen, mit der Gemüse- oder Fischbrühe auffüllen und zum Kochen bringen, mit Salz, Pfeffer, Muskat, Cayennepfeffer und Zucker abschmecken und 6-8 Minuten köcheln lassen.
• Die Suppe im Mixer oder mit dem Pürierstab pürieren, je nach Geschmack mit etwas Sahne oder Crème fraîche verfeinern.
• Die Weißbrotscheiben toasten, dünn mit Butter oder Margarine bestreichen und mit dem Keta-Kaviar belegen.
• Die Raukesuppe nochmals erhitzen, anrichten, die Kaviartaler darauf setzen, mit einigen Raukenblätter das Ganze ausgarnieren und sofort servieren.

Sauerampfersüppchen

• 3/8 l Gemüsebrühe • 1 küchenfertige Hähnchenkeule • 250 g Suppengemüse • 30 g Butter oder Margarine • 30 g Mehl • 1 Glas Weißwein • 3/8 l Gemüsebrühe • 1 Becher Sahne • Salz • Pfeffer • 1 Prise Muskat • einige Tropfen Zitronensaft • 2 Hand voll Sauerampfer • 1/2 Glas Weißwein

• Die Gemüsebrühe mit der enthäuteten Hähnchenkeule in einen Topf geben und zum Kochen bringen.
• Das geputzte, gewaschene und klein gewürfelte Suppengemüse dazugeben und bei mittlerer Hitze 60 Minuten köcheln lassen.
• Die Hähnchenkeule auslösen, klein schneiden und zur weiteren Verwendung bereitstellen.
• Die Brühe durch ein feines Sieb passieren, erkalten lassen und das Fett abnehmen.
• Die Butter oder Margarine in einem Topf erhitzen und das Mehl mit dem Schneebesen einrühren. Mit dem Weißwein ablöschen und mit der Gemüsebrühe auffüllen.
• Alles zu einer sämigen Suppe verkochen, die Sahne einrühren und mit Salz, Pfeffer, Muskat und Zitronensaft kräftig abschmecken.
• Den Sauerampfer verlesen, waschen, gut abtropfen lassen und mit dem Weißwein im Mixer oder mit dem Pürierstab pürieren. Mit dem Hähnchenfleisch in die Suppe geben, erhitzen, kräftig abschmecken, anrichten und servieren.

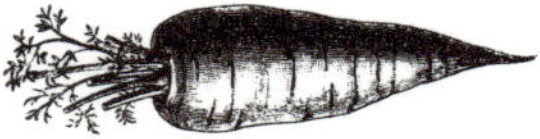

Wildkräutersuppe mit Currysahne

• Pflanzenfett • 1 Zwiebel • 250 g Kartoffeln • 1 Schuss Weißwein • 1/2 l Wildkraftbrühe • Salz • Pfeffer aus der Mühle • 1 Prise Muskat • 1 Tasse Wildkräuter (Brennnessel, Sauerampfer, Brunnenkresse, Löwenzahn usw.) • 75 g geräucherten Wildschinken • 1/2 Becher Crème fraîche • 2 Tassen geschlagene Sahne • 1 EL Currypulver • Sonnenblumenkerne zum Bestreuen

• Die gehackte Zwiebel in etwas Pflanzenfett glasig schwitzen.
• Die Kartoffeln in feine Würfel schneiden, zu den Zwiebeln geben und kurz mitschwitzen. Mit einem Schuss Weißwein ablöschen und mit der Wildkraftbrühe auffüllen.
• Mit Salz, Pfeffer und Muskat abschmecken. Bei mäßiger Hitze 8-10 Minuten köcheln lassen.
• Die grob gehackten Wildkräuter zur Suppe geben, einmal aufkochen lassen und anschließend im Mixer oder mit dem Pürierstab pürieren.
• Die Suppe nochmals erhitzen, den Wildschinken in Streifen schneiden und mit der Crème fraîche unter die Suppe ziehen.
• Die geschlagene Sahne mit dem Currypulver verrühren. Die Suppe nochmals abschmecken, anrichten, mit je einem Klacks Currysahne überziehen, mit Sonnenblumenkernen bestreuen, ausgarnieren und servieren.

Brennnesselsüppchen

• 1-2 EL Olivenöl • 1 Schalotte • 4 große Kartoffeln • 1 Schuss Weißwein • 3/8 l Gemüsebrühe • Salz • Pfeffer aus der Mühle • 1 Prise Cayennepfeffer • 1 Hand voll Brennnesselblätter • 4 EL saure Sahne

• Das Öl erhitzen und die geschälte und fein gehackte Schalotte glasig schwitzen.
• Die Kartoffeln schälen, in Würfel schneiden und mitschwitzen.
• Mit Weißwein ablöschen, mit der Gemüsebrühe auffüllen und bei mäßiger Hitze 10 Minuten leicht köcheln lassen.
• Die Suppe mit Salz, Pfeffer und Cayennepfeffer kräftig abschmecken.
• Die verlesenen, gewaschenen und klein geschnittenen Brennnesselblätter mit etwas Suppe im Mixer oder mit dem Pürierstab pürieren, in die Suppe geben, die saure Sahne einrühren, nochmals erhitzen, nachschmecken und servieren.

Zwiebelsuppe mit Wildkräutern

•1 Knoblauchzehe • 1-2 EL Olivenöl • 500 g Zwiebeln • 1/2 l Gemüsebrühe • 1 Prise Meersalz • weißen Pfeffer aus der Mühle • 1 Prise Muskat • 1 Prise Cayennepfeffer • 1 Prise Zucker • 1 Tasse gemischte, gehackte Kräuter (Löwenzahn, Sauerampfer, Brennnessel, Brunnenkresse)

• Die fein gehackte Knoblauchzehe in Olivenöl glasig schwitzen.
• Die Zwiebeln schälen, in feine Scheiben schneiden, ins Knoblauchfett geben und unter ständigem Rühren kurz anbraten.
• Mit der Gemüsebrühe auffüllen. Mit Meersalz, Pfeffer, Muskat, Cayennepfeffer und Zucker kräftig abschmecken.
• Die Suppe bei mäßiger Hitze 8-10 Minuten köcheln lassen.
• Die verlesenen, gewaschenen und fein gehackten Kräuter unter die Suppe ziehen. Die Suppe nochmals abschmecken, anrichten, ausgarnieren und sofort servieren.

Bärlauch-Creme-Suppe

• 2 EL Butter • 1 Zwiebel • 2 Karotten • 1 Stück Sellerie • 250 g Kartoffeln • 1 Schuss Weißwein • 1/2 l Gemüsebrühe • 100 g Bärlauchblätter • Salz • Pfeffer aus der Mühle • 1 Prise Muskat • 1 Prise Cayennepfeffer • 1 Prise Zucker • 1/2 Becher Sahne • 2 Eigelb

• Die Butter erhitzen und die fein gehackte Zwiebel darin glasig schwitzen.
• Die Karotten, den Sellerie und die Kartoffeln schälen und in kleine Würfel schneiden. Das Gemüse zu den Zwiebeln geben und kurz mitschwitzen.
• Mit Weißwein ablöschen und mit der Gemüsebrühe auffüllen. Zugedeckt bei mittlerer Hitze 15 Minuten köcheln lassen.
• Die verlesenen, gewaschenen und klein geschnittenen Bärlauchblätter in die Suppe geben und einmal aufkochen lassen. Die Suppe im Mixer pürieren, nochmals erhitzen. Mit Salz, Pfeffer, Muskat, Cayennepfeffer und Zucker abschmecken.
• Sahne und Eigelb verrühren, die Suppe vom Feuer nehmen, legieren und servieren.

Gekräutertes Sahne-Creme-Süppchen

• 1 Zwiebel • Butter oder Margarine • 100 g Kartoffeln • 100 g Sellerie • 100 g Karotten • 1 Schuss Weißwein • 1/2 l Gemüse- oder Hefebrühe • 1 Becher Sahne • Salz • Pfeffer aus der Mühle • 1 Prise Muskat • 1 Prise Cayennepfeffer • 1 Prise Zucker • 1 Tasse Frühlingskräuter • 1 Schuss Weißwein • Johannisbrotkernmehl zum Binden • geröstete Mandelblättchen zum Bestreuen

• Die Zwiebel fein hacken. Die Butter oder Margarine erhitzen und die Zwiebel darin glasig schwitzen.
• Die Kartoffeln, den Sellerie und die Karotten schälen, waschen und in feine Würfel schneiden. Das Gemüse zu den Zwiebeln geben und glasig schwitzen.
• Mit Weißwein ablöschen und mit der Gemüse- oder Hefebrühe auffüllen. Bei mäßiger Hitze 15 Minuten köcheln lassen. Anschließend das Ganze im Mixer oder mit dem Pürierstab pürieren und erneut erhitzen.
• Die Sahne unterrühren und zum Kochen bringen. Mit Salz, Pfeffer, Muskat, Cayennepfeffer und Zucker abschmecken. Die Frühlingskräuter mit dem Weißwein im Mixer pürieren und unter die Suppe ziehen.
• Je nach Geschmack mit Johannisbrotkernmehl binden. Die Suppe anrichten, mit gerösteten Mandelblättchen bestreuen und servieren.

Zucchinirahmsüppchen

• 4 EL Butter oder Margarine • 1 Zwiebel • 2 mittelgroße Zucchini (500 g) • 1 Knoblauchzehe • 1 TL Salz • 50 g Mehl • 1 Glas Weißwein • 3/8 l Fleischbrühe • 1 Becher Sahne • Salz • Pfeffer aus der Mühle • 1 Prise Muskat • 1 Prise Cayennepfeffer • 1 Prise Zucker • einige Tropfen Zitronensaft • einige Tropfen Worcestersauce • 1 Tasse Vogelmiere

• Die Butter oder Margarine in einem Topf erhitzen und die geschälte, fein gehackte Zwiebel darin glasig schwitzen.
• Die Zucchini putzen, halbieren, mit einem Teelöffel das Kerngehäuse herauslösen, in Würfel schneiden, zur Zwiebel geben und kurz mitschwitzen.
• Die Knoblauchzehe schälen, mit Salz zu einer Paste zerreiben und unter das Gemüse rühren. Bei mäßiger Hitze 4-5 Minuten dünsten lassen.
• Das Mehl darüber stäuben, mit Weißwein ablöschen und mit der Fleischbrühe auffüllen, zu einer sämigen Suppe verkochen und anschließend im Mixer oder mit dem Pürierstab pürieren.
• Die Sahne steif schlagen und unter die Suppe heben. Die Zucchinisuppe mit Salz, Pfeffer, Muskat, Cayennepfeffer und Zucker würzen. Mit Zitronensaft und Worcestersauce aromatisieren.
• Die Vogelmiere fein hacken, unter die Suppe ziehen, nachschmecken, anrichten und sofort servieren.

Flockige Zwiebelsuppe

• 2 EL Butterschmalz • 500 g Zwiebeln • 100 g gekochten Schinken • 1/4 l Weißwein • 1/2 l Gemüse- oder Fleischbrühe • Salz • weißen Pfeffer aus der Mühle • 1 TL Majoran • 1 TL geriebene Zitronenschale • 1 TL Kümmel • 4 Eier • 4 EL Milch • 1 Hand voll Knoblauchkraut • 8 Scheiben Stangenweißbrot • 125 g geriebenen Käse

• Das Butterschmalz in einem Topf erhitzen und die geschälten und in Scheiben geschnittenen Zwiebeln darin glasig schwitzen.
• Den in dünne Streifen geschnittenen Schinken dazugeben und kurz mitschwitzen. Mit Weißwein ablöschen und mit Gemüse- oder Fleischbrühe auffüllen.
• Mit Salz, Pfeffer, Majoran, der Zitronenschale und dem Kümmel würzen und das Ganze bei mäßiger Hitze 10-15 Minuten köcheln lassen.
• Anschließend die Eier mit der Milch verschlagen, durch ein Sieb in die kochende Suppe rühren. Das Ganze bei mäßiger Hitze weitere 4-5 Minuten ziehen lassen.
• Nach Ende der Garzeit die Zwiebelsuppe noch einmal kräftig abschmecken und das verlesene und gewaschene, fein gehackte Knoblauchkraut unterziehen.
• Die Suppe anrichten, mit den Weißbrotscheiben abdecken, mit Käse bestreuen und im Ofen oder unter dem Grill goldgelb überbacken. Herausnehmen und sofort servieren.

Brunnenkressesüppchen mit Rehschinken

• 500 g Kartoffeln • 1 Bund Frühlingszwiebeln • 50 g Butter • 1 Glas lieblichen Weißwein • 1/2 l Gemüsebrühe • Salz • weißen Pfeffer aus der Mühle • 1 Prise Muskatpulver • 1 Becher Sahne • 2 Eigelb • 50 g Brunnenkresse • 100 g geräucherten Rehschinken

• Die Kartoffeln schälen und in feine Würfel schneiden. Die Frühlingszwiebeln putzen, waschen, gut abtropfen lassen und in Stücke schneiden.
• Die Butter in einem Topf erhitzen und das Gemüse darin kurz anschwitzen. Mit dem Weißwein ablöschen und mit der Gemüsebrühe auffüllen. Bei mäßiger Hitze 15 Minuten köcheln lassen.
• Anschließend das Ganze im Mixer oder mit dem Pürierstab pürieren, auf den Herd stellen und erneut erhitzen. Die Suppe mit Salz, Pfeffer und Muskatpulver würzen. Die Sahne steif schlagen, das Eigelb darunter rühren und die Sahne-Eigelb-Mischung in die heiße Suppe rühren.
• Vom Feuer nehmen und nicht mehr kochen lassen. Die fein geschnittene Brunnenkresse mit dem in Streifen geschnittenen Rehschinken in die Suppe geben, erhitzen, anrichten und servieren.

Altbayerische Brotsuppe

• 2 EL Schweineschmalz • 100 g durchwachsenen, geräucherten Speck • 2 Zwiebeln • 2 Paar Knoblauchwürstchen • 2 Paar Paprikawürstchen • 100 g frische Champignons • 4-6 Scheiben dunkles Bauernbrot • 1 l gut gewürzte Fleischbrühe • Salz • Pfeffer aus der Mühle • 1 Prise Muskatpulver • 1 Prise Cayennepfeffer • 1 Becher saure Sahne • 1 Bund Schnittlauch

• Das Schmalz erhitzen und den in Würfel geschnittenen Speck darin auslassen.
• Die geschälten und fein gehackten Zwiebeln dazugeben und glasig schwitzen. Die Knoblauchwürstchen und die Paprikawürstchen in Scheiben schneiden und mit den geputzten und in Scheiben geschnittenen Champignons zu den Speckzwiebeln geben. Bei mäßiger Hitze 5-6 Minuten dünsten lassen.
• Das Bauernbrot würfeln und zu den übrigen Zutaten geben. Mit der Brühe auffüllen und das aufkochen lassen. Mit Salz, Pfeffer, Muskat und Cayennepfeffer würzen und die Suppe anrichten. Je einen Klacks saure Sahne obenauf geben und mit frisch geschnittenem Schnittlauch bestreut servieren.

Niederbayerische Bier-Zwiebel-Suppe

• 2 EL Schweineschmalz • 500 g Zwiebeln • 1 Stange Lauch • 2 EL Tomatenmark • 1/2 l Fleischbrühe • 1 kleines Glas dunkles Bier • 1 TL Majoran • 1 TL gemahlenen Kümmel • Salz • Pfeffer • 1 Prise Zucker • 4 kleine Scheiben Bauernbrot • 6 EL geriebenen Butterkäse

• Das Fett erhitzen und die in Streifen geschnittenen Zwiebeln glasig schwitzen.
• Den Lauch in Scheiben schneiden, zu den Zwiebeln geben und kurz mitschwitzen.
• Das Tomatenmark unterrühren, kurz rösten, mit der Fleischbrühe und dem Bier auffüllen. Mit Majoran, Kümmel, Salz, Pfeffer und Zucker abschmecken und die Suppe bei mäßiger Hitze 10 bis 15 Minuten köcheln lassen.
• Nach Ende der Garzeit nochmals abschmecken, anrichten, mit je 1 kleinen Scheibe Bauernbrot abdecken und mit Käse bestreuen. Unter dem Grill so lange überbacken, bis der Käse geschmolzen ist und eine goldgelbe Farbe bekommen hat.

Spitzwegerichsuppe

• 500 g Kartoffeln • 50 g durchwachsenen Speck • 1 Zwiebel • 1 Stange Lauch • 1 Karotte • 1 Tasse Weißwein • 1/2 l Fleischbrühe • 1 TL gemahlenen Kümmel • 1 Prise Muskat • Salz • Pfeffer aus der Mühle • 1 Hand voll Spitzwegerichblätter • 125 g saure Sahne • 250 g gekochtes oder gebratenes Wildfleisch

• Die Kartoffeln schälen, waschen und in feine Würfel schneiden. Den Speck in Würfel schneiden und in einem Topf auslassen.
• Die Zwiebel, den Lauch und die Karotte putzen, fein würfeln. Die Kartoffeln und das Gemüse zum Speck geben und mitschwitzen. Mit Weißwein ablöschen, mit der Fleischbrühe auffüllen. Mit Kümmel, Muskat, Salz und Pfeffer würzen und bei mäßiger Hitze 15-20 Minuten köcheln lassen. Das Ganze im Mixer pürieren.
• Den Spitzwegerich verlesen, waschen, fein hacken. Mit der sauren Sahne und dem in feine Würfel geschnittenen Wildfleisch unter die Suppe ziehen und servieren.

Wildkräutersuppe mit Wildschinken

• 1 Zwiebel • Pflanzenfett • 250 g Kartoffeln • 1 Schuss Weißwein • 1/2 l Wildkraftbrühe • Salz • Pfeffer • Muskat • Wildkräuter (Brennnessel, Sauerampfer, Brunnenkresse, Löwenzahn usw.) • 75 g geräucherten Wildschinken • 1/2 Becher Crème fraîche • 2 Tassen geschlagene Sahne • 1 EL Currypulver • Sonnenblumenkerne zum Bestreuen

• Die Zwiebel fein hacken. Etwas Pflanzenfett erhitzen und die Zwiebel darin glasig schwitzen.
• Die Kartoffeln schälen, in feine Würfel schneiden, zu den Zwiebeln geben und kurz mitschwitzen.
• Mit einem Schuss Weißwein ablöschen und mit der Wildkraftbrühe auffüllen. Mit Salz, Pfeffer und Muskat abschmecken. Bei mäßiger Hitze 8-10 Minuten köcheln lassen.
• Die verlesenen, gewaschenen und grob gehackten Wildkräuter zur Suppe geben, einmal aufkochen lassen und anschließend im Mixer oder mit dem Pürierstab pürieren.
• Die Suppe nochmals erhitzen, den Wildschinken in Streifen schneiden und mit der Crème fraîche unter die Suppe ziehen.
• Die geschlagene Sahne mit dem Currypulver verrühren.
• Die Suppe nochmals abschmecken, anrichten, mit je einem Klacks Currysahne überziehen, mit Sonnenblumenkernen bestreuen, ausgarnieren und servieren.

Taubnesselklösschen

• 300 g Schweinefleisch • 300 g Rindfleisch • 50 g durchwachsenen geräucherten Speck • 1 eingeweichtes Brötchen • 1 Zwiebel • 2 Eier • 1 TL Majoran • 1 TL Thymian • 1 EL Paprikapulver • 2 Tassen gehackte Taubnesseln • Salz • schwarzen Pfeffer aus der Mühle • Semmelbrösel zum Binden • 1 l Fleischbrühe • 40 g Butter oder Margarine • 40 g Mehl • 1 Tasse Weißwein • 1 Tasse Sahne • 3/8 l Kochbrühe • Saft von 1 Zitrone • einige Spritzer Worcestersauce • 1 Prise Zucker • Salz • Pfeffer • 1 Tasse gehackte, gemischte Wildkräuter (Brunnenkresse, Pfefferminze, Sauerampfer)

• Das Schweinefleisch und das Rindfleisch in Würfel schneiden, mit dem klein geschnittenen Speck und dem ausgedrückten Brötchen sowie der klein geschnittenen Zwiebel durch den Fleischwolf drehen.
• Die Eier, den Majoran, den Thymian, den Paprika und die Taubnesseln dazugeben und zu einer kompakten Masse verarbeiten. Mit Salz und Pfeffer würzen, eventuell mit Semmelbröseln binden.
• Die Fleischbrühe in einem Topf erhitzen, mit nassen Händen Klößchen aus dem Fleischteig formen und diese in der erhitzten Brühe 15-20 Minuten gar ziehen lassen.
• Die Butter oder Margarine erhitzen, das Mehl unter ständigem Rühren zugeben und kurz anschwitzen. Den Weißwein und die Sahne angießen und mit dem Schneebesen kräftig unterrühren. Mit der Kochbrühe auffüllen und 6-8 Minuten köcheln lassen, mit dem Zitronensaft, Worcestersauce, Zucker, Salz und Pfeffer kräftig würzen. Die Wildkräuter unter die Sauce ziehen, nochmals abschmecken, die Klößchen anrichten, mit der Sauce überziehen und servieren.

Gefüllte Kartoffeln mit Petersilienpesto

• 8 mittelgroße Kartoffeln (à 180-200 g) • Salz • Olivenöl zum Bestreichen • 5 Bund Petersilie • 4 Knoblauchzehen • 1 EL Salz • 150 ml Olivenöl • 125-150 g geriebenen alten Gouda • Salz • Pfeffer aus der Mühle • 1 Prise Cayennepfeffer

• Die Kartoffeln unter fließendem Wasser waschen, bürsten und gut abtropfen lassen. Auf ein ausgefettetes Backblech setzen.
• Die Kartoffeln mit Salz bestreuen, mit Olivenöl bestreichen und im auf 200-220 °C vorgeheizten Backofen 40-50 Minuten backen.
• In der Zwischenzeit die Petersilie verlesen, waschen. Die Knoblauchzehen schälen, mit Salz zerreiben. Beides im Mixer oder mit dem Pürierstab pürieren.
• Das Olivenöl tropfenweise unter die Kräuter-Knoblauchmasse ziehen und den Käse untermischen.
• Das Pesto mit Salz, Pfeffer und Cayennepfeffer kräftig abschmecken.
• Nach Ende der Garzeit die Kartoffeln über Kreuz einschneiden, leicht zusammendrücken, mit dem Pesto überziehen, anrichten, ausgarnieren und sofort servieren.

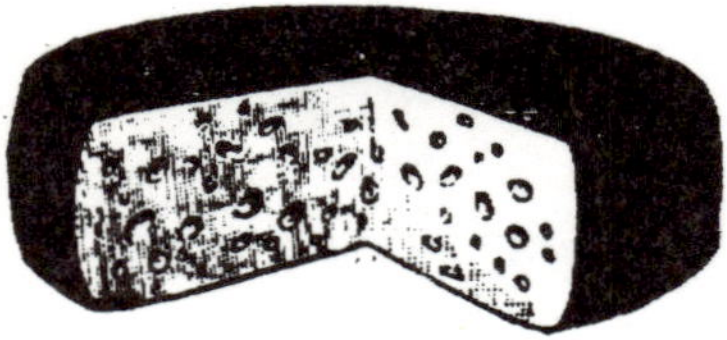

Gemüse-Wurst-Gulasch

• 2 EL Butterschmalz • 1 Zwiebel • 1 Stange Lauch • 500 g Lyoner Fleischwurst • 1 große Dose Erbsen und Karotten • 2 EL Tomatenmark • 1 Glas Rotwein • 1/2 l gebundene Bratensauce • Salz • schwarzen Pfeffer aus der Mühle • 1 TL Paprikapulver • 1 EL Majoran • 150 g saure Sahne • 1 Hand voll Knoblauchkraut

• Das Butterschmalz erhitzen und die fein gehackte Zwiebel darin glasig schwitzen.
• Den Lauch in Streifen schneiden, zur Zwiebel geben und kurz mitschwitzen.
• Die Lyoner Fleischwurst enthäuten, in feine Würfel oder Scheiben schneiden und zum Gemüse geben. Bei mäßiger Hitze 4-5 Minuten braten.
• Die Erbsen und Karotten gut abtropfen lassen und unterziehen. Das Tomatenmark darunter rühren, mit dem Rotwein ablöschen und mit der Bratensauce auffüllen.
• Das Ganze mit Salz, Pfeffer, Paprikapulver und Majoran kräftig würzen und bei mäßiger Hitze 6-8 Minuten köcheln lassen. Anschließend die saure Sahne unterrühren.
• Das Knoblauchkraut fein schneiden oder hacken und unter das Ragout ziehen. Nochmals abschmecken, anrichten und servieren.

Frischer Spargel im Kräuterfond

• 800 g frischen Spargel • 2 EL Butter oder Margarine • 2 Schalotten • 1/4 l Weißwein • 1/4 l Gemüsebrühe • 1 EL weiße Pfefferkörner • einige Wacholderbeeren • 1 Lorbeerblatt • Saft von 1 Zitrone • Salz • weißen Pfeffer aus der Mühle • 1 Prise Zucker • 1 Prise Muskatpulver • einige Sauerampferblätter • einige Zweige Majoran • einige Zweige Estragon • 100 g rohen Schinken

• Den frischen Spargel dünn schälen. Die Butter oder Margarine erhitzen und die in Würfel geschnittenen Schalotten darin glasig schwitzen, mit Weißwein und Gemüsebrühe ablöschen.
• Die Pfefferkörner, die Wacholderbeeren, das Lorbeerblatt und den Zitronensaft dazugeben und bei mäßiger Hitze 5 Minuten ziehen lassen. Mit Salz, weißem Pfeffer, Zucker und Muskatpulver abschmecken.
• Den Spargel in den Sud legen und 10-15 Minuten garen. Kurz vor dem Garende die klein geschnittenen Kräuter in den Sud geben und fertig garen.
• Den Spargel vorsichtig anrichten und den Kräuterfond hinzufügen. Den rohen Schinken anrichten und die Vorspeise sofort servieren. Sehr gut eignet sich für dieses Gericht geräucherter Wildschinken; der Schinken vom Reh, vom Hirsch oder vom Wildschwein sollte allerdings nur leicht geräuchert sein.

Spargel mit Pilzen und Eiern

• 800 g frischen Spargel • 1/2 l Gemüsebrühe • Saft von 1 Zitrone • 2 EL Butter oder Margarine • 1 Prise Salz • 1 Prise Zucker • 2 EL Butter oder Margarine • 1 Zwiebel • 200 g Mischpilze • 1 Glas Weißwein • 1–2 EL mittelscharfen Senf • 1/4 l gebundene Helle Sauce •Salz • Pfeffer aus der Mühle • 1 Prise Cayennepfeffer •1 Prise Zucker • 1/4 l Essigwasser • 4 Eier

• Den Spargel dünn schälen, die Enden großzügig abschneiden und den Spargel bereitstellen.
• Die Brühe mit dem Zitronensaft und dem Fett in einen Topf geben und zum Kochen bringen, mit Salz und Zucker abrunden.
• Den Spargel in den Sud legen und 10–15 Minuten bissfest garen.
• In der Zwischenzeit das Fett erhitzen und die fein gehackte Zwiebel darin glasig schwitzen.
• Die Mischpilze klein schneiden, zu den Zwiebeln geben und kurz mitschwitzen.
• Mit Weißwein ablöschen, mit der gebundenen Hellen Sauce auffüllen und einmal aufkochen lassen.
• Die Sauce mit Senf, Salz, Pfeffer, Cayennepfeffer und Zucker abschmecken und bereitstellen.
• Das Essigwasser erhitzen, vorsichtig die Eier aufschlagen und in das Essigwasser geben, darin pochieren.
• Den Spargel dekorativ anrichten, die Sauce mit den Pilzen dazugeben, die pochierten Eier einsetzen, mit Kräuterzweigen ausgarnieren und sofort servieren.

Wildkräutergeschnetzeltes

• 600 g Kalbfleisch • Salz • Pfeffer aus der Mühle • 1 Prise Cayennepfeffer • 1-2 EL Butterschmalz • 2 Zwiebeln • 250 g Austernpilze • 1/8 l Rotwein • 3/8 l gebundene Bratensauce • 1-2 EL Hagebuttenmark • 1 TL Curry • 1-2 EL Obstessig • 1 Tasse gemischte, gehackte Wildkräuter • 4 Portionen Salzkartoffeln à 150 g

• Das Kalbfleisch in feine Streifen schneiden und mit Salz, Pfeffer und Cayennepfeffer kräftig würzen.
• Das Fett erhitzen und das Fleisch kräftig braten. Anschließend das Fleisch herausnehmen und warm stellen.
• Die geschälten und fein gehackten Zwiebeln in das verbliebene Bratfett geben und glasig schwitzen. Die geputzten und klein geschnittenen Austernpilze dazugeben und kurz mitschwitzen.
• Mit Rotwein ablöschen und mit der Bratensauce auffüllen. Das Hagebuttenmark, den Curry und den Obstessig einrühren und das Ganze bei mäßiger Hitze 5-6 Minuten köcheln lassen.
• Das Geschnetzelte abschmecken, die gehackten Wildkräuter unterziehen, anrichten, ausgarnieren und mit den Salzkartoffeln servieren.

Lammfilet in Kräutersauce

• 1 Tasse Olivenöl • 2-3 EL Rotweinessig • 1 EL Salz • 4 Knoblauchzehen • 1 TL Rosmarin • 1 TL Majoran • 1 TL Thymian • etwas Worcestersauce • 600 g Lammrückenfilet • Salz • Pfeffer aus der Mühle • 2 cl Weinbrand • 1 EL Margarine • 1 Zwiebel • 1 Schuss Weißwein • 3/8 l gebundene Helle Bratensauce • 2-3 EL Obstessig • 1 Becher Dickmilch, 1,5 % F. • 1 Tasse gemischte, gehackte Kräuter (Oregano, Petersilie, Zitronenmelisse) • 4 Portionen gegarten Reis

• Das Olivenöl mit dem Rotweinessig, den mit Salz zerriebenen Knoblauchzehen und den Kräutern sowie der Worcestersauce verrühren, gleichmäßig über die Lammrückenfilet geben und zugedeckt 1-2 Tage kühl ziehen lassen.
• Das Fleisch herausnehmen, mit Salz und Pfeffer würzen und möglichst fettfrei medium oder durch braten. Nach Ende der Garzeit das Fleisch mit Weinbrand flambieren, herausnehmen und warm stellen.
• Im verbliebenen Bratfett etwas Margarine zerlassen und die fein gehackte Zwiebel darin glasig schwitzen.
• Mit Weißwein ablöschen und mit der Sauce auffüllen. Den Obstessig und die Dickmilch einrühren. Die Sauce kräftig abschmecken, die gehackten Kräuter untermischen, das Fleisch anrichten, mit der Sauce überziehen, ausgarnieren und mit dem Reis servieren.

Pfannkuchen mit Wildkräutern

• 120 g Weizenvollkornmehl • 200 ml Buttermilch • 4 Eier • Salz • weißen Pfeffer aus der Mühle • 1 Prise Muskat • 1 Tasse gemischte, gehackte Wildkräuter • Butter zum Ausbacken

• Das Weizenvollkornmehl mit der Buttermilch in eine Schüssel geben und glatt rühren. Die Eier nach und nach kräftig darunter schlagen.
• Das Ganze mit Salz, weißem Pfeffer und Muskat abschmecken. Die verlesenen, gewaschenen und fein gehackten Wildkräuter unter den Teig ziehen.
• Etwas Butter in einer Pfanne erhitzen und den Teig portionsweise einfüllen.
• Einzelne Pfannkuchen ausbacken, herausnehmen, je nach Geschmack füllen, anrichten, ausgarnieren und servieren.

Champignonomeletts

• 1-2 EL Butter • 1 Zwiebel • 400 g frische Champignons • Saft von 2 Zitronen • 4 Tomaten • 1 EL Kräuter der Provence • Salz • Pfeffer aus der Mühle • 1 Prise Muskat • 1 Prise Cayennepfeffer • 1 Hand voll Kräuter • 6 Eier • 1 Schuss Mineralwasser • Butter zum Ausbacken • 4 Scheiben Roggenvollkornbrot

• Die Butter erhitzen und die fein gehackte Zwiebel darin glasig schwitzen.
• Die Champignons putzen, in Scheiben schneiden, mit Zitronensaft beträufeln, zu den Zwiebeln geben und kurz mitschwitzen.
• Die Tomaten enthäuten, entkernen, in Würfel schneiden, mit den Kräutern der Provence zu den Champignons geben und kurz garen, mit Salz, Pfeffer, Muskat und Cayennepfeffer abschmecken und die fein gehackten Kräuter untermischen.
• Die Eier in einer Schüssel mit dem Mineralwasser verschlagen. Die Butter in eine Pfanne geben, portionsweise die Eier einfüllen und zu Omeletts ausbacken.
• Die Omeletts mit der Champignonmasse füllen, zusammenklappen, mit je 1 Scheibe Roggenvollkornbrot anrichten, ausgarnieren und servieren.

Estragonravioli

• 180 g Mehl • 4 Eigelb • 2 EL Öl • 4 EL Mineralwasser • 1 Prise Salz • 2 Bund Estragon • 200 g kalorienreduzierten Schmelzkäse • Gemüsebrühe zum Garen • 4 Tomaten • Salz • Pfeffer • 3-4 EL Butter

• Das Mehl, die Eigelb, das Öl und das Mineralwasser mit Salz bestreuen und zu einem glatten Teig verkneten, in ein Küchentuch wickeln und 1/2 Stunde kalt stellen.
• Auf einer Arbeitsfläche dünn ausrollen und in Quadrate von 5 x 6 cm ausschneiden.
• Den Estragon hacken, mit dem Schmelzkäse verrühren und die Hälfte der Teigquadrate damit belegen.
• Die restlichen Teigquadrate darauf legen und die Ränder gut festdrücken.
• Die Gemüsebrühe in einem Topf zum Kochen bringen und die Ravioli darin garen.
• Die Tomaten enthäuten, entkernen, in Würfel schneiden, mit Salz und Pfeffer würzen. Die Butter erhitzen und die Tomaten darin kurz anschwenken.
• Die Ravioli gut abtropfen lassen, anrichten, mit den Tomatenwürfeln überziehen, mit Estragonzweigen ausgarnieren und sofort servieren.

Bärlauchessig

• 100 g Waldbeeren (Himbeeren, Blaubeeren, Brombeeren usw.) • 100 g Bärlauch • 1,5 l Rotweinessig

• Die Waldbeeren waschen, gut abtropfen lassen und grob hacken. Den Bärlauch verlesen, waschen, gut abtropfen lassen und ebenfalls hacken.
• Mit den Früchten in ein Einmachglas geben und mit dem Rotweinessig auffüllen. Das Ganze verschließen und an einem warmen Ort 14 Tage ruhen lassen.
• Anschließend den Essig abseihen, in Flaschen abfüllen, verschließen und zum weiteren Gebrauch bereitstellen.

Bärlauchessig mit Himbeeren

• 200 g Himbeeren • 100 g Bärlauch • 1/4 l Rotwein • 4 EL grüne Pfefferkörner • 1 TL Nelken • 1 TL Wacholderbeeren • 1 l Weinessig

• Die verlesenen, gewaschenen und gut abgetropften Himbeeren in eine Karaffe geben. Den Bärlauch waschen, klein schneiden und zu den Himbeeren geben.
• Den Rotwein mit Pfefferkörnern, Nelken und Wacholderbeeren in einem Topf zum Kochen bringen und 10 Minuten ziehen lassen. Den heißen Sud über die Himbeeren gießen und erkalten lassen.
• Mit Weinessig auffüllen, mit einem sauberen Küchentuch verschließen und an einem warmen Ort mindestens drei Tage ziehen lassen.
• Den Bärlauch durch ein Küchentuch oder ein Sieb passieren, den Essig in saubere Gläser füllen, verschließen und zum weiteren Gebrauch bereitstellen.

Provenzialisches Kräuteröl

• 2 Zweige Rosmarin • 2 Zweige Majoran • 1 Zweig Thymian • 3-4 Knoblauchzehen • 1 Flasche kaltgepresstes Pflanzenöl

• Die verlesenen Kräuter mit den geputzten Knoblauchzehen in ein Schraubglas geben.
• Mit dem Pflanzenöl auffüllen und das Ganze ca. 2-3 Wochen an einem warmen Ort ziehen lassen.
• Danach das Kräuteröl durch ein sauberes Küchentuch passieren, in saubere, dekorative Flaschen füllen, verschließen und zum weiteren Gebrauch bereitstellen.

Kräuteressig

• 3-4 Zweige gemischte Kräuter (Schnittlauch, Majoran, Basilikum, Kresse) • 1 Flasche Obstessig

• Die verlesenen Kräuter in ein Schraubglas geben und mit dem Obstessig auffüllen.
• Das Ganze ca. 2-3 Wochen an einem warmen Ort ziehen lassen.
• Danach den Kräuteressig durch ein sauberes Küchentuch passieren, in saubere dekorative Flaschen füllen, verschließen und zum weiteren Gebrauch bereitstellen.

Grundrezept Mayonnaise

• 4 Eigelb • 3 EL mittelscharfen Senf • 4 EL Obstessig • einige Tropfen Worcestersauce • 1 TL Zucker • 4 Tassen feines Öl • Saft von 1 Zitrone • 3 EL Crème fraîche • Salz • weißen Pfeffer aus der Mühle

• Die Eigelb mit dem Senf und dem Obstessig glatt rühren.
• Mit Worcestersauce und Zucker würzen und tropfenweise das Öl unterschlagen.
• Den Zitronensaft und die Crème fraîche unter die Mayonnaise ziehen, mit Salz und weißem Pfeffer abschmecken und zum weiteren Gebrauch bereitstellen.

Feine Remoulade

• 1 kleine Zwiebel • 1 Essiggurke • einige Zweige Petersilie • Dill • Kerbel • Estragon • 1 Röhrchen Kapern • 4 Sardellenfilets • 2 Tassen Mayonnaise • einige Tropfen Weinbrand

• Die Zwiebel und die Essiggurke sehr fein hacken und mit den Kräutern in eine Schüssel geben.
• Die Kapern und die Sardellenfilets ebenfalls fein hacken und zu den übrigen Zutaten geben.
• Die Mayonnaise unterziehen, mit Weinbrand aromatisieren, abschmecken und zum weiteren Gebrauch bereitstellen.

Grüne Sauce

• einige Sauerampferblätter • einige Spinatblätter • 1 Kästchen Kresse • je 2 EL gehackte Petersilie, Estragon, Dill, Schnittlauch • 2 Tassen Mayonnaise • einige Tropfen Zitronensaft

• Die Sauerampferblätter und die Spinatblätter in heißem Wasser kurz überbrühen. Die Kresse verlesen, waschen und mit den Blättern sehr fein hacken.
• Die übrigen Kräuter dazugeben und unter die Mayonnaise rühren. Nochmals abschmecken und zum weiteren Gebrauch bereitstellen.

Register

Genehmigte Lizenzausgabe 1997 für
Nikol Verlagsgesellschaft mbH, Hamburg

Druck: Reclam, Ditzingen
Bindung: Sebald Sachsendruck, Plauen
Printed in Germany

ISBN 3-930656-84-1